Felix A. Zimmermann

ESG – MADE IN GERMANY

Felix A. Zimmermann

ESG – MADE IN GERMANY

Nachhaltigkeit als Unternehmensstrategie für deutsche Familienunternehmen

Mit Beiträgen von Magdalena Blisch, Nils Detje, Hans Jürgen Kalmbach, Andreas Kämpfe, Kerstin Kohler, Nicole Kurek, Carlo Lazzarini, Michael Prochaska, Julia Schempp, Kurt Schmalz, Felix Schwörer, Johannes Schwörer, Friedemann Stock, Andreas Wallbillich, Christine Wüst

FREIBURG · BASEL · WIEN

Verlag Herder GmbH, Freiburg im Breisgau 2023

www.herder.de

Umschlaggestaltung: Verlag Herder
Umschlagmotiv: © Suppachok Nuthep/GettyImages
Satz: Daniel Förster, Belgern
Herstellung: GGP Media GmbH, Pößneck

Printed in Germany

ISBN (Print): 978-3-451-39647-2
ISBN (EPUB): 978-3-451-83155-3

Inhalt

Vorwort ... 7

I. Warum jetzt gehandelt werden muss: Veränderte Rahmenbedingungen wirtschaftlichen Handelns ... 11

A. Nachhaltigkeit und ESG: Zwei Seiten einer Medaille ... 11
B. Die veränderten Rahmenbedingungen wirtschaftlichen Handelns ... 18
C. Fazit ... 30

II. Der regulatorische Rahmen für die nachhaltige Transformation wird konkret: Der lange Weg der Entscheidungen und deren Ergebnis ... 33

A. Der Ansatz der Vereinten Nationen ... 33
B. Der Ansatz der Europäischen Union ... 39
C. Der Ansatz der Bundesregierung ... 51
D. Ordnungspolitische Würdigung und volkswirtschaftliche Folgen der ESG-Regulierung und der Industriepolitik ... 64
E. Fazit ... 80

III. Wie Familienunternehmen die veränderten Rahmenbedingungen unternehmerisch nutzen können 83

A. Wie sich die Risiko- und Chancen-Landschaft der Unternehmen verändert ... 83
B. Warum Nachhaltigkeit und ESG insbesondere für Familienunternehmen eine Chance ist ... 90
C. Wie Unternehmen eine erfolgreiche ESG-Agenda entwickeln und umsetzen ... 95
D. Wie Eigentümer und Beiräte zum ESG-Erfolg beitragen können ... 112
E. Fazit ... 114

IV. ESG – Made in Germany: Wie Familienunternehmen ESG und Nachhaltigkeit erfolgreich in ihre Unternehmensstrategie integrieren 117

Endress+Hauser: Wie Endress+Hauser zur Dekarbonisierung beiträgt 119
Hansgrohe: Viele Schritte, großer Impact: Zukunft ist das, was wir daraus machen 131
MANN+HUMMEL: Wir trennen das Nützliche vom Schädlichen 147
PWO: ESG-Mindset schafft neue Lösungen 161
J. Schmalz: Nachhaltigkeit als Teil unserer DNA 173
SchwörerHaus: So gelingt die Nachhaltigkeitstransformation 189
SICK: Transformation durch Innovation 203
STIHL: Raum zum Wachsen 215
Trumpf: Klimaschutz bei TRUMPF 225
Witzenmann: Beständig im Wandel: Vom Schmuck zum Wasserstoff 235

V. Erfolgsmuster bei der Entwicklung und Umsetzung erfolgreicher ESG-Strategien bei Familienunternehmen 245

A. Eigentümer initiieren und treiben Nachhaltigkeit 245
B. Nachhaltigkeit ist Chefsache 246
C. Klare und integrierte Nachhaltigkeitsstrategie 247
D. Innovationen mit nachhaltiger Substanz 248
E. Kompetenz und Mandat der Mitarbeiter 249
F. Mitarbeiter einbinden 250
G. Netzwerken 250
H. Umbau braucht Zeit und Investitionen 251
I. Nachhaltigkeit wird als Wettbewerbsvorteil kommuniziert 252

Schlusswort – ESG nicht als lästige Pflicht, sondern als Chance 253

Literaturverzeichnis 255
Anmerkungen 261
Über Felix A. Zimmermann 269

Vorwort

Im Augenblick gibt es im Unternehmensalltag sicherlich drängendere Themen als das Thema ESG (Environmental, Social and Governance). Das darf aber nicht darüber hinwegtäuschen, dass in diesem Bereich ein großer Handlungsbedarf auf die Wirtschaft zukommt. Die bisher erzielten Ergebnisse z. B. beim Klimaschutz, der Einhaltung der Menschenrechte und guter Unternehmensführung erfüllen nicht die Erwartungen. Insbesondere beim Klimaschutz werden die Ziele bei weitem verfehlt, was katastrophale Auswirkungen auf unsere Umwelt sowie unsere globale Welt-, Gesellschafts- und auch Wirtschaftsordnung haben kann.

Erkannt wurde die Notwendigkeit des Handelns bereits im letzten Jahrhundert. Jedoch haben die getroffenen Vereinbarungen ihre Wirkung verfehlt, da sie unverbindlich, nur für einen begrenzten Teilnehmerkreis, sanktionslos und ohne die Einbindung der Unternehmen erfolgten. Das änderte sich mit Übernahme des Generalsekretariats der Vereinten Nation durch Kofi Annan im Jahr 1997. Er hat erkannt, dass zum einen die Risiken für unsere Weltordnung aufgrund des anhaltenden Klimawandels massiv sind und zum anderen, dass es ohne die Wirtschaft als wesentlichen Partner im notwendigen Transformationsprozess nicht gehen würde. Unter seiner Führung wurde die UN deshalb reformiert und das Thema Klimaschutz explizit mit in die Aufgaben der UN aufgenommen.

Auch, wenn bereits im Jahr 2000 die Geburtsstunde von ESG war, dauerte es 15 weitere Jahre, bis mit dem Pariser Klimaabkommen und den Sustainable Development Goals (SDGs) der Vereinten Nationen die Grundlagen für die nationalen Nachhaltigkeitsstrategien und auch für die ESG-Anforderungen an die Unternehmen gelegt wurden. Mit der Verabschiedung der CSRD (Corporate Sustainability Reporting Directive der EU) und der ESRS (European Sustainability Reporting Standards der EU) sowie vielfältiger Gesetze rund um den Klimaschutz, die Lieferketten und die Energieeffizienz sind die Themen ESG und Nachhaltigkeit in der Breite der Wirtschaft angekommen. Doch vielen Unternehmen fehlen die Ressourcen, die Zeit und auch die inhaltliche Kompetenz, um sich mit diesem drängenden und hochkomplexen Thema zielführend auseinanderzusetzen.

Dieses Buch soll deshalb den Verantwortlichen in den Unternehmen – ob Geschäftsführung, Beirat, Gesellschafter oder Nachhaltigkeitsverantwortlicher – helfen, auf der einen Seite den aktuellen Handlungsbedarf und die momentan geltenden politischen Vorgaben und relevanten Regulierungen besser verstehen und in einem Gesamtkontext einsortieren zu können (Kapitel I und II). Auf der anderen Seite stellt es dar, wie Familienunternehmen die veränderten Rahmenbedingungen konkret als unternehmerische Chance nutzen und damit einen wesentlichen Beitrag zu mehr Nachhaltigkeit und somit zur Stärkung des eigenen Unternehmens und des Standortes Deutschland leisten (Kapitel III bis V).

Zunächst werden in Kapitel I die Begriffe Nachhaltigkeit und ESG definiert, um dann das bisher Erreichte bei den Themen Environmental, Social und Governance zu erläutern. Daran anschließend wird in Kapitel II aufgezeigt, wie die Ebenen Vereinte Nationen, Europäische Union und Bundesregierung die politischen Nachhaltigkeitsziele und den entsprechenden Regulierungsrahmen im Nachgang zum Pariser Abkommen und den SDGs gestaltet und umgesetzt haben. Dieser Regulierungsrahmen wird abschließend einer ordnungspolitischen Würdigung unterzogen.

In Kapitel III werden dann die Chancen und Risiken aufgezeigt, die sich für die Unternehmen aus den neuen ESG-Anforderungen ergeben. In diesem Kontext wird insbesondere darauf eingegangen, warum sich für Familienunternehmen aufgrund ihrer Besonderheiten und Stärken große unternehmerische Chancen ergeben.

Darauf aufbauend wird dargestellt, wie Familienunternehmen in einem strukturierten und pragmatischen Prozess ihre unternehmensindividuelle ESG-Agenda mit einer fundierten Strategie und einer zielorientierten Berichterstattung aufbauen und umsetzen und wie z. B. Gesellschafter und Beiräte ihren Beitrag dazu leisten können.

Schließlich geben dann zehn sehr erfolgreiche Familienunternehmen in Kapitel IV einen individuellen Einblick in ihre ESG- und Nachhaltigkeitsaktivitäten. Sie alle eint, dass sie sich früh und sehr strukturiert mit den Themen Nachhaltigkeit und ESG beschäftigt haben und durch die Nutzung der unternehmerischen Chancen bereits heute Früchte ihrer Pionierarbeit ernten können.

Sie haben damit nicht nur einen spürbaren Beitrag zur notwendigen Transformation hin zu einer zukunftssicheren Wirtschaft geleistet, sondern ihr Unternehmen selbst auf einen profitablen Wachstumspfad geführt. Dabei wird deutlich, dass viele Wege zu einer erfolgreichen Nachhaltigkeitsstrategie und deren Umsetzung führen und jedes Unternehmen seine eigene Antwort finden muss. Dennoch sind Erfolgsmuster bei den zehn Pionieren zu erkennen, die in einem abschließenden Kapitel zusammengetragen werden

Wenn dieses Buch dazu beiträgt, dass sich noch mehr Unternehmen aus Überzeugung und mit Engagement dem Thema Nachhaltigkeit in der Form nähern, dass sie die unternehmerischen Chancen nutzen und die Risiken kontrollieren und damit einen wesentlichen Beitrag zur Stärkung ihres eigenen Unternehmens, des Standortes Deutschlands und der Zukunftssicherheit der nächsten Generationen leisten, dann hat es sein Ziel erreicht. Beim Thema Nachhaltigkeit nichts zu tun, ist keine Alternative, verantwortungslos und mit einem enormen Risiko verbunden.

Widmen möchte ich das Buch der heutigen jungen Generation und den zukünftigen Generationen. Sie alle haben es verdient, dass wir uns mit der notwendigen Entschlossenheit mit dem Thema Nachhaltigkeit nicht nur beschäftigen, sondern auch Lösungen für die akuten Gefahren für unser Klima und unsere gemeinsame Welt-, Gesellschafts- und Wirtschaftsordnung finden. Ich bin überzeugt davon, dass wir das gemeinsam schaffen und auch die nächsten Generationen ihren Beitrag dazu leisten werden. Ich traue ihnen viel zu!

Diese Buchprojekt wäre nicht möglich gewesen ohne die Bereitschaft der beitragenden Unternehmen, über ihre ESG-Erfahrungen offen zu berichten. Dafür möchte ich ihnen an dieser Stelle ausdrücklich danken. Ihre Beiträge geben einen authentischen Einblick in die strategischen und auch operativen Herausforderungen, die sich aus dem Thema Nachhaltigkeit täglich für die Unternehmen ergeben. Sie zeigen aber auch, wie man den notwendigen Umbau der Wirtschaft als unternehmerische Chance nutzen kann.

Danken möchte ich ebenfalls Andrea Funk und Nike Lorenz für ihren unermüdlichen Einsatz. Sie haben mit ihrer Zuverlässigkeit, Hartnäckigkeit und Detailfreude maßgeblich und erfolgreich dazu beigetragen, dass wir dieses Buch im geplanten Zeitrahmen und in der vorliegenden Qualität erstellen konnten.

Stuttgart, im September 2023
Felix A. Zimmermann

I.
Warum jetzt gehandelt werden muss: Veränderte Rahmenbedingungen wirtschaftlichen Handelns

A. Nachhaltigkeit und ESG: Zwei Seiten einer Medaille

1. Die Wurzeln von Nachhaltigkeit: »Ein eindimensionales Handlungsprinzip für die Forstwirtschaft«

In der aktuellen politischen Diskussion über die Rolle der Unternehmen in der angestrebten und notwendigen Transformation der Wirtschaft werden die Begriffe Nachhaltigkeit und ESG sehr oft als Synonyme verwendet. Bei genauerer Betrachtung lohnt es sich aber, eine Differenzierung dieser Begriffe vorzunehmen, da sie zwei unterschiedliche Seiten einer Medaille darstellen.

Der Begriff der Nachhaltigkeit stammt ursprünglich aus der Forstwirtschaft und wurde von Hans Carl von Carlowitz in seinem Buch »Sylvicultura Oeconomica« Anfang des 18. Jahrhunderts geprägt. Er beschreibt ein wesentliches Handlungsprinzip beim Einsatz von knappen Ressourcen. Bei der Bewirtschaftung des Waldes sollte stets darauf geachtet werden, dass nur so viel Holz entnommen wird, wie unter Nutzung der natürlichen Regenerationsfähigkeit auch wieder nachwächst.[1] Von Carlowitz forderte dies vor dem Hintergrund der zu beobachtenden Holznot infolge der Energiekrise und des starken Städtewachstums nach dem Dreißigjährigen Krieg. Er sah die Gefahr, dass die kurzfristig orientierte Ausbeutung des Waldes zur Linderung der akuten Holznot unabsehbare negative Folgen für die langfristige Bereitstellung der wichtigen Ressource Holz haben würde. Das Handlungsprinzip in diesem Kontext wird als eindimensional bezeichnet, da es sich nur auf einen Wirkungszusammenhang bezieht. Auf diesem Handlungsprinzip basierend haben sich drei Strategien entwickelt, die in der Wirtschaft häufig Anwendung finden: Suffizienz, Effizienz und Konsistenz. Unter Suffizienz wird das Ziel eines möglichst geringen Rohstoff- und Energieverbrauchs verstanden, der sich in jedem Falle in den ökologischen und planetarischen Belastungsgrenzen bewegen muss. Mit Effizienz wird der Wirkungszusammenhang bezeichnet, der auf das ökonomische Minimal- bzw. Maximalprinzip abstellt. Danach wird entweder der gewünschte Output mit möglichst wenig Ressourcenverbrauch oder ein möglichst großer Output mit gegebenen Ressourcen angestrebt. Und schließlich bezeichnet Konsistenz im Kontext von Nachhaltigkeit die Herstellung naturverträglicher Stoffkreisläufe, die auf Müllvermeidung und Wiederverwertung abzielen.

Im Laufe der Diskussion über die Notwendigkeit von mehr nachhaltigem Handeln in einem gesamtgesellschaftlichen, wirtschaftlichen und politischen Kontext wurde der bisherige Nachhaltigkeitsbegriff inhaltlich weiterentwickelt und ergänzt. So setzte sich nach dem »Erdgipfel« der UN in Rio de Janeiro 1992 in der politischen Diskussion ein Nachhaltigkeitsverständnis durch, das neben einer ökologischen Dimension auch eine soziale und ökonomische Dimension berücksichtigt. Die Erweiterung um die Dimension Soziales wurde aus Sicht der politischen Akteure erforderlich, um im Rahmen der politischen Diskussion über gesamtgesellschaftliche Nachhaltigkeitsziele auch Themen wie die Einhaltung von Menschenrechten oder die Chancengleichheit zu berücksichtigen. Und schließlich wurde auch die ökonomische Dimension als gleichberechtigt berücksichtigt, da alles gesellschaftliche und wirtschaftliche Handeln neben ökologischen und sozialen auch ökonomische Ziele erfüllen muss.

Im Ergebnis sollte sich damit gesellschaftliches und wirtschaftliches Handeln am Erreichen eines Gleichgewichtes zwischen ökologischen, sozialen und ökonomischen Interessen orientieren. Dieser »Dreiklang« hat sich in der weiteren politischen Diskussion durchgesetzt und war auch Grundlage für den Green Deal der Europäischen Union sowie der Nachhaltigkeitsagenda der Bundesregierung.

Damit wurde der Begriff Nachhaltigkeit, der ursprünglich eine eindimensionale Handlungsempfehlung beschrieben hat, auf ein mehrdimensionales Konzept übertragen, was in der politischen Diskussion immer wieder zu Verwirrungen führt. Im Kern aber soll mit dem Begriff Nachhaltigkeit in diesem erweiterten Kontext ein Prinzip beschrieben werden, welches auf die drei Systeme Ökologie, Soziales und Ökonomie in gleichem Maße angewendet werden kann: Politisches, gesellschaftliches und wirtschaftliches Handeln soll sich daran orientieren, dass die angestrebten Standards, Regeln und Ziele in den jeweiligen Systemen keinen dauerhaften Schaden nehmen und die Systeme sich stabil weiterentwickeln. Damit soll ein Leben auf der Erde ermöglicht werden, welches die »Bedürfnisse der Gegenwart befriedigt, ohne zu riskieren, dass zukünftige Generationen ihre eigenen Bedürfnisse nicht werden befriedigen können.«[2]

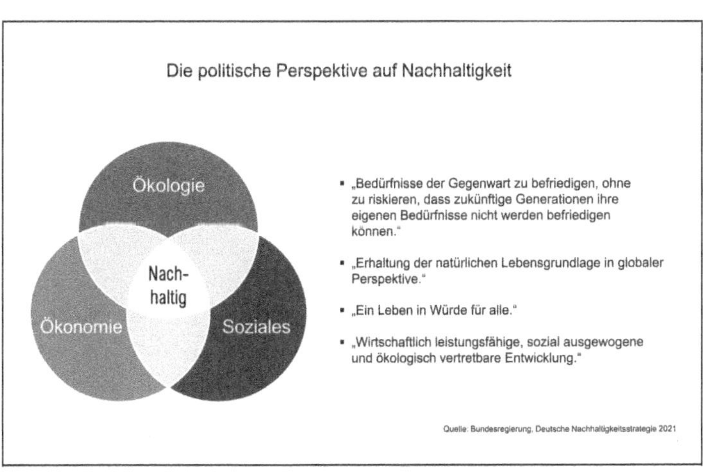

Abb. 1: Die politische Perspektive auf Nachhaltigkeit

2. Die Wurzeln von ESG: »Who cares wins«

Die stark zunehmende Globalisierung Ende der 90er Jahre des letzten Jahrhunderts hat die weltweit sehr unterschiedlichen Bedingungen hinsichtlich der Mindeststandards in den Systemen Ökologie, Soziales und Ökonomie z. B. bei der Einhaltung von Menschenrechten und des Umweltschutzes offensichtlich gemacht. Gleichzeitig war zu beobachten, dass aufgrund des stark ansteigenden internationalen Handels, der enormen Steigerung des Ressourcenverbrauchs und des ungebremsten Anstiegs der Emissionen die Umwelt weltweit mit allen negativen Konsequenzen auf das Klima und die Lebensbedingungen auf der Erde massiv und ungebremst belastet wurde.

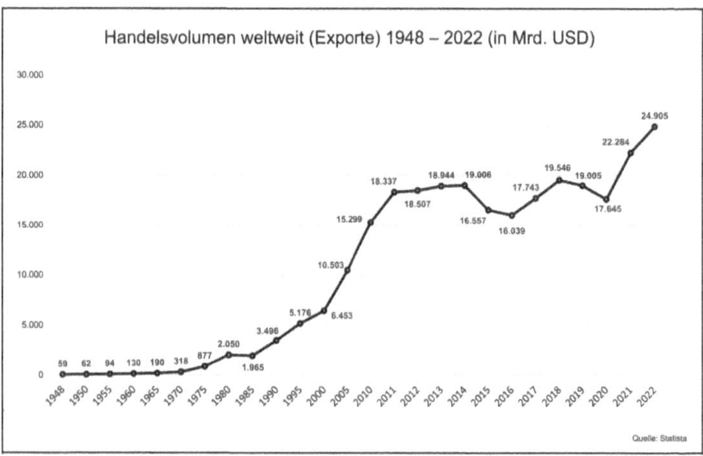

Abb. 2: Handelsvolumen weltweit 1948–2022

Der damalige UN-Generalsekretär, Kofi Annan, befürchtete aufgrund dieser Entwicklung eine zunehmende Fragilität für die Weltordnung. Denn nach seiner Überzeugung führte die Globalisierung zu einem dauerhaften und weltweiten Ungleichgewicht in ökologischen, wirtschaftlichen, sozialen und damit auch in politischen Fragen mit all seinen Folgen für die Menschheit. In letzter Konsequenz sah er die Stabilität der Weltengemeinschaft in Gefahr.[3]

Aus diesem Grund haben sich die Vereinten Nationen unter seiner Führung dazu entschlossen, neben der Sicherung des Weltfriedens, der Einhaltung des Völkerrechtes und der Menschenrechte sowie der Förderung der internationalen Zusammenarbeit auch Themen aus den Bereichen Wirtschaft, Soziales und Ökologie auf die Agenda der UN zu setzen. Ziel war es, die anhaltende Globalisierung zu einer positiven Kraft für die Weltgemeinschaft zu machen.[4] Um diese zusätzlichen Themen erfolgreich adressieren zu können, wurde es allerdings erforderlich, neben den weltweiten Regierungen auch die global agierende Wirtschaft mit in die Verantwortung zu nehmen.

In einem ersten Schritt schlug der Generalsekretär deshalb 1999 auf dem Weltwirtschaftsforum in Davos einen »Global Compact« zwischen Unternehmen und der UN vor.[5] Die Idee war, dass insbesondere international agierende Unternehmen mit einer freiwilligen Selbstverpflichtung gegenüber der UN hinsichtlich der Einhaltung von Menschenrechten und Mindeststandards bei Arbeitsbedingungen und Umweltschutz zu einer weltweiten Harmonisierung und damit auch Stabilisierung in diesen Bereichen beitragen. Mit dieser Initiative sollten die multinationalen Unternehmen von einem »Teil des Problems« zu einer wesentlichen »Lösung des Problems« werden. Der erste UN-Global Compact wurde im Jahr 2000 aufgesetzt. In ihm wurden neun zentrale Prinzipien aus den Bereichen Menschenrechte, Arbeitsbedingungen, Umweltschutz und Antikorruption dokumentiert. In nur wenigen Jahren haben sich rund 1000 international tätige Unternehmen mit ihrem Beitritt zum UN-Global Compact zur Einhaltung dieser Prinzipien verpflichtet.

In einem nächsten Schritt hat Kofi Annan im Jahr 2004 führende Finanzmarktteilnehmer zu einer Konferenz nach New York eingeladen. 18 weltweit führende Institutionen der Finanzmärkte, darunter Goldman Sachs, Morgan Stanley, UBS, HSBC, Deutsche Bank, BNP Paribas, Banco de Brasil, sowie führende Versicherungen haben an der Konferenz teilgenommen. Ziel dieser Konferenz war es, auch die Kapitalmarktakteure mit in die Pflicht zunehmen. Durch die Entwicklung und Festlegung von gemeinsam akzeptierten Kriterien für verantwortungsvolles Handeln und Investieren sollten sie – ebenso wie die multinationalen Unternehmen – dazu beitragen, dass die negativen Folgen der Globalisierung gestoppt werden. Im Ergebnis entstand der Bericht »Who cares wins – Connecting Financial Markets to a changing world«.

In diesem Dokument hielten die Teilnehmer neben der Stärkung und Steigerung der Widerstandsfähigkeit der Finanzmärkte, der Stärkung des Vertrauens in die Finanzinstitutionen, der Berücksichtigung der Interessen der Kapitalmarktteilnehmer auch ihren eigenen Beitrag zu einer nachhaltigen Entwicklung der Wirtschaft als ein übergeordnetes Ziel ihres Handelns fest. Der Schlüssel zum Erreichen all dieser Ziele lag nach Überzeugung der Teilnehmer in einer besseren Integration von *»Environmental, social and governance issues in analysis, asset management and securities brokerage«*. Das war die Geburtsstunde für den Begriff »ESG«.[6]

Mit diesem klaren Bekenntnis der Finanzindustrie[7] zur Verantwortungsübernahme in diesem Bereich sollte auch der Kapitalmarkt mit all seinen Akteuren als Transmissionsriemen zur Erreichung von mehr Nachhaltigkeit in der Welt genutzt werden. In der Folge wurden unter dem Dach der Weltbank erste Kriterien zur Beurteilung der ESG-Fähigkeiten börsennotierter Unternehmen entwickelt. Diese wurden später in zahlreichen Standards zur sogenannten Nachhaltigkeitsberichterstattung weiterentwickelt.

Im Ergebnis können die Begriffe Nachhaltigkeit und ESG vereinfacht als zwei Seiten derselben Medaille »Zukunftsfester Umbau der Wirtschaft« verstanden werden. Auf der einen Seite nimmt der Begriff der Nachhaltigkeit mit seiner dreidimensionalen Zielrichtung Ökologie, Soziales und Ökonomie die Perspektive von Regierungen, supranationaler Organisationen sowie NGOs ein und definiert auf dieser Grundlage die zu erreichenden Ziele bzw. Zielbündel für das gesellschaftliche und wirtschaftliche Handeln eines Landes.

Auf der anderen Seite der Medaille steht der Begriff ESG. Er beschreibt aus der Perspektive eines Investors, Eigentümers oder auch Stakeholders, welche Anforderungen das Unternehmen erfüllen muss, um unter der gesetzten Bedingung des profitablen Wachstums seinen geforderten Beitrag zu einer verantwortungsvollen Wirtschaftsweise leisten zu können. Da in diesem Kontext die Unternehmensführung und damit die Governance eines Unternehmens eine große Rolle spielt, wurde dieses Thema als ein den Feldern Ökologie und Soziales gleichgewichtiges Handlungsfeld definiert.

Abb. 3: Die Unternehmensperspektive auf Nachhaltigkeit

Spätestens seit der Einführung des UN-Global Compacts im Jahr 1999 und der Konferenz in New York im Jahr 2004 ist das Thema Nachhaltigkeit in Form der ESG-Anforderungen in der Wirtschaft angekommen. Es hat im Laufe der Zeit eine zunehmende Dynamik und Relevanz entwickelt. Die Hauptursache hierfür liegt in der Erkenntnis, dass sich aufgrund der Entwicklungen in der Welt etwas im Verhalten von Regierungen, Gesellschaft und auch der Wirtschaft ändern muss, um den Fortbestand einer zukunftsfähigen, lebenswerten und stabilen Weltordnung zu gewährleisten. Doch was hat sich seither in den Bereichen Environmental, Social und Governance getan? Ein kurzer Blick in die wesentlichen Handlungsfelder zeigt, dass insbesondere bei den Themen Environmental und Social nahezu unverändert großer Handlungsbedarf besteht.

B. Die veränderten Rahmenbedingungen wirtschaftlichen Handelns

1. Umwelt (Environmental)

Anhaltender Klimawandel durch ansteigende Treibhausgasemissionen

Es ist unbestritten, dass der anhaltende und in manchen Regionen der Welt sogar noch steigende Ausstoß von Treibhausgasen zu einer Erwärmung der Welt mit all seinen negativen Folgen führt. Weltweit sind zwischen 2000 und 2020 die CO_2-Emissionen von rund 25 Mrd. Tonnen auf rund 35 Mrd. Tonnen pro Jahr gestiegen. Das ist ein Anstieg von 40 %. Hingegen sind in der Europäischen Union die CO_2-Emissionen im gleichen Zeitraum von rund 4,5 Mrd. Tonnen auf rund 3,3 Mrd. Tonnen gefallen. Das ist eine Reduktion von rund 27 %. Als Hauptverursacher für den starken weltweiten Anstieg gilt China. Hier sind die Treibhausgasemissionen von 2000 bis 2020 von rund 3,7 Mrd. Tonnen auf knapp 12 Mrd. Tonnen und damit um rund 300 % gestiegen. Hauptursachen für den starken Anstieg der Emissionen in China sind zum einen das starke Wirtschaftswachstum und zum anderen der mit 60 % sehr hohe Kohleanteil an der Energieversorgung. Zum Vergleich: In Deutschland liegt dieser Anteil bei 40 %, in Frankreich unter 5 %.

Wenn man sich den CO_2-Ausstoß/Kopf ansieht, dann liegt dieser in den USA bei rund 14 Tonnen/Jahr, gefolgt von China mit knapp 9 Tonnen/Jahr und Deutschland mit rund 8 Tonnen/Jahr.[8] Auch wenn sich die Hauptverursacher der Emissionen ehrgeizige Ziele hinsichtlich der Reduktion des CO_2-Ausstoßes und damit der Klimaneutralität gesetzt haben (angestrebtes Jahr der Klimaneutralität: Europa 2050; Deutschland 2045; China 2060 und USA 2050), stellt sich die Frage, ob die Zeit noch reicht.

Denn im Zeitraum von 2000 bis 2020 ist die Erderwärmung von plus 0,6 Grad im Vergleich zum vorindustriellen Zeitraum (1850 bis 1900) bereits auf 1,2 Grad angestiegen. Das Jahr 2020 war das zweit-

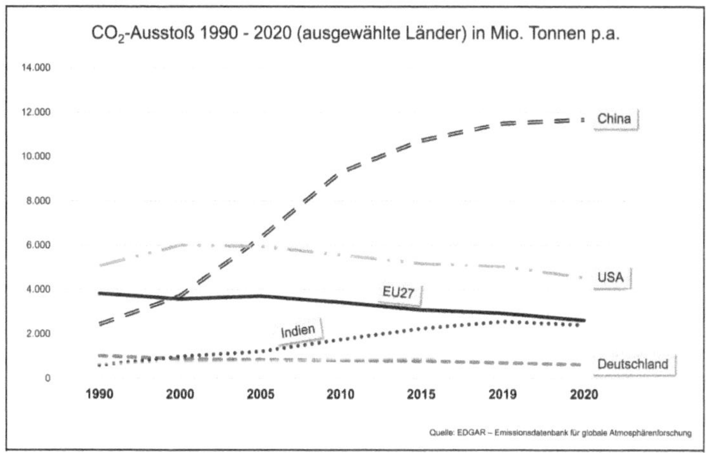

Abb. 4: CO_2-Ausstoß 1990–2020

wärmste Jahr seit dem Beginn der Wetteraufzeichnungen. Die Folgen sind offensichtlich: So nehmen z. B. Waldbrandgefahren, anhaltende Dürren, massive Überschwemmungen und auch Bodenerosionen mit entsprechenden finanziellen und nichtfinanziellen Folgen für die Gesellschaft und die Wirtschaft gravierend zu.[9]

Steigender Ressourcen- und Rohstoffverbrauch

Auch beim Ressourcenverbrauch ist keine wesentliche Besserung der Entwicklung zu beobachten. Für die Wirtschaft ist eine gesicherte Rohstoffversorgung aber ein wichtiger Faktor für die Planungssicherheit und die Stärkung der Widerstandsfähigkeit.

Ein guter Indikator für den Ressourcenverbrauch ist der »Earth Overshoot Day«. Er bemisst das Datum, an dem die Menschheit der Erde rechnerisch alle erneuerbaren Ressourcen verbraucht hat, die in einem Jahr auf dem Globus regeneriert werden können. Unter der Annahme, dass alle Menschen auf der Welt so leben würden wie in Deutschland, dann wäre der sog. Erdüberlastungstag im Jahre 2023 der 4. Mai gewesen. Oder mit anderen Worten: Wir bräuchten im Jahr 2023 rund drei Planeten, um die notwendigen nachwachsenden Ressourcen zur Verfügung zu stellen, die in diesem Jahr verbraucht wurden. Bezogen auf die gesamte Welt liegt der »Earth Overshoot Day« im Jahr 2023 am 3. August. Das bedeutet, dass wir in etwa 1,7 Planeten für die Regenerierung der verbrauchten Ressourcen bräuchten. Auch wenn die Relation seit Jahren vergleichsweise stabil ist, so zeigt sie deutlich, dass die Menschheit über die regenerativen Ressourcenverhältnisse lebt.[10] Der Verbrauch von Rohstoffen hat sich seit 1970 weltweit vervierfacht, obwohl sich die Weltbevölkerung in diesem Zeitraum »nur« verdoppelt hat.

In Deutschland hat sich der Rohstoffeinsatz in den letzten Jahren allerdings stabilisiert. Sowohl im Bereich der Wirtschaft als auch im Bereich Konsum ist der Rohstoffeinsatz bzw. -verbrauch von 2010 bis 2019 in absoluten Werten nahezu konstant geblieben. Während die Wirtschaft insgesamt rund 2500 Mio. Tonnen pro Jahr verbraucht, liegt der Rohstoffkonsum/Kopf in Deutschland stabil bei rund 16 Tonnen.[11] Interessant ist, dass sich die Rohstoffproduktivität in Deutschland mit +12 % in der Zeit von 2010 bis 2018 positiv entwickelt hat. Damit ist insgesamt zwar noch keine absolute Entkopplung des Rohstoffverbrauchs vom wirtschaftlichen Wachstum erreicht worden, jedoch kann man durchaus von einer relativen Entkopplung sprechen. Vom angestrebten Ziel einer deutlichen Reduktion des Rohstoffkonsums auf 9,7 Tonnen/Kopf und damit auch einer absoluten Entkopplung des wirtschaftlichen Wachstums vom Rohstoffverbrauch sind wir dennoch weit entfernt.

Knappes Wasser

Weltweit sind seit dem Jahr 2000 die nutzbaren Süßwasserressourcen pro Person um ca. 20 % gesunken. Die Ursachen hierfür liegen vor allen Dingen in einem steigenden Verbrauch aufgrund der wachsenden Weltbevölkerung, einer anhaltenden Verschmutzung bestehender Bestände durch z. B. Düngemittel, Pflanzenschutzmittel und Plastik sowie einer zunehmenden Knappheit auch aufgrund des fortschreitenden Klimawandels.[12] Darüber hinaus werden weltweit 90 % aller Abwässer ungeklärt abgelassen und sind damit eine zusätzliche Belastung für die Umwelt und die Wasservorräte. In der Folge haben 2,2 Mrd. Menschen weltweit keinen sicheren Zugang zu Trinkwasser.

70 % des Süßwasserverbrauchs gehen auf die Landwirtschaft zurück. Damit ist die Verfügbarkeit von Wasser maßgeblich für die Versorgungssicherheit der Bevölkerung mit Nahrungsmitteln. Insbesondere in Entwicklungsländern ist hier zu beobachten, dass diese aufgrund der fortschreitenden Wasserknappheit nicht mehr gewährleistet ist.[13]

Aber auch in den Industrieländern stellt die steigende Wasserknappheit zunehmend ein Risiko für die Wirtschaft dar. Wasserstress führt dazu, dass Produktionen zum Erliegen kommen, Lieferketten instabil werden oder die Energieproduktion eingeschränkt wird.[14] Somit ist die Wasserknappheit ein sehr ernstes Problem sowohl für die weltweite Ernährungssicherheit als auch für die Stabilität der Wirtschaft.

Steigende Umweltverschmutzung

Neben der Luft- und Wasserverschmutzung hat die anhaltende Verschmutzung des Bodens eine zentrale Auswirkung auf die Umwelt und die Menschheit.[15] Vor allen Dingen die fortschreitende Versiegelung sowie die anhaltende Erosion und Kontamination des Bodens können als die wichtigsten Verschmutzungsfaktoren bezeichnet werden. So werden z. B. in Deutschland pro Jahr rechnerisch 168 km² Bodenfläche versiegelt. Damit stieg der Anteil der versiegelten Flächen von 5,3 % im Jahr 1992 auf 6,5 % im Jahr 2021 an. Diese Flächen können nicht mehr als Regulator des natürlichen Wasserhaushalts, als Anbaufläche für Pflanzen oder auch als Regenerator für die Bodenfruchtbarkeit dienen.[16]

Die fortschreitende Erosion des Bodens infolge des Klimawandels ist weltweit und auch in Deutschland ein zentrales Problem für die Landwirtschaft. So sind 25 % der Ackerflächen in Deutschland winderosionsgefährdet und 33 % sind mittel bis stark von einer möglichen Wassererosion bedroht.[17]

Vor dem Hintergrund, dass der Boden die Grundlage für die Herstellung 90 % aller menschlichen Nahrungsmittel sowie für 100 % des Tierfutters in der Landwirtschaft bildet, sind diese Entwicklungen von besonderer Bedeutung für die Ernährungssicherheit der Menschheit.[18]

Steigende Gefahr für die Biodiversität

Der Begriff Biodiversität steht für die Beurteilung der Fülle unterschiedlichen Lebens oder auch der biologischen Vielfalt. Dabei werden die genetische Vielfalt, die Artenvielfalt und die Vielfalt der Ökosysteme unterschieden. Ein hohes Maß an Biodiversität ist wichtig für den Erhalt der Anpassungsfähigkeit der Ökosysteme z. B. bei Umweltveränderungen. Wichtige Ökosystemleistungen sind z. B. die Bestäubung von Pflanzen, der Erhalt der Fruchtbarkeit des Bodens, der Abbau von Luft- und Wasserverschmutzungen bzw. Schadstoffen sowie die natürliche Schädlingskontrolle.[19]

Der Erhalt der Biodiversität ist das mit Abstand komplizierteste Umweltziel, da es mehrdimensional, schwer messbar und wenig sichtbar ist. Darüber hinaus hängt das Maß an Biodiversität sehr stark von der Erreichung anderer Umweltziele ab, wie der Reduktion der Umweltverschmutzung und vor allen Dingen der Reduktion der fortschreitenden Erderwärmung. So kann eine Erderwärmung von 3 Grad gegenüber der vorindustriellen Zeit in weiten Teilen der Welt zu einem Biodiversitätsverlust von bis zu 50 % führen.[20] Der Erhalt der Biodiversität ist das Umweltziel, welches von seiner Tragweite und Bedeutung für die Menschheit am meisten unterschätzt wird.

Aufgrund der besonderen Bedeutung für die Ernährungssicherheit, die wirtschaftliche Entwicklung sowie die Gesundheit der Menschheit haben sich im Jahr 2010 die Staaten der Welt im Rahmen der »UN-Konvention über die biologische Vielfalt« 20 Ziele gesetzt, die sie bis 2020 erreichen wollten.[21] Der Abschlussbericht »Global Biodiversity Outlook« vom 15. September 2020[22] macht deutlich, dass die Ziele nahezu vollständig nicht erreicht wurden.

Dabei ist insbesondere hervorzuheben, dass die Bedeutung der Artenvielfalt und die notwendigen Schritte zu deren Schutz noch nicht in der Breite der Gesellschaft und der Politik verstanden und akzeptiert werden. Vielmehr ist zu beobachten, dass z. B. Regierungen unverändert wirtschaftliche und landwirtschaftliche Aktivitäten subventionieren, die nachweislich die Biodiversität beeinträchtigen. Wertvolle Waldflächen werden weiter gerodet und die Meere in weiten Teilen der

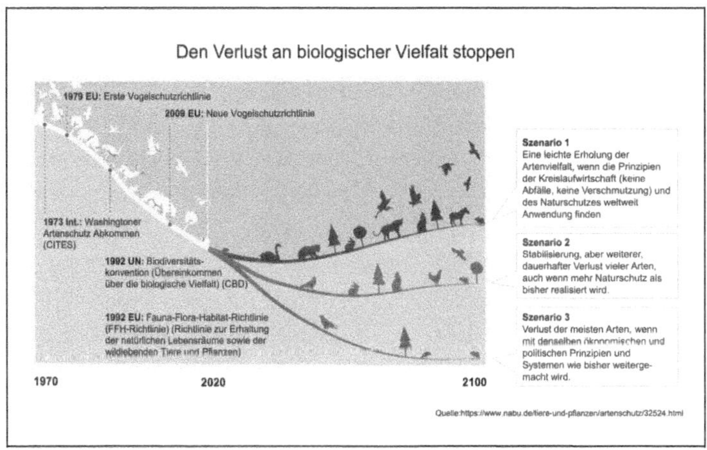

Abb. 5: Den Verlust an biologischer Artenvielfalt stoppen

Welt weiter überfischt. Fortschritte hingegen wurden beim Ausweis von Naturschutzgebieten und bei der Bereitstellung von finanziellen Mitteln zur Sicherung der Biodiversität erreicht. Jedoch werden diese positiven Effekte durch die beschriebenen negativen Effekte überkompensiert.[23] Auch im Bereich Gesellschaft und Soziales sind die weltweit erzielten Fortschritte seit 2020 als gering einzustufen.

2. Gesellschaft und Soziales (Social)

Verstöße gegen Menschenrechte

Die 30 definierten Menschenrechte der UN haben aufgrund ihrer Universalität, Egalität, Unveräußerlichkeit und Unteilbarkeit als sog. Naturrecht eine sehr hohe moralische Bedeutung für die Menschheit. In Artikel 1, Abs. 3 bekennt sich die UN zu dem Ziel, »eine internationale Zusammenarbeit herbeizuführen, um internationale Probleme wirtschaftlicher, sozialer, kultureller und humanitärer Art zu lösen und die Achtung vor den Menschenrechten und Grundfreiheiten für alle ohne Unterschied der Rasse, des Geschlechts, der Sprache oder der Religion zu fördern und zu festigen«.

Zu den 30 Menschenrechten zählen unter anderem das Verbot der Diskriminierung, das Recht auf Leben und Freiheit, die Gleichheit vor dem Gesetz, das Recht auf Meinungs- und Informationsfreiheit, das Recht auf Versammlungs- und Vereinigungsfreiheit, das Recht auf ein allgemeines und gleiches Wahlrecht sowie das Recht auf Arbeit und gleichen Lohn.[24] Trotz der hohen moralischen Bedeutung und des verankerten Ziels in der UN-Charta wird weltweit regelmäßig gegen die Einhaltung der Menschenrechte verstoßen.[25]

Aufgrund der Komplexität des Themas, der unterschiedlichen Interpretationsmöglichkeiten und der fehlenden Transparenz existiert kein allgemeingültiger Indikator für die Einhaltung von Menschenrechten. Jedoch gibt es Institutionen, die die Einhaltung einzelner Menschenrechtsvorgaben verfolgen.

So bewertet der CIVICUS-Monitor regelmäßig die »zivilgesellschaftlichen Rahmenbedingungen« aller Länder weltweit. Dabei wird der »Respekt in Politik und Praxis für die Freiheiten der friedlichen Versammlung, Vereinigung und Meinungsäußerung« gemessen. Je nach erreichter Punktzahl wird ein Land als offen, eingeengt, behindert, unterdrückt oder geschlossen eingestuft. Bei der letzten Bewertung im März 2023 galten z. B. China, Russland und auch weite Teile des Nahen Ostens als »geschlossen«, während große Teile von Afrika als »unterdrückt« eingestuft wurden.[26]

Das Verbot von Diskriminierung jeglicher Art ist ein weiteres zentrales Menschenrecht. Es hat zum Ziel, dass niemand wegen seines Geschlechts, seiner Hautfarbe, seiner Religion oder anderer Unterschiede diskriminiert werden darf. Positiv ausgedrückt, besteht ein Recht auf Gleichberechtigung und Chancengleichheit. Dieses Recht ist weltweit sehr unterschiedlich umgesetzt. So zeigt z. B. der »Geschlechterungleichheitsindex (GII)« der UN auf, dass die Geschlechtergleichbehandlung weltweit sehr verschieden ausgeprägt ist, auch wenn die Situation sich insgesamt seit 1990 leicht verbessert hat. Einen besonders negativen (hohen) Index haben z. B. Länder aus Afrika, aber auch Afghanistan und Pakistan. Hingegen haben die europäischen Länder in der Regel einen sehr guten (geringen) Index. Weltweit sind hier die skandinavischen Länder führend.[27]

Der kurze Blick auf das Thema Menschenrechte zeigt, dass dies ein komplexes Thema ist und sehr differenziert betrachtet werden muss. Jedoch ist insgesamt festzustellen, dass weltweit – trotz vieler Maßnahmen und Bekenntnisse – immer noch umfangreiche Verstöße gegen Menschenrechte stattfinden. Eine Situation, die extrem unbefriedigend ist.

Arbeitsbedingungen weltweit mit spürbarem Gefälle

Eine ähnliche Situation ist bei dem Zustand der Arbeitsbedingungen zu beobachten.[28] Zum einen sind die Arbeitsbedingungen aus historischen, gesellschaftlichen und auch politischen Gründen sehr unterschiedlich. Gleichzeitig ist aber auch eine dynamische Veränderung in diesem Umfeld zu beobachten. In der zunehmend weltweit vernetzten Wirtschaft verlagert sich die Produktion und damit Teile der Lieferketten in Regionen, in denen die Kosten am geringsten sind. Gleichzeitig kommen aufgrund der instabilen politischen Lage in einigen Regionen der Welt vermehrt Wanderarbeiter und Migranten in diese Regionen, um Arbeit zu finden. Dadurch können teilweise einseitige Abhängigkeitsverhältnisse und Rahmenbedingungen entstehen, welche die Arbeitsbedingungen massiv beeinträchtigen.

Zusätzlich werden in diesen Regionen teilweise Wirtschaftszonen gebildet, in denen die Arbeitnehmerrechte weiter eingeschränkt werden.[29] Eine Dynamik, deren Auswirkungen nicht unterschätzt werden darf.

Der Internationale Gewerkschaftsbund erhebt daher regelmäßig weltweit den sog. »Globalen Rechtsindex«. Dieser misst, in welcher Form und in welchem Umfang gegen international anerkannte und grundlegende Rechtsnormen hinsichtlich der Arbeitsbedingungen verstoßen wird. Nach diesem Index zählen z. B. Brasilien, Ägypten, Bangladesch, die Philippinen und die Türkei zu den zehn schlechtesten Ländern hinsichtlich der Einhaltung der Arbeitsrechtsnormen. Die schlimmsten Regionen sind nach dieser Analyse der Nahe Osten und Nordafrika. Insgesamt ist zu beobachten, dass die Länder des »globalen Südens«[30] einen deutlich schlechteren »Globalen Rechtsindex« haben als die des »globalen Nordens«.[31]

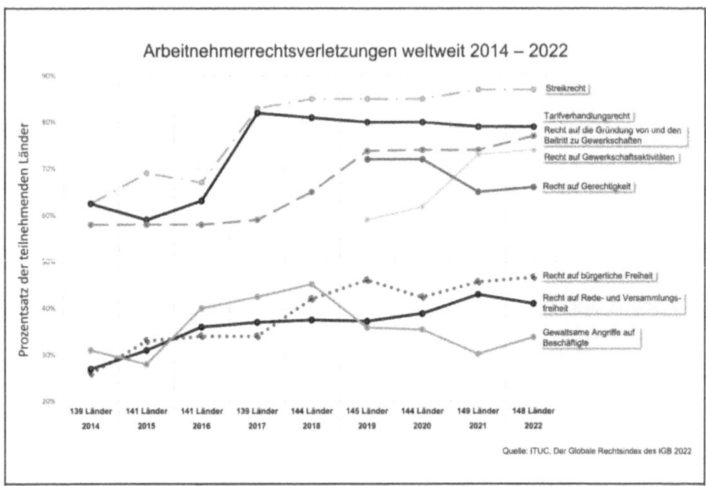

Abb. 6: Arbeitnehmerrechtsverletzungen weltweit 2014–2022

Einige weitere Kennzahlen machen deutlich, dass die Arbeitsbedingungen weltweit zum Teil doch sehr unterschiedlich sind:

- So müssen rund 21 Millionen Menschen weltweit im privaten oder staatlichen Sektor Zwangsarbeit leisten. Zwangsarbeit ist dabei definiert als »jede Art von Arbeit oder Dienstleistung, die von einer Person unter Androhung einer Strafe verlangt wird und für die sie sich nicht freiwillig zur Verfügung gestellt hat«.[32]
- 160 Millionen Kinder im Alter zwischen 5 und 17 Jahren müssen weltweit regelmäßig arbeiten. 70 % davon in der Landwirtschaft, 20 % im Dienstleistungsbereich und 10 % in der Industrie.[33]
- Frauen verdienen für vergleichbare Arbeit teilweise signifikant weniger und sind überproportional in den geringbezahlten Berufen beschäftigt.[34]
- Während in Europa 15 % der Arbeitnehmer mehr als 48 Stunden pro Woche arbeiten, sind es in China 40 % und in der Türkei mehr als 60 % der Arbeitnehmer.[35]
- Im Beruf erhalten 41 % der Arbeitnehmer in Europa, 16 % in der Türkei und 7 % in China eine Weiterbildungsmöglichkeit.[36]

Im Kontext von Nachhaltigkeit kommt somit der Ausgestaltung der Arbeitsbedingungen sowie der Einhaltung der Menschenrechte weltweit eine besondere Bedeutung zu. Denn aufgrund des stark ansteigenden Welthandels und der damit verbundenen Internationalisierung der Lieferketten sowie der Verlagerung der Produktionsstandorte in kostengünstigere Regionen steigt auch der Anteil des Handels mit den Ländern, die die Menschenrechte offensichtlich nicht vollumfänglich einhalten bzw. deren Arbeitsbedingungen zum Teil weit unter den international geforderten Standards liegen. Unabhängig von den damit einhergehenden Risiken hinsichtlich der Stabilität der Lieferketten stellt sich die durchaus berechtigte Frage, inwieweit die Unternehmen und Endverbraucher, die aus diesen Regionen Produkte beziehen, Verantwortung für die Einhaltung der Menschenrechte und Arbeitsbedingungen in ihrer Lieferkette übernehmen und damit zu einer Verbesserung der Situation beitragen müssen.

Korruption nimmt zu

Neben den anhaltenden Verstößen gegen die Menschrechte und dem nach wie vor starken Gefälle in den weltweiten Arbeitsbedingungen ist ein Ansteigen der Korruption mit all seinen Folgen für die Gesellschaften und Wirtschaften zu beobachten. Korruption führt zu Verzerrungen im Wettbewerb, zu höheren Kosten und hat einen negativen Einfluss auf die Investitionsbereitschaft. Häufig ist eine negative Korruptionsspirale mit gravierenden Folgen für die Leistungsfähigkeit der Volkswirtschaft und den Wohlstand der Gesellschaft eines Landes zu beobachten.

Nach dem jährlich erhobenen Korruptionswahrnehmungsindex ist die Wahrnehmung des Korruptionsniveaus im öffentlichen Sektor in Skandinavien mit Werten um die 90 (von 100) am geringsten. Deutschland liegt auf Platz 9 von 180 mit einem Wert von 79. Deutlich über die Hälfte der Länder weltweit verfügt über einen Index von unter 50, was auf ein relativ hohes Korruptionsniveau hindeutet. Dazu zählen Länder wie China (45), Kuweit (42), Indien (40) oder auch Brasilien (38).[37]

Auch wenn das Thema Korruption in der öffentlichen Wahrnehmung in Deutschland keine große Rolle spielt, so ist es weltweit ein sehr präsentes Thema und rückt damit durch die wachsenden internationalen Handelsbeziehungen auch sehr nah an die Staaten und Volkswirtschaften heran, die ein geringes Korruptionsniveau haben. Der durch Korruption entstehende Schaden für die Volkswirtschaften weltweit wird auf 1 % bis 4 % der jährlichen Bruttowirtschaftsleistung geschätzt. Ein beachtlicher Betrag an Wohlstandverlust, der unvermindert jedes Jahr entsteht.[38]

Nach der Analyse der beobachtbaren Entwicklungen in den Handlungsfeldern Ökologie und Soziales fehlt noch der Bereich Governance, der häufig auch mit Unternehmensführung bezeichnet wird. Im Kern umfasst die Unternehmens-Governance die angemessene und wirkungsvolle Anwendung aller Gesetze, Regeln und Verfahren (extern/intern), nach denen ein Unternehmen zu führen ist. Diese können zwingend und bindend oder auch freiwillig sein. In der Regel sind ein wirksames Risiko- und Compliance Management, wirksame interne Kontrollsysteme sowie klare und dokumentierte Regeln der Kommunikation und Zusammenarbeit zwischen den zentralen Unternehmensorganen Grundbestandteile einer guten Unternehmens-Governance.

3. Unternehmensführung (Governance)

Kontrolle, Transparenz und Aktionärsinteressen

Aufgrund international gestiegener Kapitalmarktstandards entstand in Deutschland zum Ende der 90er Jahre ein erheblicher Handlungsbedarf hinsichtlich der Verbesserung der Unternehmens-Governance. Mit Regeln, die sich an den internationalen Gepflogenheiten orientieren, sollte das Vertrauen der nationalen und internationalen Investoren wieder zurückgewonnen werden.

1998 verabschiedete die Bundesregierung zunächst das Gesetz zur Kontrolle und Transparenz im Unternehmensbereich (KonTraG). Danach ist der Vorstand einer börsennotierten Aktiengesellschaft dazu verpflichtet, ein angemessenes und wirksames Risikomanagementsystem einzuführen, um über die bestehenden Risiken und Chancen für das Unternehmen zu berichten und auf existenzgefährdende Risiken hinzuweisen. Da der Risiko-Chancenbericht Bestandteil des Jahresabschlusses ist, muss der Wirtschaftsprüfer in seinem Prüfbericht auf die Wirksamkeit des bestehenden Risikomanagementsystems entsprechend eingehen. Mit dem KonTraG wurde dem zunehmenden Bedürfnis der Kapitalmarktteilnehmer nach mehr Transparenz hinsichtlich der Chancen und Risiken für die langfristige Wertentwicklung der Unternehmen Rechnung getragen. In den Folgejahren sind weitere Gesetze z. B. hinsichtlich der Erweiterung der Publizitätspflichten, der Offenlegung der Vorstandsvergütung und deren Angemessenheit oder auch der Stärkung der Aktionärsrechte verabschiedet worden, um die Transparenz und Kontrolle bei den börsennotierten Gesellschaften in Deutschland zu stärken.[39]

Im Nachgang zur Pleite des damals größten deutschen Bauunternehmens Philipp Holzmann wurde zudem im Jahr 2002 der Deutsche Corporate Governance Kodex eingeführt. Er enthält – neben den wesentlichen und relevanten Rechtsgrundlagen aus dem Aktiengesetz – Empfehlungen und Anregungen für die Führung börsennotierter Gesellschaften und soll dazu beitragen, die geltenden Regeln für die Unternehmensführung auch für internationale Investoren transparent zu machen. Der Kodex ist relevant für alle börsennotierten Gesellschaften in Deutschland. Mit der Entsprechenserklärung müssen Vorstand und Aufsichtsrat jährlich dokumentieren, in welcher Form sie den Kodex einhalten. Sowohl die Einführung des Corporate Governance Kodex und dessen kontinuierliche Weiterentwicklung als auch die neuen gesetzlichen Bestimmungen hinsichtlich mehr Transparenz und Kontrolle haben das Vertrauen der Investoren in deutsche Unternehmen und damit in den deutschen Kapitalmarkt wieder gestärkt.

Bedeutung der Nachhaltigkeit

Was jedoch im Bereich der Unternehmensführung kaum eine angemessene Berücksichtigung fand, war die Verankerung des Themas Nachhaltigkeit im Sinne von ESG. Auch wenn in der seit 2009 verpflichtenden Erklärung zur Unternehmensführung erste Ansätze zu erkennen waren, wurde erst mit der Umsetzung der »Non Financial Reporting

Directive« der Europäischen Union[40] in das deutsche »CSR-Richtlinien-Umsetzungsgesetz« im Jahr 2017 das Thema merklich sichtbar.

Seitdem müssen Versicherungen, Finanzinstitute und Unternehmen, die mehr als 500 Mitarbeiter beschäftigen und kapitalmarktorientiert sind, jährlich einen Bericht vorlegen, aus dem Risiken, Maßnahmen und nichtfinanzielle Kennzahlen zu den Themenfeldern Umwelt, Soziales, Menschenrechte sowie Korruption und Bestechung hervorgehen. Der Bericht kann sowohl in den Lagebericht integriert als auch in einem Extradokument vorgelegt werden. Für die Berichte und die verwendeten Kennzahlen gelten keine verpflichtenden Standards und sie werden auch nicht vom Wirtschaftsprüfer geprüft. Bisher müssen in Deutschland nur rund 500 Unternehmen nach diesen Vorschriften berichten. Vor dem Hintergrund der Bedeutung des Themas sowohl für die Gesellschaft als auch für die Wirtschaft erscheint das relativ wenig.

Auch in der Weiterentwicklung des Corporate Governance Kodex spielte das Thema Nachhaltigkeit lange keine wesentliche Rolle. Erst im Jahr 2022 wurden hier sichtbare Änderungen vorgenommen, die das Thema ESG entsprechend berücksichtigen. So wurde z. B. erstmals festgelegt, dass die Auswirkungen unternehmerischen Handelns auf das Thema Nachhaltigkeit zum Überwachungsbereich des Aufsichtsrats gehört, das Thema in das Risiko- und Compliance-Management sowie andere interne Kontrollsysteme explizit mit aufgenommen werden muss, Nachhaltigkeit Bestandteil der Unternehmensstrategie sein soll und der Aufsichtsrat eine entsprechende Kompetenz in den für das Unternehmen relevanten Nachhaltigkeitsthemen aufweisen soll.[41]

C. Fazit

- Nachhaltigkeit und ESG sind zwei Seiten derselben Medaille »Zukunftsfester Umbau der Wirtschaft«. Während in der politischen Diskussion mit dem Begriff »Nachhaltigkeit« die gesamtgesellschaftliche Perspektive mit den drei Dimensionen Ökologie, Ökonomie und Soziales eingenommen wird, spiegelt

»ESG« aus der Perspektive der Eigentümer und Finanzmarktteilnehmer deren Anforderungen an eine zukunftssichere Unternehmensführung wider.

- Auch wenn der Generalsekretär der Vereinten Nationen, Kofi Annan, bereits zur Jahrtausendwende die zentrale Bedeutung nachhaltigen Handelns für den Zusammenhalt der Weltgemeinschaft erkannt hat und zu verantwortungsvollem Handeln aufgerufen hat, ist in den zentralen Handlungsfeldern Umwelt und Soziales, aber auch im Bereich Governance, nicht genug passiert, um den potenziellen Gefahren für die Weltgemeinschaft gerecht zu werden.
- Im Bereich Umwelt konnte auf internationaler Ebene in keinem Bereich eine wirkliche Trendumkehr erzielt werden. Sowohl der CO_2-Ausstoß als auch der Ressourcenverbrauch steigen teilweise unvermindert an. Auch die Entwicklungen im Bereich Wasser, der Umweltverschmutzung sowie der Biodiversität sind besorgniserregend. Zwischenzeitlich vereinbarte und ausgelobte Ziele konnten nicht erreicht werden.
- Beim Thema CO_2 liegt die Besonderheit vor, dass insbesondere im »globalen Süden« u.a. aufgrund starken Wirtschaftswachstums, steigender Exporte in den »globalen Norden« und Steigerung des Lebensstandards die Emissionen – mit entsprechenden Auswirkungen auf das Weltklima – nahezu unverändert weitersteigen, während der »globale Norden« bereits erste Einsparungen erzielt.
- Auch im Bereich Soziales konnten weltweit die Defizite bei der Einhaltung der Menschenrechte und auch der Mindeststandards bei den Arbeitsbedingungen nicht spürbar beseitigt werden. Vielmehr ist in einigen Bereichen sogar eine Verschärfung der Situation zu beobachten. Dies gilt insbesondere für den »globalen Süden«. Durch die zunehmend globale Verzahnung der Lieferketten rücken damit diese Themen auch näher an die Gesellschaften des »globalen Nordens« heran.
- Im Bereich Governance sind in Deutschland Fortschritte erzielt worden. Allerdings zielen diese primär auf die Förderung der

> Transparenz und Kontrolle im Unternehmen sowie die Stärkung der Aktionärsrechte ab. Eine verbindliche Berücksichtigung der ESG-Themen in der Unternehmensführung und eine entsprechend verpflichtende Berichterstattung darüber ist erst im Jahr 2017 und damit relativ spät und dann auch nur für rund 500 Unternehmen eingeführt worden.

Diese unbefriedigenden Ergebnisse in den Handlungsfeldern E, S und G haben auch die politischen Akteure auf allen Ebenen erkannt. Mit den bisher insbesondere auf nationaler Ebene verabschiedeten Gesetzen und Regeln sowie den ausgesprochenen, unverbindlichen Empfehlungen und Vorgaben kam man nicht weiter. Vielmehr wurde es notwendig, den erkannten Transformationsbedarf auf internationaler Ebene mit verbindlichen Zielen, Zeitplänen, Regeln und Verantwortlichkeiten anzugehen.

Im nächsten Kapitel werden in kompakter Form die Entwicklungsschritte aufgezeigt, die zu den heutigen regulatorischen Rahmenbedingungen rund um das Thema Nachhaltigkeit und ESG geführt haben.

II.
Der regulatorische Rahmen für die nachhaltige Transformation wird konkret: Der lange Weg der Entscheidungen und deren Ergebnis

A. Der Ansatz der Vereinten Nationen

1. Das Pariser Abkommen als zentraler Meilenstein

Vorläufer des Pariser Abkommens

1979 fand die erste Weltklimakonferenz der UN in Genf statt. Bei den ersten Konferenzen stand zunächst die Organisation eines internationalen Rahmens für die Bekämpfung des Klimawandels im Vordergrund. So wurde 1988 der Weltklimarat (IPCC) gegründet und 1992 mit den UN-Rahmenklimakonventionen (UNFCCC) erstmals erreicht, dass sich 197 Länder dazu verpflichteten, die Einflüsse auf den Klimawandel zu reduzieren sowie die Erderwärmung und deren Klimafolgen zu bremsen – jedoch ohne konkrete Ziele.

In einer zweiten Phase von 1995 (Kyoto-Konferenz) bis 2005 standen die Vorbereitung, Detaillierung und Ratifizierung von erstmals verbindlichen Klimazielen für die Industrieländer im Vordergrund. Im Kyoto-Protokoll haben sich viele dieser Länder erstmals völkerrechtlich verpflichtet, ihre Treibhausgasemissionen in der Zeit von 2008 bis

2012 im Vergleich zum Jahr 1990 um mindestens 5 % zu reduzieren. Die USA ratifizierten das Kyoto-Protokoll nicht. Sie störten sich daran, dass für Länder wie China keine Vorgaben vorgesehen wurden. Darin sahen sie eine starke Ungleichbehandlung zu Lasten der Industrieländer. Nachdem Russland im Jahr 2004 das Kyoto-Protokoll ratifiziert hatte, konnte dieses jedoch in Kraft treten.

Danach begann ab 2005 die dritte Phase der Klimakonferenzen, in der erstmals ein verbindliches Abkommen für Industrie-, Schwellen- und Entwicklungsländer angestrebt wurde, welches dann mit dem Pariser Abkommen im Jahr 2015 erreicht wurde. Es hat also insgesamt 36 Jahre gedauert, bis sich die Weltengemeinschaft auf verbindliche Klimaschutzziele für alle Länder verständigen konnte.

Ergebnisse des Pariser Abkommens

Im Dezember 2015 haben sich 195 Staaten auf das Pariser Abkommen als Nachfolge des Kyoto-Protokolls geeinigt. Darin verpflichteten sich die Unterzeichner, alle Anstrengungen zu unternehmen (insbesondere durch die Reduktion der Treibhausgasemissionen), um die Erderwärmung im Vergleich zur vorindustriellen Zeit (1850 bis 1900) auf deutlich unter 2 Grad Celsius (möglichst 1,5 Grad Celsius) zu beschränken.

Ferner verpflichteten sich die Staaten dazu, mit geeigneten Maßnahmen die negativen Folgen des bereits zu beobachtenden und noch zu erwartenden Klimawandels zu mindern. Dazu zählen sowohl Maßnahmen in den vom Klimawandel bereits stark betroffenen Ländern der Erde als auch Vorsichtsmaßnahmen in den bisher weniger betroffenen Regionen. Damit sollte die Widerstandsfähigkeit gegenüber weiterer Klimaveränderung gestärkt werden.

Und schließlich wurde vereinbart, dass eine Vereinbarkeit der Finanzmittelströme mit den Klimazielen erreicht werden soll. Sowohl öffentliche als auch private Finanzmittel sollen künftig in treibhausgasarme und die Widerstandsfähigkeit stärkende Aktivitäten »gelenkt« werden. Dazu zählt die finanzielle Unterstützung von Entwicklungsländern durch die Industrieländer bei der Bewältigung der Folgen des bereits erfolgten Klimawandels als auch die Stärkung der Resilienz dieser Länder gegenüber noch zu erwartenden Klimaveränderungen.

Das Pariser Abkommen trat als völkerrechtlicher Vertrag im November 2016 in Kraft. Zu dem Zeitpunkt hatten bereits 92 Staaten das Abkommen ratifiziert. Die USA traten nach der Wahl von Donald Trump zum Präsidenten aus dem Pariser Abkommen zunächst aus, kehrten nach der Wahl von Joe Biden aber wieder in das Abkommen zurück.

Umsetzung des Pariser Abkommens

Zentraler Bestandteil des Pariser Abkommens ist die Verpflichtung der einzelnen Vertragsstaaten, in sogenannten NDCs (Nationally Determined Contributions) ihre nationalen Klimaschutzpläne mit entsprechenden Zielen und Maßnahmen und damit ihren Beitrag zur Erreichung der Ziele des Pariser Abkommens zu dokumentieren, zu veröffentlichen und messbar zu machen. Dadurch entstand für die Staaten ein Spielraum, ihre eigenen Klimaziele auf die jeweilige Situation in ihrem Land auszurichten. Auch wenn diese nationalen Ziele völkerrechtlich nicht verbindlich sind, müssen die Nationalstaaten jedoch geeignete Maßnahmen ergreifen, um die formulierten Ziele zu erreichen. Alle fünf Jahre müssen die Staaten ihre NDCs erneuern und in regelmäßigen Abständen über den Fortschritt bei der Umsetzung der Maßnahmen berichten. Dabei sollen die Klimapläne mit der Zeit anspruchsvoller werden, um die vereinbarten Ziele von Paris auch erreichen zu können.

Für die Erstellung der NDCs existierte zunächst kein verbindlicher Standard. Damit waren die vorgelegten NDCs nicht vergleichbar und ihr jeweiliger Beitrag zur Erreichung des Gesamtziels des Pariser Abkommens nur schwer ermittelbar. Aus diesem Grund wurden auf der Klimakonferenz in Polen im Jahr 2018 verbindliche Vorgaben über die Inhalte der NDCs ab 2020 festgelegt.

Ergebnisse bleiben deutlich hinter den Erwartungen

Am 26. Oktober 2022 haben die Vereinten Nationen die ersten zusammengefassten Ergebnisse der vorgelegten NDC-Reports von 193 Ländern veröffentlicht.[1] Danach steigen die CO_2-Emissionen weltweit bis 2030 auf ein Niveau, welches um 10,6 % über dem des Jahres 2010 liegt. Um die Erderwärmung auf 1,5 Grad gegenüber der vorindustriellen Zeit zu beschränken, bedarf es aber einer Reduktion der CO_2-Emissionen um rund 45 % im Jahr 2030 gegenüber 2010. Die vorgelegten Ziele in den NDC würden somit die Erderwärmung bis zum Ende des Jahrhunderts nur auf 2,5 Grad Celsius begrenzen. Mit diesem Ergebnis wurde deutlich, dass die bisherigen Anstrengungen und Pläne der Nationalstaaten nicht ausreichen, um die angestrebte Begrenzung der Erderwärmung zu erreichen. Vielmehr war eine erhebliche Lücke zwischen den vereinbarten Zielen, den Ambitionen und der tatsächlichen Umsetzung in den Ländern zu beobachten.

Auf der Klimakonferenz in Sharm el-Sheikh (COP27) im November 2022 sprach der UN-Generalsekretär António Guterres deshalb auch davon, dass *»wir auf dem Highway zur Klimahölle sind – mit dem Fuß auf dem Gaspedal«*[2]. Auch wenn auf der COP27 eine grundsätzliche Einigung über die Gründung eines Ausgleichsfonds zur Finanzierung von klimabedingten Schäden insbesondere in Entwicklungsländern erzielt wurde, blieben die Ergebnisse weit hinter den Erwartungen zurück. Insbesondere ein Bekenntnis zu einem weltweit schrittweisen Ausstieg aus der Verbrennung fossiler Rohstoffe zur spürbaren Reduktion der Treibhausemissionen konnte nicht erreicht werden. So bleibt der Eindruck, dass zwar an der Beseitigung der Symptome gearbeitet wird, die tatsächlichen Ursachen aber nicht konsequent angegangen werden.[3]

Parallel zu den spezifischen Klimaschutzzielen des Pariser Abkommens haben die Vereinten Nationen an den »Sustainable Development Goals« gearbeitet und diese ebenfalls im Jahr 2015 verabschiedet.

2. Die Sustainable Development Goals

Ursprung und Zielsetzung

Im Jahr 2000 verabschiedete die Weltgemeinschaft auf dem Millennium-Gipfel in New York zunächst die sog. »Millennium Development Goals« der Vereinten Nationen. Die acht formulierten Entwicklungsziele konzentrierten sich mit konkreten Zielvorgaben für das Jahr 2015 auf die weltweite Bekämpfung der Armut, den Erhalt des Friedens sowie den Schutz der Umwelt.

Auch wenn im Zeitraum bis 2015 erhebliche Fortschritte in den Handlungsfeldern der MDGs erzielt werden konnten, wurden im Jahr 2015 mit den Sustainable Development Goals neue und weit umfangreichere Ziele für eine nachhaltige Entwicklung bis zum Jahr 2030 vereinbart. Im Gegensatz zu den Millennium-Zielen, die primär auf die Entwicklungsländer ausgerichtet waren, wurden die SDGs nun für alle Nationen der Welt entwickelt.

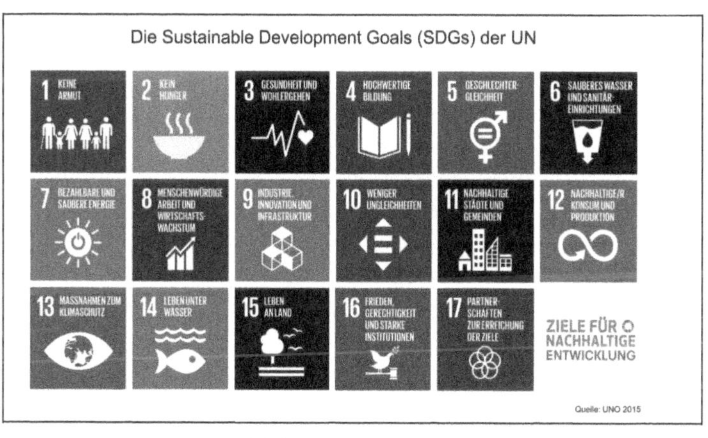

Abb. 7: Die Sustainable Development Goals

Die SDGs umfassen insgesamt 17 Ziele mit 169 Zielvorgaben und konzentrieren sich erstmals weltweit in gleicher Weise auf soziale, ökonomische und ökologische Handlungsfelder. Primärer Adressat der SDGs sind nicht die Unternehmen, sondern die nationalen Regierungen. Ihnen obliegt es, entsprechende Maßnahmen in ihren Ländern zu ergreifen, um ihren Beitrag zur Erreichung der Ziele bis 2030 zu erreichen.

Ebenso wie im Pariser Abkommen soll damit den Ländern die Möglichkeit eingeräumt werden, bei der Erarbeitung ihrer eigenen Agenden die aktuelle Situation des eigenen Landes berücksichtigen zu können, ohne das Gesamtziel aus den Augen zu verlieren. In regelmäßigen Abständen müssen die Länder auch hier einen Fortschrittsbericht bei der UN vorlegen. So bildeten die SDGs die Grundlage für die Deutsche Nachhaltigkeitsstrategie, welche die Bundesregierung im Januar 2017 verabschiedet hat und über deren Umsetzung sie regelmäßig berichtet.

Aktueller Stand der Umsetzung der SDGs

In ihrem letzten Fortschrittsbericht aus dem Jahr 2022[4] stellt die UN fest, dass es weltweit noch erhebliche Defizite hinsichtlich der Erreichung der SDGs im Jahr 2030 gibt. Insbesondere die Corona-Pandemie, der Ukraine-Krieg und der anhaltende Klimawandel haben dazu geführt, dass im zweiten Jahr in Folge kein Fortschritt erzielt und in einigen Bereichen sogar spürbare Rückschritte zu verzeichnen sind. Dies gilt insbesondere für die SDG 1 (Keine Armut), SDG 8 (Menschenwürdige Arbeit und Wirtschaftswachstum) und SDG 11 bis 15 (Nachhaltige Stadtentwicklung, Klimaschutz und Biodiversität).

Hinsichtlich des sogenannten SDG-Länderindex[5] führen die nordischen Staaten Finnland, Dänemark, Schweden und Norwegen gefolgt von Deutschland das Ranking an. Sie erzielten im Betrachtungszeitraum die größten Fortschritte bei der Umsetzung der SDGs. Hingegen haben andere Länder aus der G20-Gemeinschaft einen spürbar geringeren Fortschritt erzielt. Dazu zählen die USA, Brasilien und Russland.

Im September 2023 kommen die UN-Mitgliedsstaaten zum zweiten Mal nach der Verabschiedung der SDGs im Jahr 2015 in New York zusammen, um Prioritäten und Maßnahmen zur beschleunigten Erreichung der Ziele für das Jahr 2030 zu vereinbaren. Die Erwartungen an dieses Treffen sind hoch, denn es bleibt nicht mehr viel Zeit für die Erreichung der Ziele, insbesondere beim Klimaschutz.

3. Der UN Global Compact

Das Abkommen von Paris und die SDGs der Vereinten Nationen haben als Adressat die nationalen Regierungen und nicht etwa Wirtschaftsunternehmen. Kofi Annan hatte allerdings bereits im Jahr 1999 erkannt, dass ohne die Einbindung der Unternehmen die Ziele im Bereich Umwelt- und Klimaschutz sowie die Einhaltung der Menschrechte nicht erreicht werden können. Aus diesem Grund hat er – wie bereits in Kapitel 1 erwähnt – die Unternehmen weltweit zu einer freiwilligen Selbstverpflichtung – dem sog. UN Global Compact – eingeladen. Hierin verpflichten sich die Unternehmen auf die weltweite Einhaltung von mittlerweile zehn universellen Prinzipien, um damit die Globalisierung sozialer und ökologischer zu gestalten. Zu den Prinzipien zählen zum Beispiel, dass die Unternehmen in ihrer Einflusssphäre die Einhaltung der Menschenrechte fördern, Zwangsarbeit ausschließen, an der Abschaffung der Kinderarbeit mitwirken, Umweltschutz vorantreiben und gegen alle Formen der Korruption eintreten. Weltweit sind mittlerweile über 22 000 Unternehmen und Organisationen dem UN Global Compact beigetreten, in Deutschland sind es über 900 Unternehmen.[6]

Im Mai 2023 hat der UN Global Compact in Ergänzung zu seinen zehn Grundprinzipien den Mitgliedsunternehmen auch zehn Empfehlungen zu einem gerechteren Übergang bei dem notwendigen Ausbau der erneuerbaren Energie an die Hand gegeben. Damit unterstreicht der UN Global Compact auch die Bedeutung des weltweiten Klimaschutzes.[7]

Um die im Jahr 2015 ausgerufenen Ziele der Vereinten Nationen auch tatsächlich erreichen zu können, bedurfte es weiterer, massiver Anstrengungen der jeweiligen Regierungen. Sie waren jetzt in der Pflicht, mit konkreten Maßnahmen ihren Beitrag zur Agenda 2030 zu leisten.

B. Der Ansatz der Europäischen Union

1. Der Green Deal: Funktionsweise und Ziele

Ziele des Green Deal

Die Europäische Union hat mit dem Green Deal im Jahr 2019 ihr Konzept zur Erreichung der Ziele der Agenda 2030 der Vereinten Nationen vorgelegt.[8] Dabei handelt es sich nach Auffassung der Europäischen Kommission um eine Wachstumsstrategie mit dem Ziel, die CO_2-Emissionen bis zum Jahr 2030 im Vergleich zum Jahr 1990 um 50 % zu reduzieren. Im Jahr 2020 setzte die Kommission im Rahmen ihrer Initiative »Fit for 55« das Reduktionsziel für das Jahr 2030 bei 55 % fest. Bis zum Jahr 2050 sollen dann die Nettoemissionen von Treibhausgasen in der EU auf null reduziert werden. Mit diesen ehrgeizigen Zielen will die EU weltweiter Vorreiter beim Klimaschutz und erster klimaneutraler Kontinent werden.

Abb. 8: Der europäische »Green Deal« auf einen Blick

Um diese Ziele zu erreichen, bedarf es einer massiven gesellschaftlichen und wirtschaftlichen Transformation. Zur Umgestaltung der EU-Wirtschaft hat sich die EU-Kommission zunächst auf die folgenden Handlungsfelder konzentriert:

- Saubere, erschwingliche und sichere Energie,
- Mobilisierung der Industrie für eine saubere und kreislauforientierte Wirtschaft,
- energie- und ressourcenschonendes Bauen und Wohnen,
- Null-Schadstoff-Ziel für eine schadstofffreie Umwelt,

- Ökosysteme und Biodiversität erhalten und wiederherstellen,
- faires, gesundes und umweltfreundliches Lebensmittelsystem,
- raschere Umstellung auf eine nachhaltige und intelligente Mobilität.

In den jeweiligen Handlungsfeldern sind in der Folge zahlreiche Initiativen der EU-Kommission gestartet worden, so auch der Aktionsplan »Finanzierung nachhaltigen Wachstums«, den die EU-Kommission am 8. März 2018 veröffentlichte. Ihm liegt die Grundüberzeugung zugrunde, dass die notwendige Transformation nur gelingen kann, wenn der Finanzmarkt eine Schlüsselrolle bei der Umlenkung der Kapitalflüsse in nachhaltige Wirtschaftsaktivitäten übernimmt.

Aktionsplan »Finanzierung nachhaltigen Wachstums«

Auf Grundlage der Empfehlung einer hochrangigen Expertenkommission verfolgt die EU mit dem Aktionsplan die folgenden drei Ziele:

- »Die Kapitalflüsse auf nachhaltige Investitionen umzulenken, um ein nachhaltiges und integratives Wachstum zu erreichen.
- Finanzielle Risiken, die sich aus dem Klimawandel, der Ressourcenknappheit, der Umweltzerstörung und sozialen Problemen ergeben, zu bewältigen.
- Transparenz und Langfristigkeit in der Finanz- und Wirtschaftstätigkeit zu fördern.«[9]

Zur Erreichung dieser Ziele hat die EU-Kommission zehn konkrete Maßnahmen festgelegt. Diese umfassen u. a. die »Einführung eines EU-Klassifikationssystems für nachhaltige Tätigkeiten (Taxonomie)«, die »Stärkung der Vorschriften zur Offenlegung von Nachhaltigkeitsinformationen und zur Rechnungslegung«, die »Förderung einer nachhaltigen Unternehmensführung und Abbau von kurzfristigem Denken auf den Kapitalmärkten«, die »Förderung von Investitionen in nachhaltige Projekte« sowie die »bessere Berücksichtigung der Nachhaltigkeit in Ratings und Marktanalysen«.

Durch diese Maßnahmen, dem Erlass der entsprechenden Richtlinien und deren anschließenden Umsetzung in nationales Recht, werden insbesondere Unternehmen unmittelbar adressiert. Im Folgenden sollen die wesentlichen Richtlinien und Verordnungen in ihren Grundzügen und mit ihren Auswirkungen auf die Wirtschaft erläutert werden.

2. Ausgewählte Verordnungen und Richtlinien zur Erreichung der Ziele des Green Deals

Taxonomie zur Klassifizierung von Wirtschaftsaktivitäten

Die Taxonomieverordnung der EU vom Juni 2020 enthält Kriterien zur Bestimmung, »ob eine Wirtschaftstätigkeit als ökologisch nachhaltig einzustufen ist, um damit den Grad der ökologischen Nachhaltigkeit einer Investition beurteilen zu können.«[10] Als Maßstab für die Einstufung hat die EU die sechs folgenden Umweltziele definiert.

- »Klimaschutz,
- Anpassung an den Klimawandel,
- Nachhaltige Nutzung und Schutz von Wasser- und Meeresressourcen,
- Übergang zu einer Kreislaufwirtschaft,
- Vermeidung und Verminderung der Umweltverschmutzung,
- Schutz und Wiederherstellung der Biodiversität und der Ökosysteme.«[11]

Eine Wirtschaftsaktivität ist dann konform zur Taxonomie, wenn sie einen wesentlichen Beitrag zu einem der Umweltziele leistet[12] und dabei gleichzeitig kein anderes Umweltziel negativ beeinträchtig.[13] Gleichzeitig müssen bei der Aktivität die Arbeitsbedingungen und Menschenrechte eingehalten werden.[14]

Unternehmen sind nach der Verordnung dazu verpflichtet, in ihren Jahresabschlüssen Angaben zur Taxonomiekonformität ihrer Aktivitäten bezogen auf Umsatz, Investitionen und Betriebsausgaben zu machen. Die Verordnung tritt schrittweise in Kraft mit dem Ziel, dass alle

Unternehmen, die zukünftig unter die CSRD (Corporate Sustainability Reporting Directive) fallen, auch Angaben zur Taxonomie machen müssen.

SFDR als zentrale Richtlinie für die Finanzindustrie

Die SFDR[15] (Sustainable Finance Disclosure Regulation) betrifft insbesondere die Finanzunternehmen, wie Kapitalanlagegesellschaften, Banken oder Versicherungen. Sie regelt, in welcher Form diese Unternehmen Transparenz darüber herstellen müssen, wie sie Nachhaltigkeitsaspekte – insbesondere Risiken – in die Entwicklung ihrer Finanzprodukte berücksichtigt haben.

Anbieter von Finanzprodukten müssen nach dieser Richtlinie europaweit dafür sorgen, dass sowohl auf Ebene des angebotenen Finanzproduktes als auch auf Ebene des Anbieters dieser Produkte die berücksichtigten ökologischen und sozialen Merkmale in nachvollziehbarer Transparenz dem Kapitalanleger zugänglich sind. Das kann sowohl über das Internet als auch über regelmäßige Berichte erfolgen.

Die SFDR ist im März 2021 in Kraft getreten und trägt maßgeblich dazu bei, dass insbesondere Eigenkapitalinvestitionen zunehmend in nachhaltige Wirtschaftsaktivitäten gelenkt werden.

EZB-Leitfaden zu Klima- und Umweltrisiken

Der EZB-Leitfaden zu Klima- und Umweltrisiken[16] formuliert die Erwartungen der Europäischen Zentralbank an die Geschäftsbanken, wie diese insbesondere Klima- und Umweltrisiken in ihrem eigenen Risikomanagement, aber auch bei der Vergabe von Krediten steuern und kontrollieren sollten. Den Banken wird es dabei grundsätzlich selbst überlassen, wie sie die Bewertung und Steuerung vornehmen. Damit soll den Besonderheiten der unterschiedlichen Geschäftsmodellen und Risikoprofile der Institute Rechnung getragen werden.

Ziel des Leitfadens ist es zum einen, die Anfälligkeit der Institute aufgrund eingegangener Umwelt- und Klimarisken transparent zu machen, um rechtzeitig gegensteuern zu können. Dies soll den Banken-

und damit den Finanzmarkt stabilisieren. Zum anderen soll insbesondere durch die Berücksichtigung von Umwelt- und Klimarisiken bei der Vergabe von Krediten über das entsprechende Rating eine Lenkungsfunktion in Richtung nachhaltiger Wirtschaftsaktivitäten erreicht werden.

Die Empfehlungen der EZB sind für die Institute nicht bindend, jedoch unterzieht die EZB die wesentlichen Institute einem regelmäßigen »Stresstest« hinsichtlich bestehender Klimarisiken und macht die Ergebnisse öffentlich. Der 2022 durchgeführte Stresstest[17] hat aufgezeigt, dass zwar schon erste Fortschritte erzielt wurden, jedoch noch ein erheblicher Handlungsbedarf bei den Banken besteht. So haben nur 19 % der teilnehmenden Banken angegeben, dass sie einen Klimarisiko-Stresstest als Grundlage für ihre Kreditvergabe nutzen.[18] Vor dem Hintergrund, dass 66 % der Erträge der Banken mit nichtfinanziellen Kunden aus treibhausgasintensiven Branchen kommen[19], erscheint dieser Wert doch sehr gering.

CSRD als zentrale Richtlinie für die Berichterstattung der Unternehmen

Die CSRD (Corporate Sustainability Reporting Directive)[20] der EU stellt die Regeln für die zukünftige Nachhaltigkeitsberichterstattung der Unternehmen in der Europäischen Union auf. Nach Artikel 19a müssen Unternehmen in ihren »Lagebericht Angaben aufnehmen, die für das Verständnis der Auswirkungen der Tätigkeiten des Unternehmens auf Nachhaltigkeitsaspekte sowie das Verständnis der Auswirkungen von Nachhaltigkeitsaspekten auf Geschäftsverlauf, Geschäftsergebnis und Lage des Unternehmens erforderlich sind.«[21]

So muss das Unternehmen konkret darlegen, wie es beabsichtigt, »sicherzustellen, dass sein Geschäftsmodell und seine Strategie mit dem Übergang zu einer nachhaltigen Wirtschaft und der Begrenzung der Erderwärmung auf 1,5 °C im Einklang mit dem am 12. Dezember 2015 angenommenen Übereinkommen von Paris (…) sowie dem verankerten Ziel der Verwirklichung der Klimaneutralität bis 2050 vereinbar sind (…).[22] Bei den Angaben muss sowohl auf die Chancen als auch auf die Risiken, die sich im Zusammenhang mit Nachhaltigkeitsaspekten für das Unternehmen ergeben, eingegangen werden.

Die zu leistenden Pflichtangaben umfassen neben Unternehmensinformationen zum Umgang mit den relevanten Umweltzielen der EU auch Informationen über relevante Sozial- und Menschenrechtsfaktoren sowie die Unternehmens-Governance.[23] Mit diesen Vorgaben werden die Unternehmen erstmals dazu verpflichtet, sehr konkret ihre Beiträge zur Erreichung der Ziele des Pariser Abkommens sowie des Green Deals darzulegen. Eine solch explizite Verknüpfung der Ziele der Politik mit den Zielen der Unternehmen hat es vorher nicht gegeben.

Die Umsetzung der Richtlinie erfolgt schrittweise. Spätestens im Jahr 2026 müssen alle Unternehmen berichten, die mindestens zwei der folgenden drei Kriterien erfüllen:

- Bilanzsumme mind. 20 Mio. Euro,
- Nettoumsatz > 40 Mio. Euro,
- durchschnittliche Anzahl der Beschäftigten mind. 250.

Von derzeit nach der NFRD rund 800 berichtspflichtigen Unternehmen wird die Anzahl auf über 15 000 Unternehmen in Deutschland ansteigen. Die CSRD trat am 5. Januar 2023 auf EU-Ebene in Kraft und muss jetzt innerhalb von 18 Monaten in nationales Recht umgesetzt werden.

ESRS als neuer Nachhaltigkeitsberichtsstandard für Europa

Um auf der einen Seite die Qualität der bereitgestellten Informationen und auf der anderen Seite den Einklang der Berichterstattung mit den Vorgaben des Green Deals sicherzustellen, werden mit den ESRS (European Sustainability Reporting Standards) entsprechende Standards für die Nachhaltigkeitsberichterstattung der Unternehmen innerhalb der EU eingeführt. Bei der Entwicklung der ESRS hat sich die EFRAG (European Financial Reporting Advisory Group) sehr stark an bereits vorhandene und international genutzte Reportingstandards wie z. B.

die GRI (Global Reporting Initiative) angelehnt. Damit soll erreicht werden, dass die Umstellung der Berichterstattung für die Unternehmen, die bereits einen existierenden Standard nutzen, mit einem möglichst geringen Aufwand erfolgen kann.

Grundsätzlich teilt sich der Standard zunächst in zwei Bereiche auf:

- Querschnittsnormen: Allgemeine, sektorübergreifende Standards für alle Unternehmen
- Themenspezifische Standards mit den Bereichen Umwelt, Soziales und Governance.

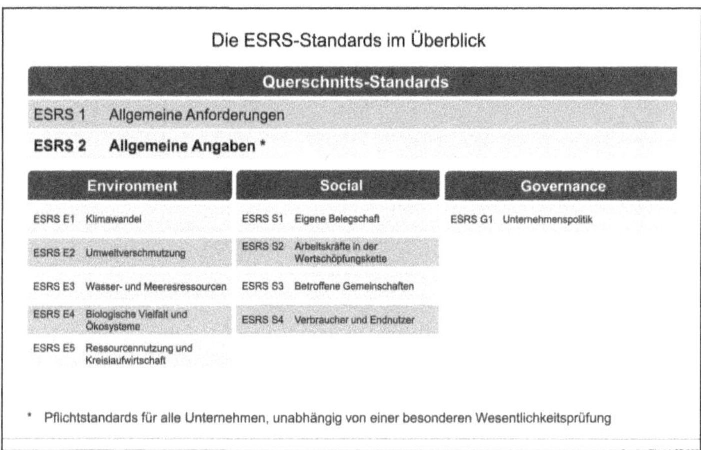

Abb. 9: Die ESRS-Standards im Überblick

Innerhalb dieser Bereiche werden konkrete Vorgaben zu Verfahren, Berechnung und Darstellung der relevanten Informationen im Zuge der Nachhaltigkeitsberichterstattung gemacht. Für alle Unternehmen verpflichtend sind Angaben aus dem Standard 2, der allgemeine Angaben zum Unternehmen, dessen Strategie, der Governance und die Ergebnisse der Wesentlichkeitsanalyse betrifft. Ferner war ursprünglich vorgesehen, dass jedes Unternehmen Angaben zum Bereich Klimawandel (Standard E1) und Mitarbeiter (Standard S1) verpflichtend machen muss. Diese Vorgabe ist im Juni dieses Jahres von der EU-Kommission zurückgenommen worden, um den Aufwand für die Unternehmen zu reduzieren.[24] Jetzt hängt der Umfang der Angaben von den Ergebnissen der sog. doppelten Wesentlichkeitsanalyse ab. Nur über die Themen, die für das Unternehmen als wesentlich eingestuft wurden, muss entsprechend der relevanten Standards im Lagebericht des Unternehmens berichtet werden. Ferner hat die EU-Kommission für Unternehmen mit weniger als 750 Mitarbeitern Übergangszeiträume bei der Berichterstattung sowie inhaltliche Erleichterungen vorgeschlagen. Damit wurde dem Wunsch der betroffenen Unternehmen Rechnung getragen, sich bei dem Berichtsumfang tatsächlich auf das Wesentliche zu konzentrieren.

CSDDD zur Förderung der unternehmerischen Sorgfaltspflichten

Mit der CSDDD[25] (Corporate Sustainability Due Diligence Directive) will die Europäische Kommission die Unternehmen in der EU zur besonderen unternehmerischen Sorgfalt verpflichten, um die Achtung der Menschenrechte und den Schutz der Umwelt in ihren jeweiligen globalen Liefer- und Wertschöpfungsketten zu gewährleisten. Im Kern ist die Richtlinie das Pendant zum deutschen Lieferkettensorgfaltspflichtengesetz. Allerdings geht der aktuelle Entwurf über die Anforderungen des deutschen Gesetzes hinaus. So ist der Kreis der betroffenen Unternehmen deutlich größer. Nach Vorstellung der Kommission soll die Richtlinie von den gleichen Unternehmen angewendet werden, die auch unter die CSRD fallen. Außerdem sollen Unternehmen verpflichtet werden, einen Plan zu erstellen, aus dem ihr Beitrag zur Begrenzung der Erderwärmung auf 1,5 Grad hervorgeht. Und schließlich sind die vorgesehenen Strafen bei Nichteinhaltung mit bis zu 5 % des globalen Umsatzes eines Unternehmens höher als im aktuellen deutschen Gesetz.

Im Augenblick befindet sich die Richtlinie noch im Entwurfsstadium und in der Abstimmung zwischen der EU-Kommission, dem EU-Parlament und dem Europäischen Rat. Am 1. Juni 2023 hat das EU-Parlament bereits der Version der EU-Kommission zugestimmt. Bis Ende 2023 soll die finale Richtlinie verabschiedet sein. Bis Ende 2025 soll dann die Umsetzung in nationales Recht und damit ggf. eine Anpassung des deutschen Lieferkettensorgfaltspflichtengesetz erfolgen.[26]

Der Emissionshandel

Zur Umsetzung des Klimaschutzabkommens von Kyoto wurde im Jahr 2005 der Europäische Emissionshandel eingeführt. Nach dem Prinzip des »Cap and Trade« werden dabei von den Mitgliedsstaaten zunächst an festgelegte Emittenten Kontingente (Cap) an CO_2-Emissionsberechtigungen für eine Handelsperiode ausgegeben. Dies erfolgt teilweise kostenlos und teilweise über Versteigerungen. Nicht benötigte Emissionsberechtigungen können die Emittenten am Markt frei veräußern. Dadurch entsteht ein Marktpreis für CO_2-Emissionsrechte, der einen Anreiz bietet, die eigenen Emissionen zu reduzieren. Durch die kontinuierliche und europaweite Senkung der Caps soll zum einen die Menge an ausgestoßenem CO_2 kontinuierlich reduziert und in der Folge der Verknappung durch einen höheren Preis ein weiterer Anreiz zur CO_2-Einsparung gesetzt werden. Derzeit sind rund 10 000 Anlagen der Energiewirtschaft und der energieintensiven Produktion in Europa mit einem Gesamtanteil von ca. 35 % an den europäischen CO_2-Emissionen an dem Emissionshandel beteiligt. 2012 ist der innereuropäische Luftverkehr ebenfalls mit einbezogen worden.[27]

Im Augenblick befindet sich der Europäische Emissionshandel in der 4. Handelsperiode (2021 bis 2030). Im Rahmen der Verabschiedung des »Fit-for-55«-Programms hat die Europäische Kommission eine schärfere Absenkung der jährlichen CAP-Grenzen bewirkt. Bis 2030 soll danach die Cap-Grenze im Vergleich zu 2005 schrittweise um 62 % anstatt der vorher geplanten 43 % reduziert werden. Damit soll das CO_2-Reduktionsziel von 55 % (im Vergleich zu 1990) bis zum Jahr 2030 erreicht werden. Außerdem wurden im April 2023 weitere Reformen für den Europäischen Emissionshandel verabschiedet. So soll z. B. die Seeschifffahrt ab 2024 in den Emissionshandel mit einbezogen werden und die kostenlose Ausgabe von Emissionszertifikaten schrittweise reduziert werden. Des Weiteren ist ein neues Emissionshandelssystem für Gebäude, Straßenverkehr und die Nutzung fossiler Brennstoffe in bestimmten Industrien geplant. Damit sind in Zukunft ca. 85 % der europäischen CO_2-Emissionen an den Zertifikate- bzw. Emissionshandel gebunden. Schließlich wurde beschlossen, dass ein Teil der Emissionshandelserlöse in den europäischen Innovationsfonds fließen sollen, der wiederum Investitionen in klimafreundliche Technologien fördern soll.[28]

Auch wenn die ersten Handelsperioden des Europäischen Emissionshandelssystem schwierig waren, so kann doch festgehalten werden, dass der Emissionshandel das bisher wirkungsvollste Instrument zur CO_2-Reduktion ist. Seit Beginn des Emissionshandels im Jahr 2005 sind die Emissionen der einbezogenen Anlagen in Europa um 36 % und in Deutschland um 31 % gesunken. Damit haben die in den Emissionshandel einbezogenen Industrien maßgeblich dazu beigetragen, dass die CO_2-Emissionen in Europa und auch in Deutschland absolut rückläufig waren.[29]

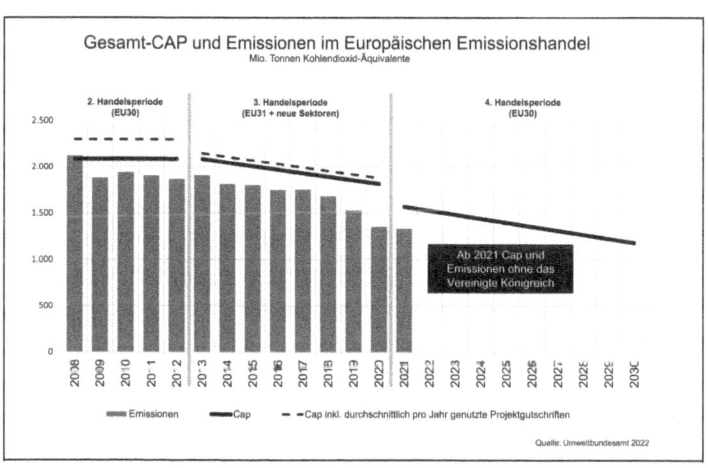

Abb. 10: Gesamt-Cap und Emissionen im Europäischen Emissionshandel

Neben dem Erlass zahlreicher Richtlinien zur Setzung verbindlicher Rahmenbedingungen für die Gestaltung der Transformation der Wirtschaft und Gesellschaft sowie der Einführung des Emissionshandels nutzt die Europäische Kommission auch das Instrument der aktiven Industriepolitik, um die angestrebte Transformation zu beschleunigen.

3. Die Industriepolitik der EU

Im Januar 2020 hat die Europäische Kommission ihren »Investitionsplan für ein zukunftsfähiges Europa« vorgelegt.[30] Mit ihm soll der Übergang zu einer »grünen und klimaneutralen« Wirtschaft beschleunigt werden. Er baut auf drei Säulen auf:

- Zunächst sollen innerhalb von zehn Jahren 1 Billion Euro (!) für nachhaltige Investitionen »mobilisiert« werden. Dabei sollen insbesondere die Regionen berücksichtigt werden, die von der Transformation am stärksten betroffen sind.
- Des Weiteren sollen für private und öffentliche Investoren verbesserte Bedingungen für nachhaltige Investitionen geschaffen werden.
- Und schließlich sollen öffentliche und private Institutionen bei der Auswahl und Umsetzung nachhaltiger Projekte aktiv gefördert werden.

Zum Wiederaufbau der Wirtschaft aufgrund der Corona-Folgen und zur Unterstützung und Beschleunigung der Transformation innerhalb der Europäischen Union hin zu einem klimaneutralen Kontinent folgte dann auf dem EU-Gipfel im Juli 2020 unter dem Namen »Next Generation EU« das nächste Paket, jetzt mit einem Volumen von 750 Mrd. Euro. Von diesem Betrag sollen 390 Mrd. Euro als nicht rückzahlbare Zuschüsse und 360 Mrd. als Kredite an die Mitgliedsstaaten fließen. Die Finanzmittel sollen über einen Zeitraum von drei Jahren zur Verfügung gestellt werden. Mit diesem Programm soll nicht nur die Konjunktur wiederbelebt, sondern auch der Klimaschutz und die Digitalisierung gefördert werden. So sollen 30 % des Fonds in den Klimaschutz fließen. Die Finanzierung des Programms erfolgt erstmals über die Ausgabe von Anleihen auf EU-Ebene. Der aufgenommene Betrag wird durch die Mitgliedsstaaten garantiert und soll bis 2058 zurückgezahlt werden.

Im Mai 2023 folgte dann mit dem »Industrieplan zum Grünen Deal für das klimaneutrale Zeitalter«[31] die nächste Initiative der EU-Kommission. Diese zielt drauf ab, den Ausbau der klimafreundlichen Industrie in Europa zu fördern, und ist eine Reaktion auf Programme anderer Länder. So wollen die USA mit dem »Inflation Reduction Act« bis 2032 die klimaneutralen Industrien in den USA mit rund 330 Mrd. Euro fördern und Japan plant für den ökologischen Wandel der heimischen Industrie rund 140 Mrd. Euro zu mobilisieren.

Die Schwerpunkte des Industrieplans der EU liegen zunächst auf der Entwicklung verbesserter Rahmenbedingungen für Unternehmensinvestitionen, die Schaffung hochwertiger Arbeitsplätze und einem hohen Umweltschutzniveau. Ferner soll der Zugang zu den erforderlichen Finanzierungen und der notwendige Kompetenzaufbau für die Transformation beschleunigt werden. Damit sollen Wettbewerbsnachteile ausgeglichen werden, die Industrieunternehmen im Bereich klimafreundlicher Technologien durch Subventionen in anderen Volkswirtschaften entstehen.

Der ökologische Umbau der europäischen Wirtschaft und Gesellschaft hat für die Europäische Kommission seit der Verabschiedung des Green Deals offensichtlich höchste Priorität. Mit dem Erlass zahlreicher Richtlinien und Maßnahmen sowie der Bereitstellung sehr hoher Geldbeträge für Investitionen in die Transformationen und die Abfederung der Folgen des Klimawandels hat sie einen umfangreichen Instrumentenkasten entwickelt. Auch wenn dieser kaum noch überschaubar ist, entfaltet er schrittweise seine Wirkung. Auch in Deutschland sind die Vorgaben aus dem Pariser Abkommen und den SDGs der UN relativ zeitnah und konkret in nationale Strategien und Maßnahmen umgesetzt worden. Diese orientieren sich sehr stark an den Vorgaben der EU. Als wesentliche Meilensteine sind hier der Klimaschutzplan 2050 und die Agenda 2030 der Bundesregierung zu nennen.

C. Der Ansatz der Bundesregierung

1. Deutsche Nachhaltigkeitsstrategie

Unmittelbar nach der Verabschiedung der SDGs im Jahr 2015 hat die Bundesregierung im Jahr 2016 auch ihre überarbeitete und auf die SDGs abgestellte Deutsche Nachhaltigkeitsstrategie 2016[32] vorgelegt.[33] Darin bekennt sie sich zu ihrer Verantwortung, mit entsprechenden Maßnahmen zum Erreichen der ausgesprochenen Ziele beizutragen. Dabei unterscheidet die Bundesregierung drei Ebenen, auf denen sie ihren Beitrag leistet. Zum einen geht es um Maßnahmen mit Wirkungen »in« Deutschland. Darüber hinaus gibt es Maßnahmen »durch« Deutschland mit weltweiter Wirkung sowie Maßnahmen, bei denen Deutschland »mitwirkt«.[34] Für jedes der 17 SDGs der Vereinten Nationen werden in der Nachhaltigkeitsstrategie 2016 konkrete Ziele und Maßnahmen festgelegt, wie und bis wann die Bundesregierung auf der jeweiligen Ebene ihre Ziele erreichen will.

So werden z. B. für das SDG 7 »Zugang zu bezahlbarer und verlässlicher, nachhaltiger und moderner Energie für alle sichern« Ziele festgelegt, die den Bereich Energieproduktivität und Primär-Energieverbrauch sowie den Anteil der erneuerbaren Energien in Relation zum Brutto-Energieverbrauch festlegen. Letzterer soll z. B. im Rahmen der Energiewende bis 2050 auf 60 % steigen.

Für alle festgelegten Ziele und Maßnahmen verpflichtet sich die Bundesregierung zu einem regelmäßigen Fortschrittstracking auf Grundlage der vereinbarten Indikatoren, welches veröffentlicht wird.

Im Jahr 2021 erfolgte aufgrund der Folgen der Corona-Pandemie die Vorlage einer überarbeiteten nationalen Nachhaltigkeitsstrategie sowie eine Bestandsaufnahme zum bisher Erreichten nebst Ausblick.[35] Danach sah die damalige Bundesregierung bei den Themen Geschlechtergleichstellung (SDG 4), Menschenwürdige Arbeit und Wirtschaftswachstum (SDG 8) sowie Partnerschaften zur Erreichung der SDG-Ziele eine positive Entwicklung hinsichtlich der angestrebten Zielerreichung. Hingegen ergab sich eine – zum Teil deutlich – negative Entwicklung in den Bereichen Nachhaltige Städte und Gemeinden (SDG 11, insb. Energieverbrauch für Mobilität), Nachhaltige Konsum- und Produktionsmuster (SDG 12, insb. CO_2-Ausstoß), Maßnahmen zum Klimaschutz (SDG 13, insb. CO_2-Ausstoß) und Leben unter Wasser (SDG 14, insb. Wasserverschmutzung) mit der Folge einer sehr wahrscheinlichen und spürbaren Zielverfehlung.[36]

Insgesamt hat die Bundesregierung die Bilanz als »besorgniserregend« bezeichnet. Insbesondere die Corona-Pandemie habe gezeigt, wie wenig widerstandsfähig einzelne Strukturen (z. B. die Gesundheitssysteme) sind. In der Folge sind z. T. positive Entwicklungen bei den SDGs gestoppt bzw. wieder umgekehrt worden. Unabhängig davon schreiten der Klimawandel und das Artensterben ungebremst voran.

Aus diesem Grund steht u. a. für die Bundesregierung im Mittelpunkt ihres zukünftigen Handelns »das Aufzeigen von Entwicklungspfaden hin zu einer Klimaneutralität, die Transformation zu einer effizienteren und an Kreisläufen ausgerichteten Ressourcennutzung sowie die Verantwortungsübernahme für global nachhaltige Wertschöpfungs- und Lieferketten«.[37] Dieser notwendige Transformationsprozess soll insbesondere durch spürbare Investitionen in Bildung, Forschung und Innovationen unterstützt werden. Die damalige Bundeskanzlerin hat deshalb den Aufruf des Generalsekretärs der Vereinten Nationen übernommen, dass nun eine »Dekade des Handelns« anstehen muss, wenn die angestrebten Ziele noch erreicht werden sollen.

2. Deutsche Sustainable Finance-Strategie

In der Deutschen Nachhaltigkeitsstrategie 2021 wird dem Thema Sustainable Finance (Nachhaltigkeit im Finanzsystem) eine große Bedeutung bei der notwendigen Transformation der Wirtschaft beigemessen. Mit der Deutschen Sustainable Finance-Strategie[38] hat die Bundesregierung deshalb im Mai 2021 einen umfassenden Plan zur Stärkung der Nachhaltigkeitselemente des Finanzstandortes Deutschland vorgelegt.

Für die Wirtschaft und die Unternehmen sind insbesondere die folgenden geplanten Maßnahmen der Bundesregierung relevant:

- Unterstützung der Weiterentwicklung der EU-Taxonomie.
- Stärkung der gesellschaftlichen Verantwortung der Unternehmen sowie der Unternehmensführung.
- Stärkung der Transparenz in der nichtfinanziellen Berichterstattung und den Zugang zu diesen Informationen verbessern.
- Verbesserung des Risikomanagements von physischen Klimaschäden in der Real- und Finanzwirtschaft.

- Weiterentwicklung der ESG-Bewertungsmethoden.
- Transformationsfinanzierung durch die Kreditanstalt für Wiederaufbau.

Mit diesen Maßnahmen steht die Bundesregierung absolut im Einklang mit den Aktivitäten auf europäischer Ebene.

3. Ausgewählte Gesetze der Bundesregierung zur Erreichung der angestrebten Ziele

Klimaschutzgesetz

Im November 2016 hat die Bundesregierung den Klimaschutzplan 2050 verabschiedet.[39] In ihm definiert sie konkrete Ziele und Leitbilder sowie »transformative Pfade«, wie sie die Klimaschutzziele von Paris für die sechs zentralen volkswirtschaftlichen Sektoren

- Energiewirtschaft,
- Gebäude,
- Mobilität/Verkehr,
- Industrie und Wirtschaft,
- Landwirtschaft,
- Abfallwirtschaft und Sonstige

erreichen will.

Für den Bereich Industrie und Wirtschaft hat die Bundesregierung – neben den bestehenden – eine ganze Reihe weiterer geplanter Maßnahmen vorgestellt. Zu nennen sind hier die Verlängerung der Nutzungsdauer von Produkten, die weitere Reduktion von Abfällen, die Minderung industrieller Prozessemissionen durch die Förderung von Forschung und Entwicklung, Nutzung industrieller und gewerblicher Abwärme sowie die Förderung der technologischen Transformation der Industrie, insbesondere in energieintensiven Industrien.

Im Klimaschutzprogramm 2030[40] werden dann die Leitbilder und die Strategie aus dem Klimaschutzplan mit konkreten Maßnahmen für

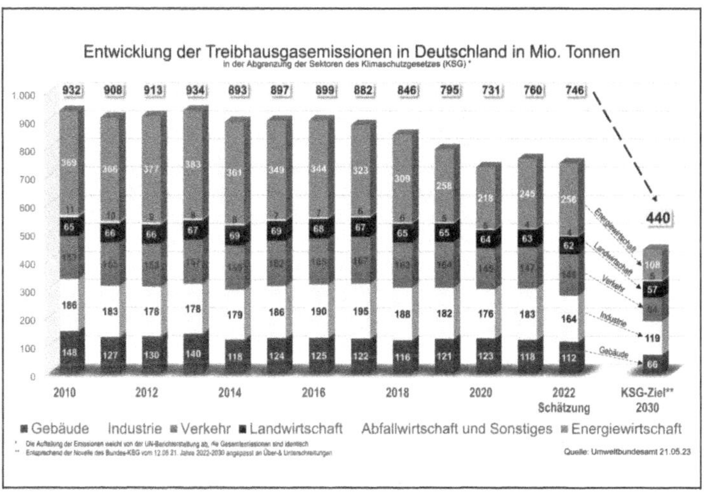

Abb. 11: Entwicklung der Treibhausgasemissionen in Deutschland

die einzelnen Handlungsfelder unterlegt. Das Programm hat die Bundesregierung im Oktober 2019 verabschiedet. Im jährlich erscheinenden Klimaschutzbericht der Bundesregierung wird der Fortschritt bei der Reduktion der Treibhausgasemissionen für jeden Sektor im Vergleich zur ursprünglichen Zielsetzung dargestellt sowie geplante Maßnahmen zur Erreichung der Ziele vorgestellt. Nach dem letzten veröffentlichten Bericht von August 2022[41] haben die Sektoren Gebäude und Verkehr ihre Minderungsziele im Jahr 2021 verfehlt, während die Sektoren Industrie, Land- und Forstwirtschaft sowie Abfallwirtschaft und Sonstiges ihre Ziele erreichten. Für den Sektor Energiewirtschaft gab es für das Jahr 2021 kein Minderungsziel. Allerdings kommt der Bericht auch zu dem Ergebnis, dass gemäß einer vorgenommenen Projektion für das Jahr 2030 die Klimaziele in allen Sektoren – zum Teil deutlich – verfehlt werden. Aus diesem Grund hat die Bundesregierung das Klimaschutz-Sofortprogramm 2022 beschlossen, um wieder auf den jeweiligen Zielpfad zu kommen.[42]

Das Klimaschutzgesetz bildet die rechtliche Grundlage für die Erreichung der nationalen Klimaschutzziele, die im Klimaschutzplan 2050 festgelegt wurden. Im Jahr 2019 wurde das erste Klimaschutzgesetz von der Bundesregierung verabschiedet, allerdings hat das Bundesverfassungsgericht dieses als nicht vereinbar mit dem Grundgesetz angesehen. Hauptgrund der Beanstandung war das Fehlen der Fortschreibung der nationalen Minderungsziele für den Zeitraum nach 2031. Damit soll verhindert werden, dass erhebliche Emissionsminderungslasten unumkehrbar auf die Zeit nach 2030 verschoben werden, was wiederum eine erhebliche Belastung der nachfolgenden Generation darstellen würde.

Die Bundesregierung hat deshalb im Mai 2021 eine Novelle des Klimaschutzgesetzes mit folgenden Eckpunkten verabschiedet:

- Das Ziel der Klimaneutralität soll bereits im Jahr 2045 anstatt in 2050 erreicht werden.
- Bis 2030 sollen die Treibhausgasemissionen im Vergleich zu 1990 um 65 % anstatt um 55 % sinken.
- Bis zum Jahr 2035 sollen die Treibhausgasemissionen dann um 77 % und bis 2040 um 88 % sinken.

In der Anlage 2 zum Gesetz sind die jeweils zulässigen Jahresemissionsmengen pro Sektor für die Jahre 2020 bis 2030 dokumentiert, während Anlage 3 die Gesamtminderungsziele bis 2040 festhält.

Mit dem Klimaschutzgesetz hat die Bundesregierung das zentrale Regelwerk für ihre Klimapolitik geschaffen. Erstmals sind Klimaziele in einem Gesetz festgeschrieben und damit für die Bundesregierung in der Summe verpflichtend zu erreichen. Jedes verantwortliche Bundesressort und damit der jeweilige Minister steht in der Verantwortung, das Klimaziel in seinem Sektor zu erreichen. Eine Verbindlichkeit, die es vorher in dieser Form nicht gab. Dieses Vorgehen entspricht einer konsequenten Umsetzung des Pariser Abkommens sowie der Klimaelemente des Green Deals der Europäischen Union.

Energieeffizienzgesetz

Im April 2023 hat das Bundeskabinett den Entwurf des Energieeffizienzgesetzes beschlossen. Inhaltlich geht es darum, durch Steigerung der Energieeffizienz zur Erreichung der gesetzten Klimaziele beizutragen. Das Gesetz sieht eine Einsparung beim Endenergieverbrauch in Höhe von 26,5 % bis zum Jahr 2030 im Vergleich zum Jahr 2008 vor. Bis zum Jahr 2040 soll der Endenergieverbrauch dann um mindestens 39 % und bis 2045 um 45 % gegenüber 2008 sinken.[43]

Neben Einsparpflichten für Bund und Länder sieht das Gesetz vor, dass Unternehmen mit einem Jahresendverbrauch von mehr als 15 GWh zertifizierte Energie- und Umweltmanagementsysteme einführen und ihre Pläne zur Steigerung der Energieeffizienz veröffentlichen müssen. Ferner werden Unternehmen dazu verpflichtet, Abwärme aus Produktionsprozessen zu vermeiden und die verbliebene Abwärme wiederzuverwenden.[44]

Die Bundesregierung geht davon aus, dass die Umsetzung des Energieeffizienzgesetzes in der Wirtschaft nach Abzug der notwendigen Implementierungskosten aufgrund der Energieeinsparungen zu jährlichen Ersparnissen von über 1 Mrd. Euro führt.[45]

Kreislaufwirtschaftsgesetz

Beim aktuellen Kreislaufwirtschaftsgesetz (KrWG)[46] handelt es sich im Grunde um eine Novelle des bereits im Jahr 1994 verabschiedeten Kreislaufwirtschafts- und Abfallgesetzes. Zweck des Gesetzes ist es, nach § 1 »die Kreislaufwirtschaft zur Schonung der natürlichen Ressourcen zu fördern und den Schutz von Mensch und Umwelt bei der Erzeugung und Bewirtschaftung von Abfällen sicherzustellen«. Mit der Novelle im Jahr 2020 sind die Vorgaben der Europäischen Kommission aus dem Jahr 2018 umgesetzt worden. Diese betrafen insbesondere die Bereiche Verpackungen, Elektroaltgeräte, Batterien und Altfahrzeuge.

Ziel des Gesetzes ist es, die Entstehung von Abfällen zu vermeiden und die Abfälle, die entstehen, möglichst zu recyceln. Am Beispiel der Regelungen zu den Verpackungen wird das deutlich. § 23 KrWG definiert die Produktverantwortung der Unternehmen bei Herstellung und Vertrieb. Zu dieser Produktverantwortung zählt auch die Verpackung. Diese Verantwortung wird in § 1 des Verpackungsgesetzes (VerpackG) präzisiert. Danach sollen z. B. bis zum Ende 2025 von den anfallenden Verpackungsabfällen 65 Massenprozent und bis Ende 2030 70 Massenprozent recycelt werden.[47]

Lieferkettensorgfaltspflichtengesetz

Das Lieferkettensorgfaltspflichtengesetz hat eine etwas längere Vorgeschichte. Vor dem Hintergrund einer von der EU erlassenen EU-Richtlinie und auf Grundlage der UN-Leitprinzipien für Wirtschaft und Menschenrechte[48] wurde in Deutschland im Jahr 2016 der Nationale Aktionsplan für Wirtschaft und Menschenrechte verabschiedet. Mit ihm sollte im Rahmen einer freiwilligen Selbstverpflichtung erreicht werden, dass die deutsche Wirtschaft ihren Beitrag dazu leistet, die zu beobachtenden Menschenrechtsverletzungen in ihren globalen Lieferketten zu bekämpfen. Eine Analyse des Auswärtigen Amtes hat jedoch ergeben, dass im Jahr 2020 nur 13 % bis 17 % der betrachteten Unternehmen die Anforderungen des Nationalen Aktionsplans erfüllten. In der Folge wurde mit der Erarbeitung eines verbindlichen Gesetzes zur Sicherung der Menschenrechte in den globalen Lieferketten begonnen. Am Ende des Prozesses stand dann das Lieferkettensorgfaltspflichtengesetz, welches zum 1. Januar 2023 in Kraft getreten ist.

Im Wesentlichen regelt das Gesetz die unternehmerischen Sorgfaltspflichten zur Gewährleistung der Einhaltung der Menschenrechte und des Umweltschutzes[49] in den vorgelagerten Lieferketten. Zu diesen Pflichten zählen u. a. die Einrichtung eines Risikomanagementsystems, die Festlegung betriebsinterner Zuständigkeiten, die Durchführung regelmäßiger Risikoanalysen, das Ergreifen von Abhilfemaßnahmen sowie eine angemessene Dokumentation.[50] Das Gesetz tritt gestaffelt in Kraft: Ab dem 1. Januar 2023 gilt es für alle deutschen Unternehmen mit mehr als 3000 inländischen Mitarbeitern und ab dem 1. Januar 2024 für alle mit mehr als 1000 inländischen Mitarbeitern.

Die Nichteinhaltung des Gesetzes kann mit erheblichen Bußgeldern in Höhe von bis zu 800 000 Euro geahndet werden. Bei einem Umsatz von über 400 Mio. Euro kann das Bußgeld bis zu 2 % des Umsatzes betragen.

4. Die Industriepolitik der Bundesregierung

Im November 2019 hatte die damalige Bundesregierung unter der Überschrift »Industriepolitik 2030 – Made in Germany« ihre Leitlinien für eine deutsche und europäische Industriepolitik vorgelegt.[51] Unter dem Eindruck, dass Europa und Deutschland aufgrund der spürbaren Veränderungen der Rahmenbedingungen wirtschaftlichen Handelns – insbesondere durch die fortschreitende Digitalisierung – vor einem »neuen Kapitel der industriellen Wertschöpfung«[52] stehe, hat die Bundesregierung drei Felder definiert, in denen sie Handlungsbedarf sah:

- Verbesserung der Rahmenbedingungen für die Unternehmen im Bereich Abgaben und Steuern, um die internationale Wettbewerbsfähigkeit zu stärken,
- Aktivierung des bestehenden Innovationspotenzials und Förderung von Schlüsseltechnologien als Treiber des Strukturwandels,
- Förderung der Wettbewerbsfähigkeit der deutschen Industrie sowie der technologischen Souveränität Deutschlands.

Diese eher traditionellen Schwerpunkte der Industriepolitik haben sich unter der neuen Bundesregierung nicht zuletzt auch aufgrund der Folgen von Corona, des Ukrainekriegs, der Inflation und des fortschreitenden Klimawandels spürbar verändert. So setzt sie im Jahreswirtschaftsbericht 2023 mit dem Titel »Wohlstand erneuern« u. a. folgende Themen in den Mittelpunkt ihres Handelns:

- Energieversorgung sichern und Transformation zu erneuerbaren Energien beschleunigen,
- Handelspolitik neu ausrichten,
- Fachkräftemangel abbauen,
- Investitionen und Innovationen fördern.

Beim Thema Energieversorgung der Zukunft konzentriert sich die Bundesregierung insbesondere auf die Beschleunigung der Energiewende durch massiven Ausbau der erneuerbaren Energie und die Förderung von Energieeinsparungen sowie Steigerung der Energieeffizienz. So soll bis zum Jahr 2030 der Anteil erneuerbarer Energien von aktuell 44 % auf dann 80 % gesteigert werden. Dazu sollen vor allen Dingen die Genehmigungsverfahren für Windkraftanlagen und die Verlegung von Stromtrassen beschleunigt werden.[53]

Bei der Neuausrichtung der Handelspolitik will die Bundesregierung den internationalen Handel durch die Unterzeichnung weiterer Freihandelsabkommen auf eine breitere Basis stellen, um Abhängigkeiten von einzelnen Ländern zu reduzieren. Damit sollen nach den gemachten Erfahrungen die Lieferketten diversifizierter und resilienter werden. Gleichzeitig soll in den neuen Handelsabkommen die Einhaltung der Pariser Verträge, internationaler Arbeitsnormen und die Einhaltung der Menschenrechte verankert werden.[54]

Im Rahmen ihrer im Oktober 2022 verabschiedeten Fachkräftestrategie konzentriert sich die Bundesregierung auf fünf Handlungsfelder. Dazu zählen die Schaffung einer zeitgemäßen Ausbildung, die Förderung einer gezielten Weiterbildung, die Erhöhung der Erwerbsbeteiligung, Verbesserung der Arbeitsqualität und die Modernisierung der Einwanderung. Mit diesem Paket soll der bereits beobachtbare und bis zum Jahr 2026 erwartete Mangel von rund 240 000 Fachkräften beseitigt werden. Dies sieht die Bundesregierung als eine ihrer wichtigsten Aufgaben an, da sich der Fachkräftemangel zunehmend spürbar als Wachstums- und Transformationshemmnis für die deutsche Wirtschaft entwickelt.[55]

Ein wesentlicher Treiber für Wachstum und Transformation sind Innovationen. Hier hat Deutschland historisch stets eine führende Rolle im internationalen Wettbewerb eingenommen. Im »Global Innovation Index« steht Deutschland derzeit auf Platz 8 von 132 Ländern. Bezogen auf die Anzahl der Patente im Verhältnis zum BIP belegt Deutschland sogar Rang 1. Allerdings zeigen sich auch deutlich zunehmende Schwächen im internationalen Vergleich. So ist Deutschland z. B. im Rahmen der Bewertung des Innovationsökosystems hinsichtlich der digitalen Infrastruktur und auch der Finanzierungmöglichkeiten von Innovationsentwicklungen nur im ersten Viertel der untersuchten Länder positioniert. Ebenfalls zeigt Deutschland Schwächen bei Innovationen im Bereich Digitalisierung sowie in der Vermarktung neuer Technologien über Unternehmensgründungen.[56] Die Entwicklung ist ein Anzeichen dafür, dass wir von unserer Substanz leben und Handlungsbedarf besteht, um technologische Antworten auf die bestehenden Herausforderungen rund um das Thema nachhaltiges Leben und Wirtschaften zu finden.

Die Bundesregierung hat diesen Bedarf erkannt und u. a. im November 2020 ihre neue FONA-Strategie (Forschung für Nachhaltigkeit) vorgelegt. Mit dieser Strategie soll die Forschung in Deutschland so unterstützt und gefördert werden, dass u. a. die gesetzten Klimaziele erreicht werden. Innerhalb der FONA bildet die Hightech-Strategie 2025 den Rahmen für die Forschungs- und Innovationspolitik in den Bereichen Nachhaltigkeit, Klimaschutz und Energie. Hier soll zum einen die Schaffung neuen Wissens und die Entwicklung von Innovationen in diesen Bereichen gezielt gefördert und zum anderen der Transfer in die konkrete Anwendung aktiv beschleunigt werden. Der formulierte Anspruch ist klar: »Wir werden mit Forschung und Innovationen Zukunftstechnologien in den Bereichen Grüner Wasserstoff, Kreislaufwirtschaft und Bioökonomie »Made in Germany« so vorantreiben, dass wir bei der Energiewende, der Ressourceneffizienz und im Klimaschutz Technologieführer und Exportweltmeister bleiben oder werden.«[57]

Im Jahr 2020 wurden in Deutschland von Staat, Wirtschaft und Hochschulen rund 106 Mrd. Euro in die Forschung und Entwicklung investiert. Der größte Teil der Investitionen wird mit rund 65 % von der Wirtschaft aufgebracht, während der Staat direkt oder indirekt 35 % aufbringt. Insgesamt entsprechen die Forschungsausgaben rund 3,1 % der deutschen Wirtschaftsleistung. Das Ziel der Bundesregierung ist es, bis 2025 diesen Anteil auf 3,5 % zu steigern. Damit würde Deutschland in Europa eine Spitzenposition und weltweit eine vergleichbare Position zu Japan und den USA einnehmen.[58]

Neben Verbesserungen in den vier genannten Schwerpunktthemen strebt die Bundesregierung außerdem eine allgemeine Steigerung der Wettbewerbsfähigkeit von Deutschland an. Mitte Juli 2023 hat das Bundesfinanzministerium daher einen Vorschlag für das sog. »Wachstumschancengesetz« vorgelegt.[59] Danach soll die deutsche Wirtschaft

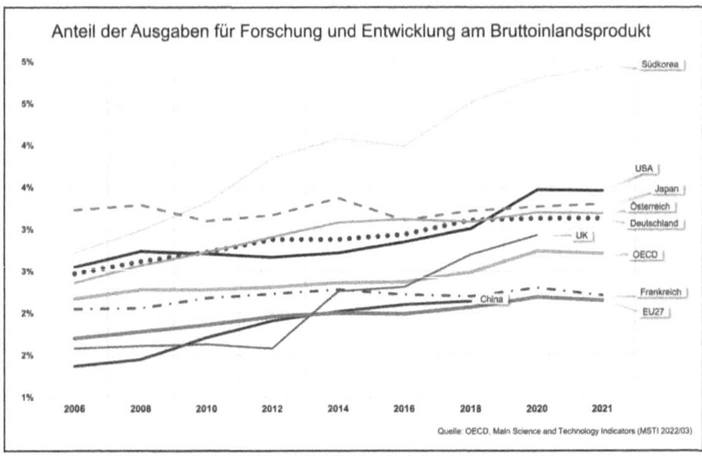

Abb. 12: Anteil der Ausgaben für Forschung und Entwicklung am Bruttoinlandsprodukt

jährlich um rund 6. Mrd. Euro entlastet werden. Zu den Maßnahmen zählen Investitionsprämien zur Steigerung der Energie- und Ressourceneffizienz, steuerliche Forschungsförderung, neue Möglichkeiten der Verlustverrechnungen sowie der Abbau bürokratischer Hürden durch Digitalisierung. Diese Maßnahmen würden der Wirtschaft sicherlich helfen, jedoch ist die Höhe des Volumens recht übersichtlich und es bleibt abzuwarten, was am Ende des parlamentarischen Gesetzgebungsverfahren von den ursprünglichen Ideen noch bleibt.

Die Bundesregierung hat ebenso wie die Europäische Kommission in der Industriepolitik merklich umgesteuert und konzentriert sich derzeit auf die aktuell drängenden Themen. Es ist jedoch auch zu beobachten, dass die wesentlichen und zentralen industriepolitischen Entscheidungen nicht ohne Zustimmung oder Mitwirkung der Europäischen Kommission getroffen werden können. So sind die relevanten Finanzierungsmittel zur Umsetzung der Maßnahmen häufig auf EU-Ebene angesiedelt. Insbesondere bei den aktuellen Themen rund um die Transformation der Wirtschaft und Gesellschaft in Richtung Nachhaltigkeit werden die wegweisenden Entscheidungen in Brüssel getroffen. Auch wenn dies unter Einbeziehung der Bundesregierung erfolgt, ist der tatsächliche Gestaltungsspielraum für eine deutsche

Industriepolitik in den letzten Jahren spürbar gesunken. Eine Tatsache, die häufig in der aktuellen Diskussion übersehen wird, aber zu einer weitreichenden Folgewirkung des Green Deals der Europäischen Union zählt. Auf der anderen Seite folgt sie aber der Logik und Notwendigkeit, dass die bestehenden globalen Herausforderungen auf einer höheren Ebene als dem Nationalstaat adressiert werden müssen, um durch die Bündelung der Kräfte bei der Umsetzung auch eine größere Wirkung erzeugen zu können.

Die aufgezeigten Ansätze und Maßnahmen auf den drei politischen Ebenen Vereinte Nationen, Europäische Union und Bundesregierung haben in den letzten Jahren zu einer kaum noch zu überblickenden Flut an neuen und zusätzlichen Verordnungen, Richtlinien und Gesetzen mit teilweise massiven Auswirkungen geführt. Neben den zu erwartenden Wohlfahrtsverlusten beklagen insbesondere die Unternehmen, dass die mutmaßlichen Überregulierungen unverhältnismäßig seien und zu einem enormen Bürokratieaufbau ohne spürbaren Mehrwert für die Unternehmen führe. Ferner würde die Regulierungsflut zu sichtbaren internationalen Wettbewerbsnachteilen und auch zu schmerzhaften Unternehmensabwanderungen führen. Und schließlich wird beklagt, dass durch die teilweise massiven Eingriffe in die Wirtschaft im Rahmen der Industriepolitik der Europäischen Union und auch der Bundesregierung inakzeptable Wettbewerbsverzerrungen und eine ungerechtfertigte Förderung einzelner Industrien und auch Länder erfolgen würde.

Auch wenn die Kritik auf den ersten Blick nachvollziehbar erscheint, so lohnt sich doch eine ordnungspolitische Würdigung der wesentlichen Maßnahmen, um gegebenenfalls zu einem differenzierten Ergebnis zu kommen. Dazu werden zunächst die zwei Phänomene Markt- und Staatsversagen, die immer wieder im Zusammenhang mit der Rechtfertigung und der Auswirkung staatlichen Handelns herangezogen werden, erläutert und an Beispielen aus dem ESG-Bereich illustriert. Daran anschließend werden vor dem Hintergrund des Primats der Ordnungspolitik in der Sozialen Marktwirtschaft die bisherigen politischen Maßnahmen und die volkswirtschaftlichen Folgen in der gebotenen Kürze gewürdigt.

D. Ordnungspolitische Würdigung und volkswirtschaftliche Folgen der ESG-Regulierung und der Industriepolitik

1. Zu den Phänomenen von Markt- und Staatsversagen und den Folgen

Marktversagen liegt vor, wenn die ausschließlich marktliche Koordination wirtschaftlicher Aktivitäten z. B. zu einer ineffizienten Allokation der Ressourcen und damit zu Wohlfahrtsverlusten führt oder wenn aufgrund fehlender Voraussetzungen eine marktliche Koordination erst gar nicht entstehen kann. Die Ursache für Marktversagen können in dem Vorliegen externer Effekte (negativer wie positiver), nicht vorhandener Eigentumsrechte (Kollektivgüter), Markthemmnissen (z. B. Monopolsituationen) oder auch unvollkommener bzw. ungleich verteilter Informationen liegen. Bei Vorliegen von Marktversagen wird häufig nach dem Staat und wirtschaftspolitischen Maßnahmen gerufen.

Von Staatsversagen wird gesprochen, wenn durch bewusste staatliche Eingriffe oder deren Unterlassung in das Marktgeschehen die marktliche Koordination wirtschaftlicher Handlungen so beeinträchtigt wird, dass das Ergebnis des wirtschaftlichen Handelns unter diesen Bedingungen ineffizient ist und ebenfalls zu Wohlfahrtsverlusten führt. Als ursächlich für das Staatsversagen können z. B. das Vorliegen von Governance-Problemen in den Regierungen, eine unangemessene Bürokratie oder auch der Mangel an Informationen bzw. Wissen genannt werden. Beobachtbares Staatsversagen wird immer wieder als Argument für Deregulierung und Liberalisierung von Märkten genutzt.

Nun ist es unstrittig, dass z. B. im Bereich Environmental die negativen Folgen menschlichen und wirtschaftlichen Handelns auf Umwelt und Gesellschaft Ergebnisse von Marktversagen sind. Die wesentliche Ursache hierfür ist das Vorliegen sogenannter negativer externer Effekte, die nicht internalisiert werden. Von negativen externen Effekten spricht man, wenn z. B. eine unternehmerische Handlung zu belastenden Effekten für das Klima und die Umwelt führt und diese Effekte aufgrund eines fehlenden Preises oder fehlender Eigentumsrechte nicht in der Preisbildung berücksichtigt werden. Dies ist z. B. bei der Luftverschmutzung der Fall. Hier gibt es keine Eigentumsrechte an der Luft und auch keinen Preis für das Recht auf Verschmutzung oder die Kompensation der Verschmutzungsfolgen. In der Folge entsteht ein ökonomischer Vorteil für denjenigen, der für diese Effekte nicht bezahlt und ein Nachteil für denjenigen, der die Folgen des negativen externen Effektes z. B. in Form des Klimawandels zu tragen hat. Die Folge ist eine ineffiziente Allokation der Ressourcen mit all ihren Folgen.

Auch im Bereich Social sind die Folgen von Marktversagen und Staatsversagen zu beobachten. Dies gilt vor allem für die Bereiche Menschenrechte und Arbeitsbedingungen. Vor allen Dingen in den Ländern des »globalen Südens« entsprechen die Arbeitsbedingungen nicht den internationalen Standards der ILO und es wird laufend gegen die Einhaltung der Menschenrechte der UNO verstoßen. Auch hier entstehen negative externe Effekte auf die Gesellschaft, die z. B. in der Preisbildung in keiner Weise berücksichtigt werden.

Die negativen externen Effekte können ihre Auswirkungen sowohl lokal, international, unmittelbar oder auch in der Zukunft haben. Durch den stark ansteigenden internationalen Handel im Rahmen der Globalisierung sind die negativen externen Effekte insbesondere in den Ländern des »globalen Südens« entstanden. Nicht vorhandene Umweltgesetze, geringere Produktionsstandards und ineffiziente Governance-Strukturen in den jeweiligen Regierungen haben dazu geführt, dass in diesen Ländern zu Bedingungen produziert wurde, die nicht mit denen des »globalen Nordens« vergleichbar sind und damit zu einer zusätzlichen Belastung für das Klima und die Umwelt geführt haben. Da Klimaveränderungen keine Landesgrenzen kennen, wird die national verursachte Umwelt- und Luftverschmutzung zu einem internationalen Problem, welches die Lösung zusätzlich erschwert. Aber auch im Bereich Social haben die nationalen Probleme internationale Auswirkungen, was u. a. an den weltweit steigenden Flüchtlingszahlen deutlich wird.

Und schließlich sind unerwünschte Ergebnisse menschlichen Handelns im Bereich Governance auf Ursachen zurückzuführen, die zu

Marktversagen und Staatsversagen führen. Erklärt werden können diese Verhaltensweisen mit dem sog. »Principal-Agent«-Problem. Danach optimieren handelnde Personen in einem Vertragsverhältnis aufgrund von Informationsasymmetrien, unterschiedlichen Interessen und ungleicher Verhandlungsmacht ihre eigene Situation zulasten der Gegenseite bzw. einer Gesamtorganisation. Mit dieser Theorie wird oft das Verhalten von angestellten Managern erklärt, die ihre eigene, meist an kurzfristigen Zielen ausgerichtete Position zulasten der Unternehmen oder deren Eigentümer optimieren. Übertragen auf das Thema ESG und Nachhaltigkeit bedeutet dies aufgrund der langfristigen Natur des Themas Nachhaltigkeit, dass ein angestelltes Management von Unternehmen aufgrund dessen kurzfristigen Orientierung bei der Führung des Unternehmens möglicherweise andere Interessen verfolgt, als sie aus Nachhaltigkeitsaspekten notwendig wären. Analog kann diese Verhaltensweise auch bei staatlichen Institutionen beobachtet werden, die von auf Zeit gewählten Politikern geführt werden.

Es sind also weitgehend bekannte Phänomene, die dazu führen, dass die Ergebnisse des menschlichen und auch wirtschaftlichen Handelns im Bereich Nachhaltigkeit nicht zu den gewünschten Ergebnissen führen. Nun stellt sich die Frage, ob die beschriebenen staatlichen Regulierungen und Eingriffe auf den Ebenen Europa und Deutschland geeignet, wirksam und verhältnismäßig sind, um die Ursachen des beobachtbaren Markt- und Staatsversagens erfolgversprechend anzugehen und die ausgelobten Ziele zu erreichen.

Um sich der Beantwortung dieser Frage nähern zu können, soll zunächst eine kurze Erläuterung der Grundprinzipien der deutschen und europäischen Wirtschaftsordnung erfolgen.

2. Soziale Marktwirtschaft in Europa und Deutschland: Das Primat der Ordnungspolitik

Die Wirtschaftsordnung Deutschlands und auch Europas basiert auf theoretischen Grundlagen, die von Walter Eucken entworfen wurden. Aufbauend auf der Idee des Ordoliberalismus entwickelte er konstituierende Grundprinzipien einer Wirtschaft- und Wettbewerbsordnung, deren Einhaltung aus seiner Sicht unabdingbar sind, um die ungehinderte und wirksame Entfaltung des Wettbewerbsprozesses innerhalb einer freien Wirtschaft zu ermöglichen. Die Grundprinzipien umfassen u. a. ein funktionierendes Preissystem, den freien Zugang zu Märkten, die Garantie von Privateigentum an Produktionsmitteln sowie die Vertragsfreiheit, das Haftungsprinzip und eine Kontinuität in der Wirtschaftspolitik.[60]

Dabei muss sich nach seiner Überzeugung die Wirtschaftspolitik auf das Setzen von verlässlichen Rahmenbedingungen für das wirtschaftliche Handeln konzentrieren und darf nur in Ausnahmefällen in das Wirtschaftsgeschehen selbst eingreifen (Primat der Ordnungspolitik). Eucken weist aber auch darauf hin, dass es Bereiche in der Wirtschaft gibt, in denen die Wettbewerbsordnung in der vorgeschlagenen Form nicht zu den gewünschten Ergebnissen, sondern zu Fehlallokationen mit entsprechend negativen Folgen auf die Wohlfahrt und die Gesellschaft führe. Zu diesen Bereichen zählte er ausdrücklich den Arbeitsmarkt und den Umweltschutz, auf die der Staat deshalb ein besonderes Augenmerk werfen sollte.[61]

Ludwig Erhard und Alfred Müller-Armack haben die Grundideen Euckens in Form der »Sozialen Marktwirtschaft« in Deutschland umgesetzt. Später hat sich auch die EU zu diesem Konzept bekannt.[62] Dabei stand im Vordergrund das Ziel, die Vorteile einer freiheitlichen Wirtschaftsordnung mit den Notwendigkeiten eines sozialen Ausgleichs zu verbinden. Dies war nach ihrer Auffassung notwendig, damit der rein freiheitlichen Wirtschaftsordnung nicht die notwendige soziale Sicherheit gewährleistet werden könnte, die zur Erreichung einer notwendigen Stabilität der gesamten Gesellschafts- und Wirtschaftsordnung notwendig sei. Diese Überzeugung legitimierte demnach Maßnahmen des Staates im Sozialbereich, die aber immer dem Grundsatz der Ordnungskonformität folgen müssen.

Im Grunde steht die Politik bei der Gestaltung der Rahmenbedingungen für das Erreichen von mehr Nachhaltigkeit entlang der Logik von ESG vor der gleichen Herausforderung. Wenn man von den Stärken und Vorzügen einer grundsätzlich freiheitlichen und demokratischen Wirtschafts- und Gesellschaftsordnung überzeugt ist, dann müssen ordnungskonforme Maßnahmen ergriffen werden, um die risikoreichen Auswirkungen des offensichtlichen Markt- und auch Staatsversagens in den Bereichen Environmental, Social und Governance auf unsere Gesellschaft und Wirtschaft zu vermeiden. Damit sind wir auf dem Weg von einer »Sozialen Marktwirtschaft« in eine »Sozial-ökologische Marktwirtschaft«.

Diese Transformation ist vor dem Hintergrund des bestehenden Zeitdrucks und dem notwendigen Umfang des Umbaus eine besondere Herausforderung. Sie kann nur gelingen, wenn ein Ordnungsrahmen für die Wirtschaft geschaffen wird, der zum einen die notwendige Transformation zielgerichtet fördert, auf der anderen Seite aber gleichzeitig die notwendigen Marktkräfte der Wirtschaft mobilisiert bzw. freisetzt. Denn ein schneller Umbau geht nur unter Nutzung der Marktkräfte und nicht gegen sie.

3. Zur Ordnungskonformität der bisher erfolgten politischen Maßnahmen

Zur Wirkung von Transparenz und Standards

Mit den beschlossenen Maßnahmen wollen die politischen Akteure eine bisher nie dagewesene Transparenz rund um die Themen E, S und G schaffen. Die Vereinten Nationen verpflichten die Nationalstaaten dazu, in einem regelmäßigen Fortschrittsbericht über ihren Beitrag zur Erreichung der SDGs zu berichten. Grundlage für den Bericht sind die selbst gesteckten Ziele der jeweiligen Länder, die sie in nationalen Nachhaltigkeitsstrategien dokumentiert haben. Die erzielten Fortschritte werden bei den UN-Versammlungen öffentlich diskutiert und bewertet. Außerdem gibt es eine Rangliste aller Staaten, die deren erzielten Fortschritte widerspiegelt.

Auf Nationalstaatenebene besteht aufgrund der veröffentlichten Nachhaltigkeitsstrategien in der Regel eine große Transparenz über die angestrebten Nachhaltigkeitsziele, deren Verbindlichkeit durch entsprechende Gesetzgebung untermauert wird. So sind in Deutschland die Ziele hinsichtlich der Reduktion des CO_2-Ausstoßes bis 2030 pro volkswirtschaftlichem Sektor im Klimagesetz festgelegt. Verantwortlich für die Erreichung der Ziele ist der jeweils zuständige Bundesminister. Bei Nichteinhaltung des Gesamtziels muss die Bundesregierung dem Bundestag einen Plan mit Gegenmaßnahmen vorlegen.[63]

Die Unternehmen werden auf Grundlage der CSRD-Richtlinie dazu verpflichtet, eine umfangreiche Transparenz über ihre Aktivitäten hinsichtlich ESG auf Grundlage vorgegebener Standards herzustellen. Die eingeführten Standards für die Berichterstattung werden auf Dauer dabei helfen, die Transparenz noch weiter zu steigern und den Aufwand bei der Erstellung in den Folgejahren zu reduzieren. Die erstellten Berichte müssen von den Wirtschaftsprüfern einem limited Review unterzogen werden, um eine angemessene Qualität der Information sicherzustellen. Die bereitgestellten Informationen werden dann z. B. von Banken und Rating-Agenturen herangezogen, um über das entsprechende Rating der Unternehmen mit den entsprechenden Auswirkungen auf die Finanzierungskosten zu befinden. Bei kapitalmarktorientierten Unternehmen dienen die Informationen den Investoren, um ihre Investitionsentscheidung zu treffen.

Dies sind nur einige Beispiele, die für eine größtmögliche Transparenz, einen Abbau von Informationsasymmetrien und auch zu einer klaren Verantwortungszuteilung sorgen sollen. Im Ergebnis zeigt diese geschaffene Transparenz bereits eine spürbare disziplinierende und lenkende Wirkung auf die unterschiedlichen Akteure auf den jeweiligen Ebenen. Dies wird z. B. sichtbar in der aktuellen Gesetzgebung der Bundesregierung zur Erfüllung der Ziele des Klimagesetzes, der veränderten Kreditvergabepolitik der Banken, aber auch im Wettbewerb der Unternehmen, ihren CO_2-Ausstoß zu reduzieren und ressourcen- und energieeffizienter zu wirtschaften.

Grundsätzlich scheinen somit die Vorgaben zu mehr Transparenz geeignet und wirksam zu sein, um den Transformationsprozess zu unterstützen und zu beschleunigen. Das ist als positiv und auch als ordnungskonform zu bewerten.

Negativ zu bewerten ist jedoch der große Aufwand, der mit diesen neuen Berichtsanforderungen einhergeht. Insbesondere mittlere und kleine Unternehmen verfügen nicht über das Know-how und die Kapazitäten, um diesen Anforderungen gerecht werden zu können. Auch wenn hier die EU-Kommission bereits erste Erleichterungen und Übergangsregelungen geschaffen hat, ist nicht zu übersehen, dass der Bürokratieaufwand und die damit einhergehenden Kosten für die Unternehmen in Summe erheblich zunehmen.

Der Finanzmarkt als Transmissionsriemen für die Transformation

Im Rahmen der politischen Diskussion rund um die Themen Nachhaltigkeit und Klima wird immer wieder von der Lenkung von Finanzströmen gesprochen, um z. B. den Klimaschutz zu fördern. Dabei müssen grundsätzlich zwei Formen der Finanzmittel bzw. -ströme unterschieden werden: Zum einen die staatlichen Finanzmittel und zum anderen die privaten Finanzmittel, die über die Finanzmärkte gesteuert werden. Im Folgenden geht es um die privaten Finanzmittel.

Dem privaten Finanzmarkt kommen in einer Volkswirtschaft die wichtigen Aufgaben der Fristen-, Losgrößen und Risikotransformation zu. Transparente und gut organisierte Finanzmärkte führen so zu einer effizienten Allokation der Finanzmittel innerhalb einer Wirtschaft. Damit leisten sie einen wesentlichen Beitrag, um zu risikoadäquaten Preisen die Finanzierung der Unternehmen und ihrer Investitionen zu ermöglichen.

Unternehmen können sich grundsätzlich über Eigenkapital oder Fremdkapital finanzieren. Sowohl die Investoren von Eigenkapital als auch die Bereitsteller von Fremdkapital sind durch die erlassenen Regulierungen der EU bzw. der EZB zur transparenten Berücksichtigung der veränderten Risiko-Situation der Unternehmen bei ihren Geschäftsentscheidungen verpflichtet. Als zusätzlicher Maßstab gelten die Anforderungen an die Unternehmen rund um das Thema ESG.

Mit den vorgegebenen Regeln wird das Thema ESG somit zu einem festen Bestandteil der neuen Risikobewertung eines Unternehmens und damit maßgeblich für die Findung des risikoadäquaten Preises (Zinses) für die Beschaffung von Kapital. Unternehmen, die aus Sicht der Finanzmarktakteure eine fundierte, transparente und erfolgreiche Nachhaltigkeitsstrategie verfolgen, werden sich in der Folge zu günstigeren Finanzierungskosten refinanzieren können als die Unternehmen, die den Anforderungen nicht gerecht werden. Damit werden im Ergebnis die Finanzströme in nachhaltigere Wirtschaftsaktivitäten gelenkt. Gleichzeitig behält der Preis (Zins) als Informationssignal seine marktmäßige Allokationsfunktion am Finanzmarkt – wenn auch unter Berücksichtigung anderer Kriterien.

Erste Emissionen von »grünen« Anleihen, die steigenden ESG-Anforderungen der Banken bei der Kreditvergabe oder auch das wachsende Bedürfnis, in nachhaltige Anlagen zu investieren, zeigen, dass die Nutzung des Finanzmarktes als Transmissionsriemen für die Transformation der Wirtschaft erste Wirkungen zeigt. Diese »Instrumentalisierung« des Finanzmarktes ist sowohl geeignet als auch wirksam, um die notwendige Transformation zu beschleunigen. Möglicherweise ist sie sogar das mächtigste Instrument der Europäischen Kommission in diesem Prozess. Da die Regulierungen keinen vereinzelten interventionistischen Eingriff in den Finanzmarkt darstellen, sondern die Rahmenbedingungen für alle Marktteilnehmer in gleicher Form ändern, kann dies insgesamt auch als ordnungskonform angesehen werden.

Wie bei den Transparenzanforderungen wird auch an den Finanzmärkten der große Aufwand für die Einhaltung und Dokumentation der Anforderungen an die Finanzmarktteilnehmer beklagt. Insbesondere für Kreditinstitute ist mit der Einhaltung der Vorschriften der EZB ein erheblicher Aufwand entstanden. Die Beurteilung des Erfüllungsgrades der ESG-Kriterien bei jeder Kreditvergabe an Unternehmen erfordert ein hohes Maß an zusätzlicher Kompetenz und Wissen, welches erst aufgebaut werden muss. Außerdem hat das Thema ESG eine große Auswirkung auf die Gesamtsteuerung des Kreditportfolios, da nicht mehr alle Branchen und Unternehmen in dem bisher gewohnten Umfang und zu den bisher gewohnten Konditionen finanziert werden können und sollen. Zur Kompensation der entstandenen Kosten für das »ESG-Rating« sowie zur Kompensation entgangener Erträge werden sich die Banken zusätzliche Einnahmequellen erschließen müssen, was möglicherweise wieder zu einer Verteuerung der Finanzierung der Unternehmen führen könnte.

Förderung des Wettbewerbs

Wirtschaftliche Aktivitäten können grundsätzlich in zwei unterschiedlichen Formen koordiniert werden: entweder innerhalb einer Organisation bzw. eines Unternehmens oder über den Markt. Bei der Koordination über den Markt fallen sog. Transaktionskosten an. Diese sind Kosten der Anbahnung, Aushandlung und Kontrolle von Transaktionen, z. B. von Verträgen. Hingegen fallen bei der Koordination oder Erstellung wirtschaftlicher Leistungen im Unternehmen Organisationskosten an. Die absolute Höhe und das Verhältnis der beiden Kostenarten zueinander und deren jeweilige Entwicklung im Zeitablauf haben einen maßgeblichen Einfluss auf die Wettbewerbsfähigkeit von Unternehmen, aber auch von Wirtschaftsregionen.

Die Erfüllung der bisher erfolgten Anforderungen hinsichtlich ESG erhöht zweifelsohne für die Unternehmen die Organisations- und Transaktionskosten. Dies hat zunächst eine unmittelbar negative Auswirkung auf die Wettbewerbsfähigkeit der Unternehmen – national wie international. Diese kann nur erhalten werden, wenn entsprechende Entlastungen oder verbesserte Ertragsaussichten den zusätzlichen Belastungen gegenüberstehen. Bei den Entlastungen sind zwar Bemühungen der Politik zu beobachten, jedoch bleiben die Ergebnisse im Augenblick noch hinter den aktuell zusätzlichen Kostenbelastung der Unternehmen zurück.

Insofern ist es für die Unternehmen besonders wichtig, dass sie sich jetzt im Rahmen der Transformation durch nachhaltige Produkt- und Prozessinnovationen sowie durch den Zugang zu neuen Märkten im Wettbewerb mit anderen Unternehmen neue und attraktive Ertragsquellen erschließen können. Hier ist die Politik gefordert, z. B. durch Deregulierung, Beschleunigung von Genehmigungsverfahren, Bereitstellung attraktiver und wettbewerbsfähiger Infrastruktur und Unterstützung bei Forschung und Entwicklung Rahmenbedingungen zu schaffen, die dies ermöglichen. Nur eine Belastung durch zusätzliche Regulierungen ohne die Schaffung von attraktiven Wettbewerbsbedingungen führt zu Wohlfahrtsverlusten und zu einer Verlangsamung des Transformationstempos.

Diese Tatsache ist besonders bedenklich, da dem Wettbewerb neben der Entscheidung über die Allokation der Ressourcen und Produktionsmittel noch eine weitere wichtige Funktion zukommt. Er dient unter bestimmten Rahmenbedingungen als Entdeckungsverfahren für bisher unbekanntes Wissen[64]. Übertragen auf die Wirtschaft bedeutet dies, dass ein effizienter Wettbewerb zwischen Unternehmen dazu führt, dass sowohl Markt- als auch Prozess- und Produktinnovationen entstehen. Dadurch ergeben sich nicht nur neue Lösungsmöglichkeiten für bestehende Probleme und damit Wachstums- und Ertragsmöglichkeiten, sondern ein gesunder Wettbewerb beschleunigt auch die Transformation der Wirtschaft. Dies ist aber nur so lange der Fall, wie es sich für Unternehmen lohnt, in diesen Wettbewerb und damit in die Schaffung von Wettbewerbsvorteilen, z. B. durch Forschung und Entwicklung, zu investieren. Deshalb ist grundsätzlich jede Form der Wettbewerbsbeeinträchtigung schädlich für die Innovationskraft und damit auch für die Transformationsfähigkeit einer Wirtschaft.

Technologieoffenheit

Als ein wesentliches Wettbewerbshindernis kann fehlende Technologieoffenheit bezeichnet werden. Durch das Verbot einzelner Technologien werden konsequent die Anreize der Unternehmen beseitigt, an der jeweiligen Weiterentwicklung dieser Technologien zu forschen. Das engt den zukünftigen Optionenspielraum für mögliche technische Lösungen z. B. im Bereich Klimaschutz von vornherein ein. Diese Einschränkung hat noch gravierendere Folgen auf eine Volkswirtschaft, wenn sie nur regional verhängt wird und in anderen Ländern der Welt weiter die entsprechende Technologie angewendet und weiterentwickelt werden kann.

Dessen ist sich die Bundesregierung bewusst und hat deshalb im Frühjahr 2023 ihre »Zukunftsstrategie Forschung und Innovation«[65] vorgestellt. Vor dem Hintergrund der Überzeugung, dass insbesondere in innovativer Technik der Schlüssel für die Lösung wesentlicher Zukunftsprobleme liegt, wird darin für Deutschland und Europa das Erreichen einer Technologieführerschaft, der bessere Transfer von

Forschungsergebnissen in die Praxis sowie die Offenheit für neue Technologien als Ziel angestrebt. Der Vorteil der Technologieoffenheit besteht darin, dass sie Handlungsfreiheit für die Gegenwart und die nächsten Generationen offenhält und Abhängigkeit von einzelnen Technologien reduziert. Die Vielfalt der technologischen Optionen eröffnet zugleich die Möglichkeit, individuelle Lösungen für die zum Teil sehr unterschiedlich gelagerten Probleme zu finden.

In der politischen Praxis ist jedoch zu beobachten, dass es sehr wohl zu Technologieverboten kommt. Sei es die Atomkraft, der Verbrenner-Motor für das Auto oder auch die Öl- bzw. Gasheizung. Hier wurde politisch entschieden, dass diese Technologien in Deutschland bzw. Europa keine Zukunft mehr haben. In der Konsequenz werden die Unternehmen, die diese Technologie produzieren, ihre Forschungs- und Entwicklungstätigkeiten in diesen Technologiefeldern regional verlagern, reduzieren oder gar ganz einstellen. Damit wird der Optionsspielraum für mögliche, bisher noch unbekannte technische Lösungen in diesen Technologiefeldern unmittelbar erheblich eingeschränkt. Ordnungspolitisch sind solche Entscheidungen sehr bedenklich, da sie massiv in die Handlungsfreiheit der Unternehmen eingreifen und auf Erkenntnissen basieren, die einer Anmaßung von Wissen von Seiten des Staates gleichkommen.

Nationale Lösung internationaler Probleme

Unter ordnungspolitischen Aspekten ist das Lieferkettensorgfaltspflichtengesetz eine besondere Herausforderung. Der Kerngedanke des Gesetzes ist, den Unternehmen die Pflicht zu übertragen, in ihren vorgelagerten – auch internationalen – Lieferketten die Einhaltung von Menschenrechten und Umweltstandards sicherzustellen. Damit sollen über privat- und marktwirtschaftliche Mechanismen Probleme gelöst werden, die eigentlich durch staatliche und hoheitliche Institutionen adressiert werden sollten.

Sicherlich wird durch das Gesetz der Druck auf die Zulieferer zur Einhaltung der Menschenrechte und Umweltstandards international steigen, jedoch muss auch berücksichtigt werden, dass die verantwortlichen

Unternehmen nur begrenzte Zugriffsmöglichkeiten auf relevante Informationen bei ihren Zulieferern haben und sie somit überwiegend auf Selbstauskünfte angewiesen sind. Die ausreichende Qualität und Verlässlichkeit dieser Informationen müssen sich insbesondere im internationalen Kontext erst noch herausstellen. Und schließlich haben sie bei dem Verdacht auf Nichteinhaltung durch die Zulieferer als einzigen Sanktionsmechanismus den Lieferantenwechsel mit all seinen Folgen.

Im Hinblick auf die Geeignetheit, Wirksamkeit und Verhältnismäßigkeit dieses Gesetzes muss deshalb kritisch angemerkt werden, dass sowohl die Geeignetheit als auch die Wirksamkeit aufgrund der begrenzten Informationszugriffs- und Sanktionsmöglichkeiten der Unternehmen infrage zu stellen sind. Vor diesem Hintergrund ist auch die Verhältnismäßigkeit kritisch zu sehen, da mit der Umsetzung des Gesetzes erhebliche Aufwendungen und im Falle eines Lieferantenwechsels zusätzlich merkliche Kosten und Risiken für die Unternehmen entstehen. Die Lösung internationaler Probleme durch ein nationales oder auch europäisches Gesetz, in dem die lokalen Unternehmen bei Nichteinhaltung strafbewährt in die Haftung genommen werden, ist somit ordnungspolitisch als sehr kritisch einzustufen.

Marktwirtschaftliche Lösungen

Neben Regulierungen und Gesetzen hat die EU aber durch die Schaffung neuer Märkte marktwirtschaftliche Instrumente genutzt, um den ökologischen Umbau der Wirtschaft voranzutreiben. Diese sind ordnungspolitisch sehr zu begrüßen und obendrein auch noch sehr wirkungsvoll. Hier ist vor allen Dingen der CO_2-Emissionshandel zu nennen. Er ist ein gutes Beispiel dafür, wie mit der Schaffung eines neuen Marktes mit entsprechenden Rahmenbedingungen ein marktwirtschaftliches Instrument geschaffen wurde, das über die transparente und schrittweise Verknappung der CO_2-Emissionsrechte und die Anreizwirkung des CO_2-Preises zu einer signifikanten Reduktion der CO_2-Emissionen seit Einführung des Marktes geführt hat. Dieses Beispiel zeigt, dass marktwirtschaftliche Lösungen ohne den interventionistischen Eingriff des Staates durchaus zu sehr effektiven Lösungen führen können. Die geplante Ausweitung des Emissionshandels auf weitere Wirtschaftsbereiche ist deshalb sehr zu begrüßen.

Zusammenfassend können die bisher verabschiedeten Richtlinien, Gesetze und Maßnahmen zum Umbau der Wirtschaft aus nationaler und EU-Perspektive überwiegend als ordnungskonform, geeignet und wirksam bezeichnet werden. Vor dem Hintergrund der Dringlichkeit und Bedeutung der Probleme für die Menschheit können sie auch als grundsätzlich verhältnismäßig eingestuft werden. Jedoch führen sie ohne entsprechende Entlastungen und der Schaffung zusätzlicher Anreize und attraktiver Rahmenbedingungen für die Unternehmen zu einer Verschlechterung der Wettbewerbsbedingungen mit all ihren Folgen. Dies gilt insbesondere auch im Wettbewerb mit Unternehmen außerhalb der EU. Hier sind die regulatorischen Bedingungen hinsichtlich des Themas Nachhaltigkeit durchaus unterschiedlich, was zu einer zusätzlichen Wettbewerbsverzerrung führt. Die Europäische Kommission und die Bundesregierung versuchen hier, mit ihrer Industriepolitik entsprechend entgegenzuwirken.

4. Das Problem der Industriepolitik

Eine gestaltende und lenkende Industriepolitik gehört seit langer Zeit zum Instrumentenkasten der Politik. Je nach Herausforderungen und politischer Zielsetzung variierten allerdings die zum Einsatz kommenden Instrumente.

Nach dem Zweiten Weltkrieg war die Industriepolitik noch sehr national ausgeprägt und diente häufig dem Schutz der eigenen Industrie. Ab den 1970er Jahren bekam die Industriepolitik eine europäische Dimension. Zum Schutze krisenanfälliger Branchen vor dem internationalen Wettbewerb und zur Sicherung der Arbeitsplätze wurden von der Europäischen Union Instrumente wie z. B. direkte Subventionen, Quoten, Handelsbeschränkungen sowie Preisregulierungen eingesetzt. Betroffen waren z. B. die Montanindustrie, aber auch der Schiffbau und die Textilindustrie.

In den 1980er Jahren wurde auf europäischer Ebene der Ansatz verfolgt, durch eine abgestimmte Forschungs- und Entwicklungspolitik

Wettbewerbsvorteile gegenüber der weltweiten Konkurrenz zu erzielen. Mit den Verträgen von Maastricht wurde der europäische Binnenmarkt geschaffen, der zum einen die befürchtete Deindustrialisierung Europas stoppen und zum anderen einen Schutz gegenüber der weltweiten Konkurrenz bieten sollte.

Seit der Verabschiedung des Green Deals hat sich der Fokus der europäischen Industriepolitik radikal verändert. Nahezu alle Aktivitäten verfolgen das Ziel, den ökologischen Umbau der Wirtschaft zu beschleunigen und zur Erreichung der Ziele des Green Deals und der SDGs beizutragen. Rekordsummen von 1000 Mrd. Euro wurden z. B. im Jahr 2020 für den »Investitionsplan für ein zukunftsfähiges Europa« verabschiedet. Aber auch andere Wirtschaftsregionen auf der Welt haben ihre industriepolitischen Maßnahmen zur Förderung des ökologischen Umbaus verabschiedet.

So sieht – wie bereits erwähnt – das Klimapaket innerhalb des Inflation Reduction Act der USA vor, dass in den kommenden zehn Jahren rund 330 Mrd. Euro in Form von Steuererleichterungen, Zuschüssen oder vergünstigten Darlehen zur Bekämpfung der Klimakrise bereitgestellt werden sollen. Damit soll der Umbau hin zu einer energieeffizienteren, klimafreundlicheren und zukunftsfesten US-Wirtschaft beschleunigt werden. In der Folge befürchtet die Europäische Kommission, dass Unternehmen aus Europa in die USA abwandern könnten.

Aus diesem Grund hat die Europäische Kommission Anfang 2023 reagiert und ihren »Green Industrial Plan«[66] als Gegenreaktion vorgelegt. Danach sollen sog. Netto-Null-Industrien gefördert, ein verbesserter Zugang zu Finanzmittel für die Produktion sauberer Technologien in Europa erreicht sowie der Kompetenzaufbau für Arbeitskräfte und der offene Handel für resiliente Lieferketten gefördert werden. Mit diesen Maßnahmen soll die Wettbewerbsfähigkeit des Standortes Europa weiter gestärkt und der Umbau hin zu einem klimaneutralen Wirtschaftsstandort beschleunigt werden. Damit ist der Subventionswettlauf zwischen den USA und Europa eröffnet worden.

Unabhängig von der Zielrichtung und der genutzten Instrumente sind nahezu alle industriepolitischen Programme ordnungspolitisch als sehr bedenklich einzustufen. Dafür gibt es u. a. folgende Gründe.

Zunächst ist hier die Anmaßung von Wissen von Seiten des Staates anzuführen. Aufgrund der bestehenden und mit hoher Geschwindigkeit zunehmenden Komplexität der Beziehungen innerhalb einer Wirtschafts- und Gesellschaftsordnung ist es für den Staat als Organisation unmöglich, die Wirkungen seiner Eingriffe in die Wirtschaft und Gesellschaft vorherzusehen. In dem Augenblick, in dem er direkt und lenkend in die Wirtschaft durch Subventionen oder interventionistische Maßnahmen eingreift, stört er die bestehenden Wirtschaftsabläufe und -beziehungen und verursacht damit z. B. Wettbewerbsverzerrungen und ggf. eine Verzögerung des notwendigen Strukturwandels oder auch die Fehlallokation von Ressourcen. Nicht selten werden in der Folge neue Programme aufgelegt, um das tatsächlich zu beobachtende Ergebnis wiederum zu korrigieren. Eine Spirale, die zu einer konstanten Ausweitung staatlicher Aktivitäten führt.

Des Weiteren müssen Subventionen oder auch staatliche Förderprogramme finanziert werden. Hier wird häufig auf höhere Steuereinnahmen oder auch anderer Abgaben zurückgegriffen. Damit werden Finanzmittel der privaten Wirtschaft entzogen und über den Umweg Staat vergleichsweise ineffizient in der Volkswirtschaft realloziert.

Ferner liegt es in der Natur der Sache, dass der Staat als Geldgeber von vielen Interessengruppen umworben wird. Die politischen Akteure machen sich damit im schlimmsten Fall zum Spielball dieser Gruppen, was wiederum eher zu einer interessenorientierten und nicht zu einer unabhängigen und zielorientierten Vergabe der Mittel mit den entsprechenden Konsequenzen führt. Der Staat verliert damit seine grundsätzlich starke und unabhängige Position und wird anfällig für Lobbyismus.

Diese grundsätzlichen Überlegungen zu den ordnungspolitischen Bedenken gegenüber industriepolitischen Aktivitäten treffen im Grundsatz auch auf die jüngsten Programme der Europäischen Union zu. Allerdings unterscheiden sich die verabschiedeten Programme von den früheren dadurch, dass sie im Kern keinen strukturerhaltenden Charakter haben, sondern Investitionen in die Transformation hin zu einer nachhaltigen und zukunftsfähigen Wirtschaft mobilisieren und damit die marktwirtschaftlichen Kräfte im Rahmen der Transformation unterstützen. Das ist grundsätzlich zu begrüßen und im historischen

Kontext ein Paradigmenwechsel in der europäischen Industriepolitik. Die zur Verfügung gestellten Mittel werden auch mit Sicherheit die Transformation zunächst beschleunigen und damit ihre positive Wirkung erzielen. Dennoch bleiben die Probleme, die mit der Anmaßung von Wissen von Seiten des Staates, der Umverteilung der Finanzmittel und der Frage der sachgerechten Zuordnung der Mittel einhergehen, bestehen. Vor dem Hintergrund der großen und auch drängenden Notwendigkeit der Transformation der Wirtschaft, der nur wenig verbleibenden Zeit und der bisher nicht erreichten Ziele muss die damit einhergehende Ineffizienz wohl als der zu zahlende »Preis« für die kurzfristige Beschleunigung angesehen werden.

5. Die volkswirtschaftlichen Folgen

Die Globalisierung und der damit stark wachsende internationale Handel hat zu erheblichen Wohlfahrtsgewinnen geführt. Ohne die Berücksichtigung der damit gleichzeitig entstandenen erheblichen negativen externen Effekte in den Bereichen Umweltschutz, Arbeitsbedingungen und Menschenrechte haben sowohl der »globale Süden« als auch der »globale Norden« davon profitiert, wenn auch auf unterschiedlichen Niveaus. Bezieht man allerdings die negativen externen Effekte und ihre Kosten mit ein, dann verändert sich das Bild. Vereinfacht gesagt sind im »globalen Norden« Wohlfahrtsgewinne zulasten von Klima- und Umweltschäden bzw. gesellschaftlichen Schäden im »globalen Süden« mit unmittelbaren und zukünftigen Wirkungen auf die gesamte Welt entstanden. Auch Deutschland hat von dieser Entwicklung profitiert. So hat der Import von Waren aus Ländern des »globalen Südens« ein Volumen, welches den Export in diese Länder um 43 Mrd. Euro übersteigt.[67]

Die bisher verabschiedeten Regulierungen und Gesetze zur notwendigen Transformation der Wirtschaft verändern diese Situation. So werden im »globalen Süden« die Produktionskosten aufgrund der gestiegenen ESG-Anforderungen schrittweise steigen und die Einhaltung des Lieferkettensorgfaltspflichtengesetzes wird Unternehmen zu einer Regionalisierung ihrer Lieferanten bewegen, was in der Summe den bisher Wohlstand schaffenden Export aus dem »globalen Süden« in den »globalen Norden« reduzieren wird. Der zurückgehende Handel führt in der Folge zu Wohlfahrtsverlusten auf allen Seiten.

Zusätzlich werden die Unternehmen durch weitere Regulierungen mit einem nicht unerheblichen und unproduktiven Bürokratieaufwand belastet, was ebenfalls die Wohlfahrtsentwicklung negativ beeinflusst. Hinzu kommen gestiegene Kosten für Produkte, die jetzt unter Berücksichtigung der Kosten für negative externe Effekte (z. B. CO_2-Preis bei Energie) neu bepreist werden. Somit führen die bestehenden Regulierungen und die schrittweise Internalisierung der negativen externen Effekte zu einem weltweiten Wohlfahrtsverlust, der durchaus in eine Abwärtsspirale münden kann.

Diese Entwicklung kann nur gestoppt werden, wenn es der Wirtschaft gelingt, zusätzliche und profitable Wachstumsquellen zu erschließen. Diese liegen insbesondere in den zukunftsorientierten Geschäftsfeldern, die den Umbau der Wirtschaft zu mehr Nachhaltigkeit fördern. Ohne Wachstum und ohne die Nutzung der Innovationskraft der Unternehmen wird der notwendige Umbau der Wirtschaft nicht gelingen. Umso wichtiger ist es, dass die Unternehmen durch die Schaffung attraktiver Rahmenbedingungen in ihrer Wettbewerbsfähigkeit gestärkt werden. Dabei ist der direkten Entlastung der Unternehmen durch z. B. Bürokratieabbau und Abgabenentlastung der Vorzug vor staatlich gelenkten Industrieprogrammen der Vorzug zu geben.

E. Fazit

- Das Klimaabkommen von Paris sowie die SDGs der Vereinten Nationen sind grundsätzlich geeignet, zur Lösung globaler und massiver Probleme insbesondere im Bereich Environmental und Social mit klaren und verbindlichen Zielvorgaben beizutragen.
- Die Entwicklung entsprechender Maßnahmen zur Erreichung der vereinbarten Ziele obliegt aber weiter den einzelnen Nationen bzw. supranationalen Organisationen wie z. B. der Europäischen Union.

- Die bisher verabschiedeten Maßnahmen der einzelnen Regierungsorganisationen sind weltweit sehr unterschiedlich. Europa nimmt dort mit dem Anspruch, bis 2050 klimaneutral zu sein, eine Führungsrolle ein.
- Die unterschiedlichen Regulierungen und insbesondere die industriepolitischen Maßnahmen der jeweiligen Länder und Regionen beeinflussen den Wettbewerb zwischen diesen Wirtschaftsregionen massiv und verstoßen zum Teil erheblich gegen ordnungspolitische Grundsätze.
- Es ist zu beobachten, dass sowohl der »globale Norden« als auch der »globale Süden« aufgrund der Regulierungen und staatlichen Eingriffe und der damit einhergehenden Beeinträchtigung des internationalen Handels z. T. erhebliche Wohlfahrtsverluste hinnehmen müssen.
- Wenn es nicht gelingt, z. B. durch Markt-, Prozess- und Produktinnovationen zusätzliches Wachstum und damit Wohlfahrtsgewinne zu erzeugen, um die Kosten der Regulierung zumindest zu kompensieren, führen die jetzigen Regulierungen in eine weltweit wirtschaftliche Abwärtsspirale.
- Insofern müssen neue Freiräume und direkte Entlastungen für die Unternehmen geschaffen werden, um durch einen fairen Wettbewerb die notwendigen marktwirtschaftlichen Kräfte für eine erfolgreiche Transformation freizusetzen.

Nach der kompakten Vorstellung und Würdigung der bereits gesetzten politischen Rahmenbedingungen für den notwendigen Umbau der Wirtschaft und Gesellschaft zu mehr Nachhaltigkeit stellt sich nun die Frage, was diese veränderten Bedingungen für die Unternehmen selbst bedeuten. Wie verändern diese neuen Regeln ihre Chancen- und Risikoprofile? Wie können mögliche Risiken gesteuert und entstehende Chancen unternehmerisch genutzt werden? Auf diese Fragen wird im nächsten Kapitel eingegangen.

Dabei werden zuerst die Auswirkungen der ESG-Regeln auf die Unternehmen selbst untersucht. Daran anschließend wird aufgezeigt, warum insbesondere Familienunternehmen beste Voraussetzungen haben, die entstehenden Chancen im Zuge der Transformation zu nutzen. Abschließend wird anhand eines kompakten Leitfadens aufgezeigt, wie Unternehmen eine entsprechende ESG-Agenda zur Nutzung dieser Chancen und zur Steuerung der Risiken entwickeln können.

III. Wie Familienunternehmen die veränderten Rahmenbedingungen unternehmerisch nutzen können

A. Wie sich die Risiko- und Chancen-Landschaft der Unternehmen verändert

1. Neue Risiken für die Unternehmen

Finanzierungsrisiko

Mit dem Leitfaden der Europäischen Zentralbank zur Berücksichtigung von Klima- und Umweltrisiken bei der Kreditvergabe sind die Geschäftsbanken dazu verpflichtet worden, das Thema Nachhaltigkeit in das Rating ihrer Kunden in angemessener Form mit aufzunehmen. Dies führt dazu, dass der Umfang der Kreditzusage und die Kreditkonditionen zunehmend an den Grad der Nachhaltigkeit der unternehmerischen Tätigkeit im Sinne von ESG gekoppelt werden.

Dabei steht die Erreichung der sechs Umweltziele der EU (Klimaschutz, Anpassung an den Klimawandel, nachhaltige Nutzung und Schutz von Wasser- und Meeresressourcen, Vermeidung und Verminderung von Umweltverschmutzung, Übergang zu einer Kreislaufwirtschaft und Schutz bzw. Wiederherstellung der Biodiversität und Ökosysteme) im Vordergrund. Eine Einschränkung der Kreditvergabe bzw. eine Verteuerung der Finanzierung von Aktivitäten, die nicht die Erreichung der Umweltziele unterstützen, ist zu beobachten. Während sich für besonders nachhaltig wirtschaftende Unternehmen die Konditionen verbessern dürften und damit ein Wettbewerbsvorteil entsteht, müssen sich weniger nachhaltig handelnde Unternehmen mit möglicherweise empfindlichen Kostensteigerungen oder einem limitierten Zugang zu Fremdkapital auseinandersetzen.

Auch bei der Finanzierung über Eigenkapital steigen die Anforderungen hinsichtlich Nachhaltigkeit kontinuierlich an. Investoren stehen unter einem erheblichen Druck, ihren Geldgebern wiederum glaubhaft nachweisen zu können, dass die zur Verfügung gestellten Mittel in entsprechende nachhaltig geführte Unternehmen investiert werden.

Haftungsrisiko

Unternehmen müssen die Risiken und Chancen, die sich aus den ESG-Anforderungen für ihr Geschäft ergeben, kennen, bewerten und steuern können. Bei Nichtbeachtung können erhebliche Streitigkeiten mit nahezu jedem Stakeholder entstehen. Seien es Auseinandersetzungen mit Kunden und Lieferanten im Zusammenhang mit dem Lieferkettensorgfaltspflichtengesetz oder auch Klagen im Zusammenhang mit Umweltverschmutzungen. Denkbar sind auch Dispute mit Investoren oder Fremdkapitalgebern hinsichtlich der Offenlegung der ESG-relevanten Informationen. Bei Verletzungen drohen Schadensersatzansprüche, Sanktionsverfahren oder empfindliche Strafen. So kann ein Verstoß gegen das Lieferkettensorgfaltspflichtengesetz mit bis zu 500 000 Euro geahndet werden. Bei Unternehmen mit mehr als 400 Mio. Euro Umsatz kann die Strafe sogar bis zu 2 % vom Umsatz betragen.

Mit der Aufnahme in den Lagebericht des Unternehmens bekommt die bisher rechtlich eher unverbindliche Berichterstattung bei nicht berichtspflichtigen Unternehmen für einen großen Teil der Unternehmen außerdem eine neue Rechtsverbindlichkeit und auch Qualität, für die die Geschäftsführung bzw. die Beiräte – je nach Satzungsregelung – dann auch entsprechend persönlich haften.

Offenlegungsrisiko

Die gestiegenen Anforderungen an die Transparenz über ESG-konformes Handeln der Unternehmen führen zu einem erhöhten Bedarf an Informationen. Zum einen haben Kreditinstitute aufgrund ihrer Verpflichtung zur Offenlegung der eingegangenen ESG-Risiken ihren Informationsbedarf gegenüber den Unternehmen erheblich ausgeweitet. Zum anderen sind es die Anforderungen an die Berichterstattung der Unternehmen selbst, die mit einem erheblichen Anstieg der erhobenen Daten und Informationen einhergehen. Auch wenn die neuesten Entwicklungen eine Reduktion des Berichtsumfangs bedeuten, sind mit der geforderten Offenlegung dieser Informationen zwei Risiken verbunden: zum einen das Risiko, dass die geforderten Informationen nicht bereitgestellt werden können, da sie nicht erhoben wurden. Zum anderen besteht das Risiko, dass die erhobenen Informationen falsch oder unvollständig sind. In beiden Fällen können erhebliche Nachteile für das Unternehmen entstehen.

Imagerisiko

Ein unzulänglicher Umgang mit dem Thema ESG kann auch erheblichen Einfluss auf das Unternehmensimage haben. So hat sich in der Vergangenheit nachgewiesenes »Greenwashing« – also das Werben mit ökologischen Versprechen, ohne dass diese tatsächlich eingehalten werden – als erhebliche Belastung für das Unternehmensimage gezeigt. Aber auch in den Bereichen Social und Governance haben Verfehlungen in der Vergangenheit immer wieder zu Negativberichterstattungen geführt. Die betroffenen Unternehmen haben zum Teil erhebliche Imageschäden hinnehmen müssen, da die Stakeholder und hier insbesondere die Endkunden ein solches Fehlverhalten erfahrungsgemäß – auch über soziale Medien – öffentlichkeitswirksam und hart sanktionieren.

Fortführungsrisiko

Und schließlich ist das Fortführungsrisiko für das Unternehmen zu benennen. Wenn das Geschäftsmodell auf Dauer nicht die Erreichung der vom Markt erwarteten Nachhaltigkeitsziele unterstützt, besteht die Gefahr, dass das Unternehmen im Wettbewerb mit nachhaltiger wirtschaftenden Marktteilnehmern oder Geschäftsmodellen Marktanteile und somit an Bedeutung verliert. Eine unzureichende Nachhaltigkeitsorientierung des Unternehmens kann auch im Wettbewerb bei der Rekrutierung von Fachkräften entscheidend sein. Hier ist zu beobachten, dass Mitarbeitende, Fachkräfte und auch Geschäftsführer und Beiräte sehr klare Erwartung an ihren zukünftigen Arbeitgeber haben. Das Wirksamwerden eines oder mehrerer der oben genannten Risiken kann Unternehmen empfindlich treffen. Ein Ausscheiden aus dem Markt kann dann in der letzten Konsequenz nicht ausgeschlossen werden. Am Ende des Tages entscheidet der Markt, welche Anbieter hinter den Erwartungen zurückbleiben und entsprechend ausscheiden müssen. Diese Entscheidung fällt im Augenblick aufgrund der hohen Tragweite des Themas Nachhaltigkeit, der gespürten unmittelbaren Betroffenheit eines jeden Marktteilnehmers und der starken Kraft der sozialen Medien dynamischer und weniger vorhersehbar als in der Vergangenheit.

Die Risikolandschaft kann sich für ein Unternehmen infolge der notwendigen Transformation der Wirtschaft erheblich und teilweise sehr relevant verändern. Insofern ist es nur mehr als empfehlenswert und auch gefordert, dass jedes Unternehmen für sich und das eigene Geschäft bewertet, welche zusätzlichen Risiken im Zusammenhang mit ESG entstehen, und möglichweise die Existenz des Unternehmens gefährden könnten. Die Ergebnisse sollten dann Bestandteil des Risikomanagements werden. Nun entstehen allerdings neben den genannten Risiken auch erhebliche Chancen durch den nachhaltigen Umbau der Wirtschaft und eine konsequent umgesetzte ESG-Strategie.

2. Neue unternehmerische Chancen

Wachstumschancen durch Innovationen

Mit der steigenden Bedeutung von Nachhaltigkeit entstehen für Unternehmen bedeutende Wachstumsoptionen. Neue Produkte, Dienstleistungen und auch Geschäftsmodelle, die den gestiegenen Anforderungen der Nachhaltigkeit gerecht werden, eröffnen neue Märkte. Dies gilt sowohl hinsichtlich neuer Produkte als auch neuer Kunden.

So wird z. B. der Bedarf an Produkten, die im Hinblick auf den Klimawandel, Umweltschutz und auch Ressourceneffizienz weltweit von besonderer Bedeutung sind, überproportional zum Gesamtmarkt wachsen. Das Marktvolumen für diesen sog. »GreenTech«-Markt betrug 2020 in Deutschland knapp 400 Mrd. Euro und weltweit gut 4600 Mrd. Euro. Weltweit wird bis zum Jahr 2030 ein Wachstum dieses Marktes um 7 % und in Deutschland um 8 % prognostiziert.[1] Unter »GreenTech« werden Technologien für folgende Leitmärkte zusammengefasst:

- Umweltfreundliche Erzeugung, Speicherung und Verteilung von Energie,
- Energieeffizienz,
- Rohstoff- und Materialeffizienz,
- Nachhaltige Mobilität,
- Kreislaufwirtschaft,
- Nachhaltige Wasserwirtschaft und
- nachhaltige Agrar- und Forstwirtschaft.

Die Entwicklung dieser Märkte wird stark von Kompetenzen und Technologien getrieben, in denen die deutsche Industrie ihre Kernkompetenzen hat. Hier entsteht für Deutschland eine große Chance, sich im globalen Wettbewerb erfolgreich zu differenzieren und Wettbewerbsvorteile aufzubauen. Während der deutsche Anteil an der globalen Wirtschaftsleistung rund 3 % beträgt, liegt der Weltmarktanteil deutscher Unternehmen im Bereich »GreenTech« bei 15 %.[2]

Aber auch neue Kunden können das Wachstum antreiben. Da die Anforderungen an Lieferanten spürbar steigen, können Unternehmen, die sich ESG-konform aufstellen, bei Ausschreibungen der öffentlichen Hand und großer Unternehmen im Wettbewerb zu Lasten derer punkten, die sich noch nicht entsprechend aufgestellt haben. Dadurch kommt der Markt in Bewegung und es entstehen Chancen, neue Kundenbeziehungen aufzubauen. Dabei ist zu beobachten, dass die Zahlungsbereitschaft für nachhaltige Lösungen und Produkte bei den Unternehmen und auch bei den Endkunden ansteigt. Und schließlich sind viele »GreenTech«-Produkte bestens für den Export geeignet, um in den Regionen der Welt Lösungen anzubieten, in denen z. B. die Folgen des Klimawandels deutlich spürbarer sind.

Geringere Kosten durch Ressourcenreduktion und Effizienzsteigerung

Eine gezielte Umsetzung der ESG-Anforderungen eröffnet zusätzlich die Chance, die betrieblichen Kosten merklich zu senken. Eine Reduktion und Optimierung des Ressourcenverbrauchs (z. B. Rohstoffe, Energie und Verpackungen) durch Effizienzsteigerungen und die Einführung von Kreislaufkonzepten kann nach anfänglichen Investitionen auf mittlere Sicht den Ressourceneinsatz spürbar senken. So ist z. B. bereits im Jahr 2020 gegenüber dem Jahr 2008 der Energieverbrauch in der deutschen Industrie trotz erreichtem Wachstum um knapp 9 % rückläufig. Prognosen sehen hier weitere erhebliche Einsparmöglichkeiten durch eine weitere Steigerung der Energieeffizienz.

Ferner kann eine umfassende Digitalisierung des Geschäftsmodells zu deutlichen Effizienzgewinnen führen. Ebenfalls können die Finanzierungskosten durch die Befolgung der ESG-Anforderungen spürbar gesenkt werden. Und schließlich erhöht ein glaubwürdiges Nachhaltigkeitskonzept das Unternehmensimage sowie die Kundenbindung, was sich wiederum positiv auf die Vertriebseffizienz auswirkt. Den oben erwähnten Kostensteigerungen aufgrund z. B. zusätzlicher bürokratischer und administrativer Maßnahmen stehen also erhebliche Einsparmöglichkeiten durch mehr Nachhaltigkeit in den Unternehmen gegenüber. In der Summe kann beobachtet werden, dass Unternehmen mit einer integrierten und konsequent umgesetzten Nachhaltigkeitsstrategie profitabler sind und stärker wachsen als die, die darüber nicht verfügen. So ist z. B. die EBIT-Marge nachhaltig wirtschaftender Lebensmittel- und Getränkehersteller um 6 Prozentpunkte höher als die Marge derjenigen Firmen, die über keine entsprechende Strategie verfügen.[3]

Erfolgreiche Talentgewinnung

Die Gewinnung kompetenter und engagierter Mitarbeiter, Fach- und Führungskräfte wird zunehmend zu einem kritischen Erfolgsfaktor für die Unternehmen. Gleichzeitig steigen die Ansprüche der Bewerber an ihren Arbeitgeber hinsichtlich eines sinnvollen Unternehmenszwecks und der gelebten Verantwortung gegenüber der nächsten Generation spürbar an. Wer hier im Wettbewerb zu anderen Unternehmen nicht ein klares und gelebtes Konzept vorweisen kann, wird nicht die Talente gewinnen können, die für die Ausrichtung des Unternehmens an die Anforderungen der Zukunft notwendig sind. Gleichzeitig ist zu beobachten, dass die Mitarbeiterzufriedenheit und -identifikation sowie die Motivation bei innovativen und nachhaltig wirtschaftenden Unternehmen deutlich höher sind, was wiederum die Fluktuation reduziert und die Leistungsbereitschaft der Mitarbeiter positiv beeinflusst.

Langfristige Unternehmenswertsteigerung

Eine gute Nachhaltigkeitsstrategie im Sinne der ESG-Kriterien hat einen positiven Einfluss auf die Entwicklung der wesentlichen Wert- und Wachstumstreiber und damit auf den Unternehmenswert. So hat sich der Wert börsennotierter Gesellschaften, die eine überzeugende ESG-Strategie verfolgen, in den letzten Jahren beträchtlich besser entwickelt als der Wert derjenigen Gesellschaften, die hier noch Defizite aufweisen. Und in der jüngsten Krise ist deutlich geworden, dass nachhaltig wirtschaftende Unternehmen in der Regel widerstandsfähiger sind. Im Falle von Unternehmenstransaktionen ist zu beobachten, dass fehlende ESG-Strategien und Konzepte mittlerweile zu erheblichen Abschlägen führen und umgekehrt Investoren bereit sind, für überzeugende ESG-Konzepte eine entsprechende Prämie von 10 % und mehr zu bezahlen.[4]

Steigerung der Resilienz

Der Begriff der Resilienz kommt aus der Psychologie und beschreibt die Fähigkeit eines Menschen, mit schwierigen Situationen und auch Krisen umzugehen. Dabei kann die Resilienz gesteigert werden, wenn man lernt, mit Veränderungen zurechtzukommen bzw. sich auf sie entsprechend vorzubereiten. Je höher die Resilienz, desto stabiler oder auch widerstandsfähiger ist der Mensch. Dieser Grundgedanke kann auch auf Organisationen angewendet werden.

Im Kontext des Themas Nachhaltigkeit wird es für Unternehmen zunehmend wichtig, sich widerstandsfähiger gegen z. B. spürbare Klimaveränderungen oder auch anhaltende Lieferkettenprobleme aufzustellen. Hier ist zu beobachten, dass Unternehmen, die sich proaktiv und in strukturierter Form auf die Chancen und Risiken vorbereiten, die sich aus den veränderten Rahmenbedingungen wirtschaftlichen Handelns und der bestehenden Regulierung ergeben, insgesamt krisenfester aufgestellt sind. Sie sind unabhängiger und weniger anfällig gegen einzelne Veränderungen in ihrem Umfeld und können so nicht nur Krisen besser überstehen, sondern auch notwendige Transformationsprozesse besser mitgestalten.

Sicherlich hängt die veränderte Risiko- und Chancenkonstellation sehr stark von der individuellen Situation des jeweiligen Unternehmens ab. Dennoch ist festzuhalten, dass die neuen Regulierungen und Vorgaben helfen, bestehende Risiken und auch neue Risiken im Kontext von Nachhaltigkeit und ESG transparent und steuerbar zu machen. Dies ist sicherlich mit einem steigenden Aufwand für Administration und Dokumentation verbunden. Auf der anderen Seite ergeben sich durch die veränderten Rahmenbedingungen wirtschaftlichen Handelns erhebliche unternehmerische Chancen, die es zu nutzen gilt. Dabei nehmen Familienunternehmen aufgrund ihrer Besonderheiten eine wichtige Rolle in Deutschland ein.

B. Warum Nachhaltigkeit und ESG insbesondere für Familienunternehmen eine Chance ist

1. Zur Bedeutung und Besonderheit von Familienunternehmen

Rückgrat für die deutsche Wirtschaft

In Deutschland haben Familienunternehmen eine zentrale Bedeutung für den privaten Wirtschaftssektor. 90 % der bestehenden Unternehmen in Deutschland werden von Familien kontrolliert und 86 % der Unternehmen werden von den Eigentümerfamilien geführt. Von Familien kontrollierte Unternehmen beschäftigen 60 % der privatwirtschaftlich Beschäftigten und generieren rund 50 % des Umsatzes aller privatwirtschaftlichen Unternehmen. Auch wenn Familienunternehmen vorwiegend kleinere Unternehmen sind, ist ihr Anteil bei den privatwirtschaftlichen Unternehmen mit mehr als 500 Beschäftigten mit 31 % und mit mehr als 50 Mio. Euro Umsatz mit 43 % immer noch hoch. Über 200 familienkontrollierte Unternehmen generieren mehr als 1 Mrd. Euro Umsatz und sind häufig als Weltmarktführer in attraktiven Nischenmärkten tätig.

Familienunternehmen sind tendenziell eher in weniger kapitalintensiven Branchen aktiv, dominieren aber nahezu alle Wirtschaftszweige mit einem Unternehmensanteil von über 80 % an den privatwirtschaftlichen Unternehmen. Der Anteil des für Deutschland sehr wichtigen verarbeitenden Gewerbes beträgt 86 %. Diese Zahlen machen deutlich, dass die familienkontrollierten Unternehmen in Deutschland das Rückgrat der Wirtschaft darstellen.[5]

Denken in Generationen

Eine Besonderheit von familienkontrollierten Unternehmen ist, dass sie in anderen Zeithorizonten denken als börsennotierte Gesellschaften. Für sie ist der langfristige Erhalt des Unternehmens in Familienhand und die Übergabe eines gesunden Unternehmens an die nächsten Generationen wichtiger als die Optimierung kurzfristig ausgerichteter Quartalzahlen. Dieses langfristige Denken spiegelt sich in allen zentralen Bereichen unternehmerischen Handelns wider, sei es in der Strategieentwicklung, der Investitions- und Personalpolitik oder auch der Ausschüttungsstrategie.[6]

Gerade in Krisenzeiten zeigt sich die Langfristorientierung. So haben in der Corona-Krise die TOP 500 Familienunternehmen in Deutschland Personal eingestellt, während die 26 nicht familienkontrollierten DAX-Unternehmen Stellen abbauten.[7] Und auch bei den Investitionen haben die Familienunternehmen in Zeiten der Corona-Krise weiter an ihrem langfristig ausgerichteten Kurs festgehalten. Schwerpunkte dabei waren die Beschleunigung der digitalen Transformation, die Transformation der Lieferkette und das Thema Nachhaltigkeit.[8] Während die kurzfristig auf Ergebnisoptimierung orientierten Manager noch die Folgen der Corona-Krise durch Kosteneinsparungen und Stellenabbau abfederten, waren viele Familienunternehmen schon wieder im Vorwärtsgang und haben in die Zukunft ihres Unternehmens investiert. Durch diese Langfristorientierung in der Krise sichern sich die Familienunternehmen nicht nur langfristig die Wissensbasis ihrer Mitarbeiter, sondern sie werden auch als verlässlicher und resilienter Geschäftspartner und Arbeitgeber wahrgenommen.

Gelebte unternehmerische Verantwortung

Familienunternehmen zeichnet eine gelebte unternehmerische Verantwortung aus. Diese wird zum einen dadurch getrieben, dass Familienunternehmen im Vergleich zu Kapitalgesellschaften ihr eigenes Geld investieren. Das diszipliniert und stellt gleichzeitig die langfristigen Auswirkungen des unternehmerischen Handelns in den Vordergrund. In diesem Zusammenhang ist für viele Familienunternehmen eine jederzeitige Handlungsfähigkeit – möglichst ohne eine Abhängigkeit von Banken – hinsichtlich notwendiger Investitionen oder Akquisitionen wichtig. Aus diesem Grund verfügen viele Familienunternehmen dank einer gemäßigten Ausschüttung über eine vergleichsweise hohe Eigenkapitalquote: Die 500 umsatzstärksten Familienunternehmen weisen eine EK-Quote von über 40 % aus.[9]

Ein weiterer Grund für das verantwortungsvolle Handeln liegt in der Tatsache, dass bei ihnen Risiko, Haftung und Kontrolle in einer Hand liegen – in der des Eigentümers. Auch das diszipliniert ungemein, da der Unternehmer die Konsequenzen seines Handelns selbst trägt – positiv wie negativ. Die klassischen Principal-Agent-Probleme sind hier nicht gegeben.

Und schließlich ist Familienunternehmen häufig besonders wichtig, soziale und gesellschaftliche Verantwortung in ihrer Region wahrzunehmen. Daher unterstützen sie z. T. in großem Umfang soziale und gesellschaftliche Projekte in ihrer Nachbarschaft. Die Finanzierung erfolgt meist über Spenden oder Stiftungen, die in Deutschland zu einem großen Teil unternehmerische Wurzeln haben.[10]

Innovationen

Familienunternehmen gelten als besonders innovativ. Sie investieren mit gut 7 % vom Umsatz deutlich mehr in Forschung und Entwicklung als die Gesamtwirtschaft, die bei gut 3 % liegt.[11] Die Stärke der Familienunternehmen liegt aufgrund ihrer eher mittelständischen Ausrichtung nicht in dem Bereich der Basisinnovationen, sondern eher in Nischen.

Insbesondere im produzierenden Gewerbe kommt ihnen auf der einen Seite die sehr große Nähe zu ihren Kunden und auf der anderen Seite ihre häufig noch überschaubare Größe zugute. In den engen Kundenbeziehungen entwickeln sie ihre Produkte aufgrund langer Erfahrungen sehr eng entlang der sich verändernden Kundenbedürfnisse kontinuierlich weiter. Dies erfolgt mit hoher Flexibilität durch effiziente und funktionsübergreifende Teams, die in ihrem Bereich über ein hohes technisches Know-how verfügen. Im Ergebnis entstehen Produkte, die im Hinblick auf Funktion, Präzision, Energieeffizienz und auch Umweltverträglichkeit Alleinstellungsmerkmale im Wettbewerb haben. Im Vordergrund steht der Wert des Produktes für den Anwender und nicht der Preis.

Diese Innovationskraft ist eine sehr gute Voraussetzung dafür, um z. B. in dem stark wachsenden Markt »Greentech« weiter erfolgreich zu sein. Aber auch in anderen zukunftsträchtigen Bereichen, wie z. B. dem der medizinischen Geräte, der optischen Industrie, dem Maschinenbau oder auch der Elektroindustrie, sind Familienunternehmen mit ihren Innovationen bereits gut positioniert, um ihren Kunden nachhaltige Lösungen anzubieten.

2. Zur Einstellung von Familienunternehmen zum Thema Nachhaltigkeit

Nicht nur vor dem Hintergrund der Langfristorientierung und der unternehmerischen Verantwortung ist das Thema Nachhaltigkeit für die Mehrzahl der Familienunternehmen kein neues. Allerdings hat dieses Thema in den letzten Jahren aufgrund der politischen Beschlüsse auf internationaler und nationaler Ebene und der öffentlichen Diskussion inhaltlich eine neue Dynamik erhalten. Denn anstatt der bisherigen Fokussierung auf einzelne Nachhaltigkeitsaktivitäten wird jetzt eine strukturierte und dokumentierte ESG-Strategie mit einer entsprechenden Berichterstattung gefordert.

Das Wittener Institut für Familienunternehmen hat im Jahr 2020 Familienunternehmen nach ihrer Perspektive auf das Thema befragt. Die Ergebnisse zeigen, dass die Unternehmen und ihre Eigentümer eine relativ differenzierte Einstellung zum Thema Nachhaltigkeit haben. Die Mehrheit der Unternehmen begreift das Thema als eine unternehmerische Chance und als gesellschaftliche Verpflichtung. Sie engagieren sich insbesondere in den Handlungsfeldern Umwelt und Mitarbeiter. Stärkster Treiber für das Thema Nachhaltigkeit sind die Eigentümer selbst. Und schließlich ist die beobachtbare finanzielle und nichtfinanzielle Leistungsfähigkeit bei nachhaltig geführten Familienunternehmen höher.[12]

Eine Studie der Stiftung Familienunternehmen aus dem Jahr 2021 zeigt auf, wie Familienunternehmen die Maßnahmen und Initiativen der EU zur Umsetzung des Green Deals beurteilen. Danach bewerten über 60 % der Familienunternehmen z. B. den Ausbau der Kreislaufwirtschaft und die EU-Wasserstoffstrategie positiv. Die Maßnahmen zur Reduktion der Emissionen, zur Einführung eines digitalen Produktpasses sowie zur Verbesserung der Gebäudeenergieeffizienz sehen gut 30 bis 35 % der befragten Familienunternehmen positiv. Hingegen beurteilen die Unternehmen nur zu knapp 20 % die Offenlegungspflichten positiv, während fast 50 % diese neuen Pflichten als negativ beurteilen.[13]

Trotz dieser grundsätzlich positiven Einstellung gegenüber dem Thema Nachhaltigkeit verfügt die Mehrzahl der Familienunternehmen noch nicht über eine konsistente und in die Gesamtstrategie integrierte ESG- oder auch Nachhaltigkeitsstrategie. Vielmehr geben nur 32 % der befragten Unternehmen an, dass sie über eine Nachhaltigkeitsstrategie verfügen, die ihre Entscheidungen leitet.[14] Auch wenn die Zahl mittlerweile mit Sicherheit gestiegen ist, besteht hier offensichtlich noch Handlungsbedarf, um den gesetzten Anforderungen gerecht zu werden.

Doch welche Anforderungen bestehen und wie kann eine solche ESG-Agenda mit einer unternehmensindividuellen ESG-Strategie und einer entsprechenden Berichterstattung entwickelt werden?

C. Wie Unternehmen eine erfolgreiche ESG-Agenda entwickeln und umsetzen

1. Elemente einer ESG-Agenda

Unternehmensindividuelle ESG-Strategie

Auch wenn das Thema ESG oft auf die Berichterstattungspflichten der neuen CSRD reduziert wird, so ist es im Kern ein zentrales Strategiethema für jedes Unternehmen. Inhaltlich konzentriert sich die Strategieentwicklung zunächst auf die für das jeweilige Unternehmen wesentlichen Handlungsfelder aus den Bereichen Environmental, Social und Governance entlang der eigenen Wertschöpfungskette. Darüber hinaus geht es um die strategische Positionierung des gesamten Geschäftsmodells vor dem Hintergrund der steigenden Nachhaltigkeitsanforderungen im Zuge der Transformation der Gesamtwirtschaft. Grundlage für die ESG-Strategieentwicklung ist eine umfassende und unternehmensindividuelle ESG-Umfeld- und Marktanalyse sowie eine darauf aufbauende Wesentlichkeitsanalyse.

Die ESG-Strategie sollte aufgrund ihrer zentralen Bedeutung für das Unternehmen integraler Bestandteil der Gesamtstrategie sein. Idealerweise wird sie bereits im Purpose, also dem langfristigen Unternehmenszweck, integriert und anschließend auch in der Vision und der Mission fest verankert. In jedem Fall muss transparent werden, wie und mit welcher Ambition das Thema Nachhaltigkeit zu einer langfristig auf profitables Wachstum ausgerichteten Gesamtstrategie beitragen soll.

Die Ziele und Maßnahmen der ESG-Strategie können wie in der klassischen Unternehmensstrategie mit einem kurz-, mittel- und langfristigen Zeithorizont festgelegt werden. Und auch die Steuerung und

Umsetzung der Maßnahmen erfolgt mit klar definierten KPIs. Häufig entsteht nach der Erarbeitung einer konsistenten und substanziellen ESG-Strategie ein Transformationsbedarf in einem Unternehmen, da die Themen rund um ESG die gesamte Wertschöpfungskette und auch das Geschäftsmodell beeinflussen. Dieser Transformationsbedarf betrifft nicht nur organisatorische Themen rund um die bisherigen Prozesse und Produkte, sondern nicht selten auch die Unternehmenskultur.

Das Thema ESG-Strategie ist also kein »weiches« Thema mehr, sondern hat in Bezug auf Struktur, Wertbeitrag, Impact, Messbarkeit und Steuerung längst mit traditionellen Elementen einer Unternehmensstrategie aufgeschlossen.

ESG-Berichterstattung

Ein weiterer Teil der ESG-Agenda ist die Berichterstattung, die sowohl intern als auch extern erfolgen muss. Bei der externen Berichterstattung hat die Europäische Kommission mit der CSRD, der EU-Taxonomie und den Berichterstattungsstandards ESRS den Rahmen gesetzt. Danach müssen je nach Unternehmensgröße bis zum Jahr 2026 rund 15 000 Unternehmen in ihrem Lagebericht ein den Tatsachen entsprechendes und vollständiges Bild über die Chancen und Risiken rund um das Thema Nachhaltigkeit entlang der als wesentlich eingestuften Handlungsfelder geben. Darüber hinaus sind Pflichtangaben zum Unternehmen selbst und zur Nachhaltigkeitsstrategie zu machen. Damit wird die Berichterstattung fester Bestandteil des Jahresabschlusses und muss vom Wirtschaftsprüfer geprüft und von den entsprechenden Organen der Gesellschaft genehmigt bzw. verabschiedet werden. Die Nachhaltigkeitsberichterstattung bekommt damit die gleiche Bedeutung wie die finanzielle Berichterstattung. Eigenständige Nachhaltigkeitsberichte können die Unternehmen weiter veröffentlichen. Sie sind aber nicht dazu verpflichtet.

Neben der externen gewinnt vor allem die interne Berichterstattung zunehmend an Bedeutung. Hier empfiehlt es sich, bei der Festlegung der Kennzahlen zur Steuerung der Strategieumsetzung die ESRS-Standards anzuwenden. Darüber hinaus muss ein Berichtswesen aufgebaut werden, welches die Erhebung der relevanten Kennzahlen zeitnah und vollständig ermöglicht. Dies kann z. B. CO_2-Emissionen, Energieverbräuche, Abwärmemengen, Abfallmengen oder auch die Anzahl von Arbeitsunfällen oder die Abdeckungsquoten für das Lieferkettensorgfaltspflichtengesetz sowie das Compliance-Management betreffen. In jedem Falle sollte das interne Berichtswesen über diese Nachhaltigkeitskennzahlen den gleichen Stellenwert erhalten und in der gleichen Regelmäßigkeit erstellt werden wie das gewohnte und bekannte Finanzberichtswesen. Bei internationalen Unternehmen ist bei der Erstellung darauf zu achten, dass die Daten auch konsolidierungsfähig sind. Mittlerweile gibt es integrierte Softwarelösungen am Markt, die bei der Durchführung der Wesentlichkeitsanalyse, der Steuerung der Strategieumsetzung und der Erstellung des berichtspflichtigen Inhalts unterstützen. Die Prüfung eines möglichen Einsatzes solch digitaler Lösungen ist sehr zu empfehlen.

2. Zur Entwicklung einer unternehmensindividuellen ESG-Strategie

ESG-Handlungsfelder

Die möglichen ESG-Handlungsfelder erscheinen auf den ersten Blick sehr mächtig und unübersichtlich. Jedoch hat sich hier mittlerweile durch die Entwicklung der Berichtsstandards eine vergleichsweise klare Struktur ergeben. So gibt der ESRS neben den Querschnittsnormen ESRS 1 und 2, die allgemeine Pflichtangaben für alle Unternehmen (sektorübergreifend) definieren, sehr klar beschriebene Handlungsfelder in den Bereichen Environmental, Social und Governance vor.

Im Bereich Environmental sind das die fünf Handlungsfelder »Klimawandel«, »Umweltverschmutzung«, »Wasser- und Meeresressourcen«, »Biodiversität und Ökosystem« sowie »Ressourcennutzung und Kreislaufwirtschaft«. Inhaltlich lehnen sich diese fünf Handlungsfelder sehr stark an die Umweltziele der Europäischen Union und auch der Taxonomie an. Im Bereich Social sind es die vier Themen »Eigene Mitarbeiter«, »Arbeitsbedingungen in der Wertschöpfungskette«,

»Auswirkungen auf gesellschaftliche Gruppen« sowie »Konsumenten und Endverbraucher«. In diesem Bereich geht es insbesondere um die Einhaltung der international anerkannten Arbeitsbedingungen und Menschenrechte sowohl im eigenen Betrieb als auch in der Lieferkette. Und schließlich werden im Bereich Governance die Themen »Unternehmensführung, Risikomanagement und interne Kontrollen« sowie »Geschäftsverhalten« adressiert. Im Wesentlichen geht es hier um die Themen Risikomanagementsysteme und deren Wirkung, Compliance, Unternehmenskultur, Lieferantenbeziehungen sowie Korruption und Bestechung.

Insgesamt gibt der ESRS rund 80 Offenlegungsanforderungen vor. Diese Anforderungen können zum einen rein quantitative Angaben, zum anderen aber auch qualitative Angaben in Bezug auf Strategie, Risiken, Chancen und Wesentlichkeitsaspekte sein. Unternehmen müssen neben den allgemeinen nur den Offenlegungsanforderungen nachkommen, die für sie wesentlich sind. In der Praxis muss also nur über einen Teil aus den insgesamt vorgesehenen Anforderungen berichtet werden. Um die Komplexität weiter zu reduzieren, ist vorgesehen, dass bis Ende 2023 erste sog. Branchenstandards entwickelt werden. Sie sollen dann für die jeweiligen Branchen die Mindeststandards für die Berichterstattung vorgeben. Das soll die Erstellung und später auch die Vergleichbarkeit der Berichterstattung erleichtern.

Wesentlichkeitsanalyse

Die Wesentlichkeitsanalyse ist ein strategisches Werkzeug, um die Chancen und Risiken, die sich für ein Unternehmen aus den Handlungsfeldern ergeben, sichtbar zu machen und zu priorisieren. Ursprünglich wurde sie dafür genutzt, um die wesentlichen Themen für die Berichterstattung zu ermitteln. Mittlerweile wird dieses Instrument aber auch dazu genutzt, um die Grundlage für die Entwicklung einer ESG-Strategie zu schaffen. Da es bisher keine verbindlichen Vorgaben für die Durchführung einer Wesentlichkeitsanalyse gab, haben sich sehr unterschiedliche Vorgehensweisen entwickelt. Am weitesten verbreitet war die Empfehlung des GRI. Dabei werden zum einen die Auswirkung der Geschäftstätigkeit auf die Umwelt und Gesellschaft und zum anderen die Interessen der Stakeholder im Hinblick auf die Nachhaltigkeitsaktivitäten des Unternehmens analysiert. Die daraus entstehende Matrix zeigt die wichtigsten Nachhaltigkeitsthemen aus Sicht des Unternehmens und der Stakeholder auf. Der neueste GRI-Standard sieht mittlerweile keine Erstellung einer Matrix mehr vor, sondern empfiehlt die Aufstellung einer priorisierten Themenliste. Diese wird auf Grundlage der laufenden Identifizierung und Bewertung der Auswirkungen der Geschäftstätigkeit und unter Einbeziehung der Stakeholder und Experten regelmäßig aktualisiert.[15]

Die Europäische Kommission geht bei den Vorgaben zur Erstellung der Wesentlichkeitsanalyse einen anderen Weg. Entsprechend dem ESRS-Standard gibt sie verbindlich vor, dass die betroffenen Unternehmen eine sog. »doppelte Wesentlichkeitsanalyse« (»double materiality«) durchführen müssen, um die berichtspflichtigen Handlungsfelder zu erkennen und zu priorisieren. In einem ersten Schritt müssen durch eine Erhebung alle ESG-relevanten Themen und Handlungsfelder, die sich z. B. aus dem ESRS-Standard und der Gesetzgebung, Verordnungen, technologischen Trends, gesellschaftlichen Veränderungen und auch erwarteten Marktveränderungen für das relevante Unternehmen ergeben, zusammengetragen werden. In einem zweiten Schritt werden diese dann der »doppelten« Wesentlichkeitsanalyse unterzogen.

Dabei werden zwei (doppelt) unterschiedliche Perspektiven auf die relevanten Handlungsfelder eingenommen. Zum einen wird mit einer »Outside-In«-Perspektive auf das Unternehmen bewertet, in welcher Form ein Nachhaltigkeitsaspekt außerhalb des Unternehmens (z. B. Klimaveränderungen) zu Einwirkungen auf das Unternehmen und dessen Geschäft führen kann. Die Folgen der Einwirkungen werden mit einem finanzwirtschaftlichen Maßstab gemessen (»financial materiality«). Bei der »Inside-Out«-Perspektive wird hingegen analysiert, in welcher Form das Unternehmen und sein Geschäft Auswirkungen auf ein Handlungsfeld (z. B. CO_2-Ausstoß) hat. Die Auswirkungen werden im Rahmen einer Wirkungsanalyse (»impact materiality«) bewertet. Ein Nachhaltigkeitsaspekt ist dann als wesentlich einzustufen, wenn er entweder aus der Finanzperspektive oder der Wirkungsperspektive oder aus beiden Perspektiven das Kriterium der Wesentlichkeit erfüllt.

Bei der »financial materiality« wird in einem ersten Schritt der mögliche Einfluss eines Nachhaltigkeitsthemas auf die Entwicklung des absoluten Cashflows eines Unternehmens untersucht. Danach wird die Wahrscheinlichkeit des Eintritts dieses Ereignisses in fünf Stufen bewertet. Die multiplikative Verknüpfung beider Werte gibt dann das bestehende Risiko bzgl. des analysierten Themas an. Diese Vorgehensweise ist bereits aus dem Risikomanagement bekannt.

Hingegen wird bei der Bestimmung der »impact materiality« folgendes Vorgehen vorgegeben: Zunächst wird das Ausmaß, die Reichweite und die Unumkehrbarkeit der Auswirkung einer Aktivität mit entsprechenden Kriterien und Punkten bewertet. Danach werden die Punkte addiert und in fünf Kategorien von minimal bis kritisch eingestuft.

Und schließlich müssen die Stakeholder als dritte »Dimension« in die Wesentlichkeitsanalyse miteinbezogen werden. Damit sollen die Erwartungen und Bedürfnisse der zentralen Interessengruppen, die Einfluss auf das Unternehmen haben oder auf die das Unternehmen

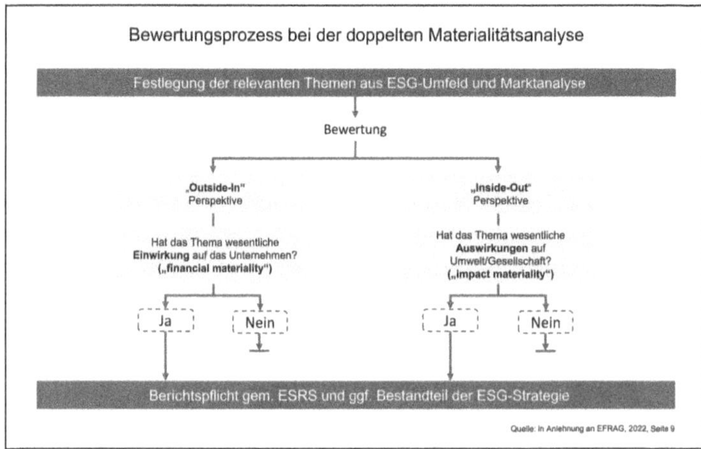

Abb. 13: Bewertungsprozess bei der doppelten Materialitätsanalyse

durch sein Handeln Einfluss hat, in die Identifizierung und Priorisierung der Nachhaltigkeitsthemen einbezogen werden.

In einem ersten Schritt werden hierzu die zentralen Stakeholdergruppen des jeweiligen Unternehmens identifiziert. Dies können je nach Branche Eigentümer, Kunden, Lieferanten, Mitarbeiter oder auch relevante Verbände und andere Geschäftspartner wie Versicherungen oder Banken sein. In jedem Fall muss gewährleistet sein, dass sie ein repräsentatives Bild der maßgeblichen Stakeholder für das Unternehmen darstellen. Der Stakeholder-Dialog als solcher kann auf unterschiedliche Weise durchgeführt werden. Es können gemeinsame Workshops, Interviews oder auch Onlinefragebögen genutzt werden. Grundsätzlich muss gewährleistet sein, dass die Stakeholder ihre Erwartungen und Bedürfnisse in angemessener Form zum Ausdruck bringen können und dies entsprechend dokumentiert wird. Je nach Bedeutung der einzelnen Stakeholdergruppe sollten diese Angaben gewichtet und dann in die Wesentlichkeitsanalyse miteinbezogen werden.

Auch wenn sich die beschriebene Vorgehensweise kompliziert anhört, so hilft sie doch sehr, Struktur in das sehr komplexe und mächtige Thema Nachhaltigkeit zu bekommen. Ein großer Vorteil der Materialitätsanalyse ist, dass sie eine unternehmensindividuelle Identifizierung

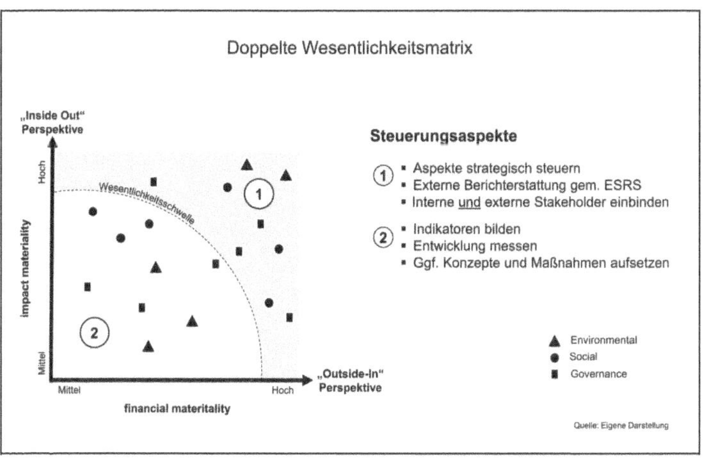

Abb. 14: Doppelte Wesentlichkeitsmatrix

und Priorisierung der relevanten ESG-Handlungsfelder sowie deren Visualisierung erlaubt. Dies ermöglicht eine Komplexitätsreduktion und somit auch eine Fokussierung auf die wirklich wesentlichen Themen. Dies ist sowohl für die Entwicklung der ESG-Strategie als auch für die interne und externe Kommunikation und dann auch für die Berichterstattung von großem Vorteil.

Dimensionen und Ambitionen einer ESG-Strategie

Die Ergebnisse der Wesentlichkeitsanalyse bilden die Grundlage für die ESG-Strategie. Diese umfasst grundsätzlich alle ESG-relevanten Maßnahmen entlang der eigenen Wertschöpfungskette sowie diejenigen, die zur strategischen Weiterentwicklung und ggf. Transformation des eigenen Geschäftsmodells notwendig sind. Die eingeschlagenen Strategien können in werterhaltende und wertsteigernde Strategien eingeteilt werden. Bei der werterhaltenden Strategie werden lediglich die gesetzlichen Mindestvoraussetzungen erfüllt, während bei der wertsteigernden Strategie Chancen, die sich aus den ESG-Anforderungen ergeben, sowohl in der Wertschöpfungskette als auch im Geschäftsmodell konsequent genutzt werden.

Wertschöpfungskette

Bei der ESG-Strategie zur Optimierung und ggf. Transformation der eigenen Wertschöpfungskette geht es unter Einbeziehung der Lieferanten und der Kunden um die gesamte Wertschöpfungskette des Unternehmens. Hier sind z. B. der mögliche Umbau der Lieferkette, die gezielte Reduktion von Ressourcen-/Energieverbräuchen und CO_2-Emissionen oder auch die Digitalisierung der vollständigen Wertschöpfungskette bis hin zu Marketing und Vertrieb nur einige Themenfelder, die spürbare Chancen für einen nachhaltigen Umbau des Unternehmens eröffnen.

Neben dieser meist technisch orientierten Optimierung der Wertschöpfungskette sind aber die wesentlichen Ergebnisse aus den Handlungsfeldern Social und Governance mit in die Überlegungen einzubeziehen. Dabei kann es z. B. sowohl um die Steigerung der eigenen Attraktivität als Arbeitgeber als auch um die Sicherstellung eines angemessenen Risiko- und Compliance-Managements gehen.

Geschäftsmodell

In Ergänzung zur strategischen Weiterentwicklung der Wertschöpfungskette sollten aber auch grundsätzliche Überlegungen zum Geschäftsmodell Bestandteil der Strategieentwicklung sein. Dabei geht es z. B. um die Überarbeitung des bestehenden Produktprogramms, die Entwicklung neuer Produkte, die Erschließung neuer Märkte oder ggf. auch die Überarbeitung des Preismodells. Ausgangspunkt der Überlegungen sollte eine Bestandsaufnahme im Rahmen des bestehenden Geschäftsmodells sein. Zusammen mit einer Analyse möglicher »nachhaltiger« Wachstumsoptionen in bestehenden und neuen Absatzmärkten können darauf aufbauend Produktgruppen, Marken und auch Märkte definiert werden, die sich für ein ergänzendes oder auch neues Geschäftsmodell eignen. Die Qualität dieser Strategieentwicklung hängt zum einen vom Input der Wesentlichkeitsanalyse ab. Zum anderen ist aber auch von entscheidender Bedeutung, mit welcher Ambition das Management und die Eigentümer des Unternehmens die jeweiligen Themen angehen wollen.

Ambition bestimmt das Risiko-/Chancen-Profil

Deshalb sollten sich Eigentümer, Beirat und Management über die Ambition in dem jeweiligen Handlungsfeld einig sein, bevor sie die Strategie festlegen. Um diese Ambition als Zielvorgabe auch formulieren zu können, ist die Hinzuziehung eines Reifegradmodells sinnvoll. Das abgebildete Reifegradmodell unterscheidet dabei fünf Ambitionsstufen.

Je höher die Ambition ist, desto höher ist der Transformationsbedarf im entsprechenden Handlungsfeld. Damit korrespondiert auf der einen Seite ein höheres unternehmerisches Risiko, auf der anderen Seite aber auch die Chance auf eine größere Wertsteigerung. Wichtig ist in diesem Zusammenhang, dass mit Steigerung des Ambitionslevels

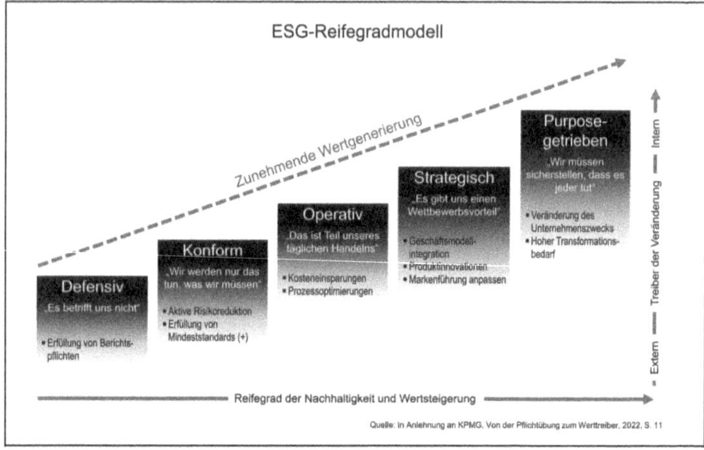

Abb. 15: ESG-Reifegradmodell

auch die Anforderung an das Engagement der Eigentümer, des Managements und der Aufsichtsgremien hinsichtlich der damit einhergehenden Transformation ansteigt.

In den meisten Fällen ist eine schrittweise Vorgehensweise entlang der unterschiedlichen Reifegrade zu empfehlen. Allerdings kann es auch – je nach Situation und Lage der Firma – sinnvoll sein, einen massiven und ganzheitlichen Umbau des Geschäftes anzustreben, um möglichen Schaden von der Firma abzuwenden. Wichtig ist nur, dass Klarheit über die Ambition und die Risikobereitschaft besteht, da dies maßgeblich die spätere Formulierung der Ziele und Maßnahmen sowie den notwendigen Investitionsbedarf bestimmt.

Definition von Zielen, Maßnahmen und Kennzahlen

Die relevanten und wesentlichen ESG-Handlungsfelder für die Weiterentwicklung der gesamten Unternehmensstrategie ergeben sich aus der Wesentlichkeitsanalyse. Bei der Festlegung der strategischen Maßnahmen ist zu empfehlen, sich insbesondere am Anfang auf einige wenige Handlungsfelder (max. zwei pro Feld E, S und G) zu konzentrieren. Pro Handlungsfeld sollten dann zwei bis drei konkrete und messbare

Maßnahmen entwickelt werden. Weniger ist in dem Fall wirklich mehr. Aus dem Bereich Ökologie sind in der Regel ein bis zwei der sechs EU-Umweltziele (Klimaschutz, Anpassung an den Klimawandel, Schutz von Wasser und Meeresressourcen, Ausbau der Kreislaufwirtschaft, Reduktion der Umweltverschmutzung und Erhaltung der biologischen Vielfalt bzw. der Ökosysteme) von besonderer Bedeutung für die Strategieentwicklung. Je nach Geschäftsmodell und Wesentlichkeit sind hier konkrete Ziele und Maßnahmen entlang der gesamten Wertschöpfungskette des Unternehmens zu erarbeiten, die den größten Impact auf die Erreichung dieser Ziele haben. Das können z. B. Produkt- und Prozessinnovationen zur Reduktion des CO_2-Ausstoßes, aber auch komplett neue Geschäftsmodelle sein, die z. B. die Kreislaufwirtschaft fördern.

Darüber hinaus müssen die wesentlichen Aspekte aus den Bereichen Social und Governance berücksichtigt werden. Je nach Geschäftsmodell und bereits erreichtem ESG-Reifegrad könnten das im Bereich Social z. B. Ziele hinsichtlich der Chancengleichheit oder auch der Förderung der Aus- und Weiterbildung sein. Im Bereich Governance könnten es z. B. zunächst zwei Schwerpunkte aus den Bereichen effektive Compliance, angemessenes Risikomanagement, Transparenz über Rolle und Zusammensetzung der Führungsgremien oder auch ein klares Bekenntnis zu einem hohen Grad an Unternehmensethik und Antikorruption sein.

Um die Ziele und den entsprechenden Fortschritt bei der Umsetzung messbar zu machen, empfiehlt es sich sehr, pro Maßnahme mindestens eine Kennzahl zu definieren. Hier kann und sollte auf das Zahlenwerk des ESRS zurückgegriffen werden. Damit wird vermieden, dass die Steuerung der Maßnahmen mit anderen Kennzahlen erfolgt als denen, die später für die Berichterstattung genutzt werden.

Zur Umsetzung der Maßnahmen und zu Erreichung der Ziele ist es notwendig, dass entsprechende Verantwortlichkeiten und Zeithorizonte definiert werden. Dies kann z. B. mit der OKR-Methode (Objectives and Key Results) erfolgen. Außerdem müssen entsprechende Budgets zur Umsetzung der Maßnahmen zur Verfügung stehen. Um Transparenz über den Fortschritt bei der Umsetzung zu erhalten, ist eine regelmäßige Befassung mit dem Thema auf Grundlage der Zielerreichung erforderlich. Auch wenn die genannten Themen in vielen Fällen bereits in den Unternehmen adressiert werden, so ist doch zu beobachten, dass es sich häufig um Insellösungen handelt.

Risikomanagement

Zu einer guten ESG-Strategie gehört auch, dass die Risiken, die sich aus der Wesentlichkeitsanalyse ergeben haben, in das Risikomanagement integriert werden. Dies ist insbesondere dann notwendig, wenn sich aus den relevanten Handlungsfeldern Risiken für das Unternehmen ergeben, die sich bei Eintritt auf den Fortbestand des Unternehmens negativ auswirken können. Zu nennen sind die bereits oben erwähnten Umsatz- und Ergebnisrisiken sowie Finanzierungs-, Haftungs- und Imagerisiken.

Denkbar sind aber auch Risken, die sich aus den Klimaveränderungen und den notwendigen Anpassungen sowie den Lieferketten direkt für das Unternehmen ergeben. Die entsprechenden Risiken müssen eindeutig definiert und mögliche Maßnahmen zur Verhinderung bzw. Verminderung des Risikos dokumentiert werden. Außerdem muss dem jeweiligen Risiko und dessen Steuerung eine verantwortliche Person aus der Unternehmensleitung zugeordnet werden. Zur Quantifizierung der Ziele eignen sich die bekannten Methoden aus dem Risikomanagement, die sowohl den möglichen finanziellen Schaden als auch die Eintrittswahrscheinlichkeit berücksichtigen.

3. Zur Einbindung in die Gesamtstrategie

Die Bedeutung des Purpose

Um ein entsprechendes Momentum bei der Umsetzung der ESG-Strategie zu erreichen, ist es notwendig, diese in die Gesamtstrategie des Unternehmens zu integrieren. Dabei können verschiedene Ansätze gewählt werden. Im Folgenden sollen in Anlehnung an das St. Galler Management-Modell[16] in Verbindung mit dem »Why, How, What«-

Modell von Simon Sinek[17] einige Schwerpunkte bei der Integration skizziert werden. Dabei wird zwischen den drei Ebenen des normativen, strategischen und operativen Managements unterschieden.

Im Bereich des normativen Managements geht es um Strategieelemente, die die Existenz und Geschäftstätigkeit des Unternehmens begründen (»Why?«). Dazu zählt insbesondere der Purpose des Unternehmens. Unter Purpose versteht man den formulierten gesellschaftlichen Sinn und Zweck des Unternehmens, also das, warum und wofür das Unternehmen existiert. Er sollte zukunftsorientiert, sinnstiftend und authentisch sein. Darüber hinaus sollte er tief in der Organisation verwurzelt sein, da er der Motivation und Identifikation aller Mitarbeiter dient und dauerhafte Gültigkeit hat. Er stellt den »Nordstern« dar, von dem alle Stakeholder überzeugt sein sollten. Häufig wird er in nur einem Satz formuliert.

Hier setzt sich zunehmend durch, dass Unternehmen ihren Unternehmenszweck damit begründen, dass sie mit ihren Produkten und Dienstleistungen aktiv und messbar zu mehr Nachhaltigkeit in der Wirtschaft und Gesellschaft, z. B. im Bereich Klimaschutz oder gesellschaftlicher Verantwortung, beitragen. Die Formulierung des Purpose in Form einer einzigartigen Produkt-, Prozess- oder Lösungskompetenz ohne Nachhaltigkeitsbezug überzeugt im Wettbewerb mit anderen Unternehmen immer weniger. Insofern ist es eine zentrale Aufgabe bei der Integration der ESG-Strategie in die Gesamtstrategie, bei der Formulierung des Purpose die Frage zu beantworten, welchen Beitrag das Unternehmen zu mehr Nachhaltigkeit liefert. Im Idealfall verbindet der Purpose glaubhaft das unternehmerische Handeln mit einem sichtbaren und messbaren ökologischen und gesellschaftlichen Nutzen. Dann ist er auch dazu geeignet, z. B. die Arbeitgebermarke mit aufzuladen. Ein Aspekt, der beim akuten Fachkräftemangel immer relevanter wird.

Organisationsstrukturen und Führung

Eng verbunden mit der normativen Frage nach dem Zweck sind die strategischen Managementelemente. Dabei geht es um die Frage, wie (»How?«) der Unternehmenszweck erreicht werden soll. Die Beantwortung dieser Frage ist maßgeblich für die Ausrichtung des Unternehmens und seiner Geschäftstätigkeit. Dazu zählen z. B. die Festlegung von Führungsprinzipien und -strukturen, aber auch die gelebten Unternehmenswerte bzw. die Unternehmenskultur. Durch die Integration der ESG-Strategie können sich auch hier erhebliche Veränderungen ergeben. Eine Herausforderung liegt darin begründet, dass das Thema Nachhaltigkeit nahezu alle Bereiche des Unternehmens betrifft und damit als eine Querschnittsfunktion – ähnlich wie die Digitalisierung – angesehen werden kann. Daraus ergibt sich die Frage nach der besten Führungsstruktur. Hier sind in der Praxis sehr unterschiedliche Ansätze zu finden. Es gibt Nachhaltigkeitsbeauftragte, die lediglich koordinierende Funktionen übernehmen, regelmäßig tagende Steuerungskreise oder auch ganze Nachhaltigkeitsabteilungen, die in einer Matrixorganisation eingebunden sind. Ähnlich vielfältig ist es bei der Zuordnung der Verantwortung hinsichtlich der Führung des Themas. Von der klaren Verantwortungsübernahme durch den Vorsitzenden der Geschäftsführung bis hin zur Zuteilung der Verantwortung unterhalb der Geschäftsleitungsebene ist in der Praxis alles zu sehen.

Da die Anforderungen an die Organisations- und Führungsstruktur sehr stark z. B. vom Geschäftsmodell, der Struktur der Wertschöpfungskette und der festgelegten Ambition abhängig ist, sind die Lösungen unternehmensindividuell. Wichtig ist in diesem Kontext, dass das Thema im Rahmen der Integration adressiert und gelöst wird. Eine unklare Verantwortung- und Führungsstruktur ist dem Thema nicht dienlich.

Unternehmenswerte und -kultur

Unternehmenswerte bringen die übergeordneten Wertvorstellungen eines Unternehmens zum Ausdruck und formulieren damit einen Anspruch. Sie prägen die Identität und dienen allen relevanten Stakeholdern zur Orientierung für ihre Interaktionen mit dem Unternehmen. Zugleich sind sie aber auch ein Maßstab, an dem sich das Unternehmen mit seinem Handeln messen lassen muss.

Unternehmenswerte entstehen unter Berücksichtigung interner und externer Wert- und Erfolgsvorstellungen. In beiden Bereichen sind die Ansprüche hinsichtlich einer klaren Positionierung des Unternehmens zum Thema Nachhaltigkeit spürbar angestiegen. Eine Nichtberücksichtigung dieser Veränderung bei den Unternehmenswerten ist daher schädlich für das Unternehmen.

Außerdem bilden die Werte die Grundlage für die gelebte Unternehmenskultur. Diese spiegelt das tatsächlich im Unternehmen gezeigte Verhalten wider. Auch hier muss ein tatsächlich nachhaltiges Handeln vorgelebt werden. Ein Auseinanderfallen von Anspruch und Wirklichkeit wirkt sich auf Dauer fatal auf die Motivation und Qualität der Mitarbeiter und auch auf die Reputation des Unternehmens aus. Insofern ist es eine wesentliche Aufgabe bei der Integration der ESG-Strategie in die Gesamtstrategie, belastbare, anspruchsvolle und tatsächlich gelebte Wertvorstellungen zu formulieren, die das Thema Nachhaltigkeit glaubwürdig berücksichtigen.

Und schließlich sind die Elemente des eher operativen Managements zu nennen. Abgeleitet aus den strategischen Zielen werden auf dieser Ebene die konkreten operativen Maßnahmen umgesetzt. Diese spiegeln den vollziehenden Teil (»What?«) im Unternehmen wider. Sie umfassen z. B. die Führung der Mitarbeiter, die Bereitstellung von Ressourcen sowie die Planung, Steuerung und Überwachung der gesamten Wertschöpfungskette.

Auch auf dieser Ebene müssen die zentralen Handlungsfelder aus der ESG-Strategie integriert werden. Dies kann z. B. durch die Einbindung der nachhaltigkeitsorientierten Unternehmenswerte in das Mitarbeitergespräch, die Zuordnung dedizierter Ressourcen für die Umsetzung einzelner Maßnahmen aus der ESG-Strategie, die konkrete Umsetzung von Energie- und Ressourceneinsparmaßnahmen im Produktionsprozess, das Umsetzen von Kreislaufkonzepten, die Ausrichtung der Markenführung an Nachhaltigkeitsthemen oder auch die Einführung eines klaren »Code of Conduct« für die Lieferanten erfolgen. In jedem Falle ist es wichtig, dass den formulierten Ansprüchen auf der normativen und strategischen Ebene entsprechend messbare und wertgenerierende Maßnahmen auf der operativen Ebene folgen.

Nur wenn alle wesentlichen Handlungsfelder aus der ESG-Strategie mit der entsprechenden Ambition auf den unterschiedlichen Ebenen der Strategie integriert sind, kann von einer ESG-konformen Unternehmensstrategie gesprochen werden. Hier steigen die Ansprüche der Stakeholder ständig an.

4. Zur unternehmensindividuellen externen ESG-Berichterstattung

Allgemeine Angaben

Grundsätzlich erfolgt die externe Berichterstattung gemäß CSRD in einem Extrakapitel im Lagebericht des Unternehmens. Der ESRS 2 fordert, dass jedes berichtende Unternehmen – unabhängig vom Sektor, in dem es tätig ist – zunächst allgemeine Angaben zum Unternehmen machen muss. Diese umfassen zum einen Informationen zur Unternehmensstrategie und zum Geschäftsmodell. Des Weiteren müssen die Produkte und Services des Unternehmens, die relevanten Märkte sowie die vollständige Wertschöpfungskette des Unternehmens beschrieben werden. Und schließlich muss dargelegt werden, wie nachhaltigkeitsbezogene Auswirkungen, Risiken und Chancen (Wesentlichkeitsanalyse) identifiziert wurden und welche Nachhaltigkeitsstrategie bzw. -governance daraus abgeleitet wurde. Durch diese Angaben soll der Leser in die Situation gebracht werden, dass er Geschäftsmodell und Strategie sowie die Herleitung der wesentlichen Nachhaltigkeitsthemen nachvollziehen kann.

Unternehmensindividuelle Angaben

Für die im Rahmen der Wesentlichkeitsanalyse als wesentlich eingestuften Themen muss das Unternehmen dann zuerst beschreiben, mit welchem Managementansatz es die identifizierten Themen angeht und welche Maßnahmen ergriffen wurden bzw. werden, um die entsprechend beschriebenen wesentlichen Ein- und Auswirkungen und die damit verbundenen Chancen und Risiken aktiv zu steuern und zum Zielwert zu führen. Ferner müssen Angaben zum Vorjahr, zum aktuellen Jahr und zum zukünftigen Zielwert gemacht werden. Hierbei sollen die vorgegebenen Berechnungen und Vorgaben der themenspezifischen Standards für die Bereiche Environmental, Social und Governance Anwendung finden.

Zusätzlich zu den Angaben gemäß der ESRS müssen die jeweils berichtspflichtigen Unternehmen Angaben gemäß der EU-Taxonomieverordnung zu den taxonomiefähigen und -konformen Umsatzerlösen, Investitionsausgaben sowie Betriebsausgaben machen. Bisher sind die Taxonomieanforderungen für die Umweltziele »Klimaschutz« und »Anpassung an den Klimawandel« festgelegt. Die Erhebung dieser Kennzahlen kann unter Umständen mit einem erheblichen Aufwand verbunden sein und sollte mit ausreichend Zeit vorbereitet und nicht unterschätzt werden.

Im Ergebnis entsteht somit ein unternehmensindividueller Bericht über die ESG-Aktivitäten, der Bestandteil des Lageberichtes ist und einer externen Prüfungspflicht unterliegt. Im Vergleich zur bisher geforderten Nichtfinanziellen Erklärung und den unterschiedlichen Nachhaltigkeitsberichten, die auf Grundlage verschiedener Standards erstellt wurden, ist dies ein deutlicher Fortschritt im Hinblick auf unternehmensindividuelle Relevanz, Transparenz, Verbindlichkeit und Vergleichbarkeit. Die Qualität der Berichterstattung nimmt somit deutlich zu und schließt zum Qualitätsniveau der finanziellen Berichterstattung auf.

Allerdings ist das Thema der Berichterstattung gemäß ESRS insgesamt noch im Fluss. So sind insbesondere für kleinere Unternehmen (die ab 2026 berichtspflichtig sind) vereinfachte Berichtstandards vorgesehen, um sie von unangemessenen und zu aufwändigen Berichtspflichten zu befreien. Das ist sehr zu begrüßen, da gerade die kleineren Unternehmen mit den bisherigen Anforderungen schlichtweg überfordert sind und der Aufwand der Erstellung im Verhältnis zum Erkenntnisgewinn in vielen Fällen als unverhältnismäßig eingestuft werden muss. Hier arbeitet die EFRAG derzeit an einem Vorschlag, der bis zum 30.6.2024 von der EU-Kommission verabschiedet werden soll.

Für die erfolgreiche Umsetzung der ESG-Agenda ist es von zentraler Bedeutung, dass nicht nur das Management diesem Thema höchste Aufmerksamkeit zukommen lässt, sondern auch die Eigentümer und Beiräte der Unternehmen ihre Verantwortung wahrnehmen.

D. Wie Eigentümer und Beiräte zum ESG-Erfolg beitragen können

1. Einfordern einer klaren und substanziellen ESG-Strategie

Wenn nicht schon geschehen, dann sollten spätestens jetzt die Eigentümer oder der Beirat eines Unternehmens eine klare ESG-Strategie von der Geschäftsführung einfordern. Aufgrund der beschriebenen Tragweite liegt es in der Verantwortung eines Eigentümers bzw. des Beirats, sich mit den Konsequenzen des anstehenden und massiven Umbaus der Wirtschaft zu mehr Nachhaltigkeit auseinanderzusetzen und Transparenz über die damit einhergehenden Chancen und Risiken für das eigene Unternehmen herzustellen. Nur dann kann eine erfolgreiche Strategie entwickelt und die entsprechenden unternehmerischen Chancen genutzt bzw. mögliche Risiken reduziert werden. Es ist wichtig, dass Klarheit über die Handlungsfelder und die Ambition bei der Entwicklung einer ESG-konformen Strategie herrscht. Das Umstellen von Kantinenessen, das Aussetzen eines Bienenschwarms oder der vereinzelte Umstieg auf E-Autos sind sicherlich gute erste Schritte. Allerdings verstellen sie in vielen Fällen den Blick auf die wesentlichen und möglicherweise notwendigen strategischen Veränderungen in der gesamten Wertschöpfungskette und dem Geschäftsmodell des Unternehmens, welche in der Regel eine wesentlich größere Auswirkung haben.

2. Glaubhafte Unterstützung bei der Umsetzung

Bei der Umsetzung der verabschiedeten Strategie ist es von zentraler Bedeutung, dass die Bereitschaft der Eigentümer und Aufsichtsgremien zu Veränderungen und Investitionen im gesamten Unternehmen sichtbar wird. Führungskräfte, Mitarbeiter und unternehmensexterne Stakeholder haben ein sehr gutes Gespür dafür, ob die vereinbarten Veränderungen ernst gemeint sind. Die zur erfolgreichen Umsetzung der ESG-Strategie notwendige Begeisterung und Motivation im Unternehmen kann nur erreicht werden, wenn die Spitze des Unternehmens überzeugend und glaubhaft an dem Thema arbeitet und regelmäßig über den Fortschritt kommuniziert. Ein ständiges Wechseln der Prioritäten oder auch nur der Verdacht des »Greenwashing« werden der Bedeutung des Themas nicht gerecht und verhindern eine konsequente Weiterentwicklung des Unternehmens.

3. Regelmäßige Diskussion über Fortschritt und Weiterentwicklung

Um das Thema auf der Agenda zu halten, sollten Eigentümer bzw. Beiräte festlegen, in welchem Umfang und zu welchem Zeitpunkt sie über den Fortschritt bei den ESG-Aktivitäten informiert werden möchten. In jedem Falle sollte die Berichterstattung über die einfache Vorlage eines bereits fertiggestellten Nachhaltigkeitsberichtes spürbar hinausgehen. Bei der Verfolgung der vereinbarten ESG-Ziele und Kennzahlen bietet sich ein regelmäßiger Bericht in den Sitzungen an. Da bei vielen Kennzahlen eine monatliche oder vierteljährliche Erhebung aus Aufwands- und Erkenntnisgründen keinen Sinn macht, empfiehlt sich mindestens ein halbjährlicher Fortschrittsbericht. Hierbei sollten die Ziele, der aktuelle Stand und die Gründe für eine Abweichung diskutiert werden. Dabei muss sichergestellt sein, dass die vorgelegten Daten auch entsprechend aktuell sind. Nur so ist eine qualifizierte Diskussion der Fortschritte möglich.

4. Sicherstellung von Kompetenz und Mandat

Die beschriebene Bedeutung von ESG für die Unternehmen macht deutlich, dass es in den Gremien der Unternehmensführung einer klaren Verantwortung und auch entsprechender Kompetenz bedarf, um das Thema qualifiziert diskutieren und umsetzen zu können. In diesem Zusammenhang muss der Eigentümer oder der Beirat zunächst festlegen, wer in der Unternehmensleitung für das Thema ESG in seiner Gesamtheit verantwortlich ist.

Aufgrund der zentralen Bedeutung für die Unternehmensstrategie, den HR- und den Governance-Bereich bietet es sich hier meist an, dass die oder der Vorsitzende der Unternehmensleitung die Verantwortung übernimmt und das klare Mandat des Aufsichtsgremiums für die Entwicklung der ESG-Agenda und die Umsetzung der vereinbarten Maßnahmen bekommt. Sehr zu empfehlen ist ebenfalls eine Überprüfung der vorhandenen ESG-Kompetenzen in der Unternehmensführung und – wenn nötig – ein entsprechender Auf- und Ausbau.

Innerhalb des Aufsichtsgremiums sollte ebenfalls für eine ausreichende Kompetenz zum Thema ESG gesorgt werden, um auf der einen Seite die Ergebnisse der Wesentlichkeitsanalyse, die Wahl der Handlungsfelder und den Ambitionslevel der strategischen Ziele beurteilen zu können, und auf der anderen Seite die Umsetzung der vereinbarten Maßnahmen kompetent bewerten zu können. Das kann entweder durch die Berufung qualifizierter Beiräte oder auch durch die Hinzuziehung externer Expertise erfolgen. Im Rahmen einer regelmäßigen Effizienzprüfung des Aufsichtsgremiums sollte das Thema ESG ebenfalls berücksichtigt werden.

5. ESG-Ziele in die Management-Vergütung integrieren

Um der Erreichung der vereinbarten ESG-Ziele auch eine entsprechende Priorität beim Management zu geben, empfiehlt es sich, diese in das Bonussystem zu integrieren. Bewährt hat sich, dass die Zielvereinbarung auf Grundlage der festgelegten Maßnahmen und der entsprechend messbaren Kennzahlen erfolgt. Je nach Struktur des Bonussystems, des Geschäftsmodells und des Ambitionslevels sollte sich die Vereinbarung auf die Erreichung der wesentlichsten Kennzahlen aus den drei ESG-Bereichen und auf Jahresziele beschränken.

E. Fazit

- Die starken Veränderungen der Rahmenbedingungen wirtschaftlichen Handelns durch zum Teil massive Regulatorik und Markteingriffe hat das Risiko- und Chancenprofil der Unternehmen erheblich verändert.

- Die Einhaltung der neuen Regeln und die Steuerung und Kontrolle der neu entstandenen Risiken bürden den Unternehmen zusätzliche und meist unproduktive Kosten auf.
- Allerdings entstehen durch die veränderten Rahmenbedingungen und den dringenden Bedarf der Transformation hin zu einer zukunftssicheren und ESG-gerechten Wirtschaft erhebliche Wachstums- und Kosteneinsparungschancen, die es jetzt unternehmerisch zu nutzen gilt.
- Familienunternehmen sind aufgrund ihrer langfristigen Ausrichtung, ihrer gelebten unternehmerischen und gesellschaftlichen Verantwortung und ihrer Innovationskraft dazu prädestiniert, diese Chancen aktiv zu nutzen.
- Um dies in einer strukturierten, transparenten und pragmatischen Form umsetzten zu können, bedarf es einer klaren und unternehmensindividuellen ESG-Strategie, die in die Gesamtstrategie des Unternehmens integriert werden muss. Dabei gilt der Grundsatz, die Komplexität des Themas zu reduzieren und sich auf die wesentlichen Themen zu fokussieren.
- Die ESG-Berichterstattung ist ein »Folgeprodukt« einer guten und substanziellen ESG-Strategie und sollte in der gesetzlich geforderten Form im Lagebricht nach den jüngst angekündigten Erleichterungen mit vertretbaren Mitteln erstellt werden können.
- Neben dem Management kommt den Eigentümern und Beiräten von Familienunternehmen eine zentrale Rolle bei der erfolgreichen Umsetzung der ESG-Strategie zu, die nicht unterschätzt werden darf. Von der Einforderung einer klaren ESG-Strategie, der glaubhaften Unterstützung bei der Umsetzung, der regelmäßigen Diskussion der Fortschritte, der Sicherstellung von Kompetenz und Mandat in den Gremien bis hin zur Integration von ESG-Zielen in die Managementvergütung liegen hier die Aufgaben.

Der politische Rahmen für die Transformation der Wirtschaft ist also weitgehend entwickelt und steht hinreichend konkret fest. Die veränderte Risiko- und Chancenlandschaft eröffnet insbesondere Familienunternehmen große unternehmerische Chancen, um auf der einen Seite die Transformation aktiv mitgestalten und auf der anderen Seite profitable Wachstumschancen realisieren zu können.

Im folgenden Kapitel zeigen zehn Familienunternehmen mit industriellem Hintergrund aus Baden-Württemberg auf, wie sie das Thema Nachhaltigkeit und ESG erfolgreich angegangen sind. Es ist sehr beeindruckend zu sehen, welche Erfolge und Wettbewerbsvorteile diese Unternehmen bereits jetzt mit der rechtzeitigen Entwicklung und Integration von Nachhaltigkeitsthemen in ihre Unternehmensstrategie erreicht haben. Sie tragen als »Hidden Champions der Nachhaltigkeit« maßgeblich dazu bei, dass der Standort Deutschland gestärkt und zukunftssicher wird. Ein Vorzeigebeispiel gelebter unternehmerischer, ökologischer und gesellschaftlicher Verantwortung.

IV.
ESG – Made in Germany: Wie Familienunternehmen ESG und Nachhaltigkeit erfolgreich in ihre Unternehmensstrategie integrieren

Endress+Hauser

- Sitz: Reinach, Schweiz
- Gründung: 1953
- Rechtsform: Aktiengesellschaft nach Schweizer Recht
- Leitung: Matthias Altendorf
- Umsatz: 3,4 Mrd. Euro
- Mitarbeitende: 16 000
- Zahlen aus Geschäftsjahr: 2022

Endress+Hauser ist weltweit auf dem Gebiet der Durchfluss-, Füllstand-, Druck- und Temperaturmessung sowie der Analyse von Flüssigkeiten, Gasen und Feststoffen tätig. Konkret werden messtechnische Produkte, Lösungen und Dienstleistungen zur Automatisierung industrieller Prozesse geliefert.

Link: https://www.endress.com/nachhaltigkeit

Autorin

Julia Schempp, Corporate Social Responsibility Officer

Julia Schempp ist als Diplom-Forstwirtin und mit einem Master of Science in Energiemanagement ausgebildet und bereits seit 20 Jahren beruflich im Bereich der Nachhaltigkeit aktiv.

Endress+Hauser
Wie Endress+Hauser zur Dekarbonisierung beiträgt

Von Julia Schempp

Endress+Hauser ist einer der weltweit größten Anbieter von Prozessmesstechnik und Automatisierungslösungen. Nachhaltigkeit bestimmt nicht nur die eigenen Prozesse, sondern auch die Entwicklung des Geschäfts. Denn Verfahrenstechnik wird in der Bekämpfung des Klimawandels eine wichtige Rolle spielen.

Wo wir herkommen: Vom Start-up zur Weltfirma

Anfang der 1950er Jahre hatte der junge Schweizer Ingenieur Georg H. Endress die Idee, Füllstände elektrotechnisch zu bestimmen. Bis dahin mussten sie umständlich abgelesen oder von Hand gemessen werden. In Ludwig Hauser, dem erfahrenen Leiter einer deutschen Genossenschaftsbank, fand er den passenden Geschäftspartner. Gemeinsam gründeten sie 1953 Endress+Hauser – und wurden zu Pionieren der elektronischen Messtechnik.

Mit der Zeit kamen weitere Arbeitsgebiete wie Durchfluss, Druck, Temperatur und Analyse hinzu, Systemprodukte und zuletzt die Labormesstechnik. Digitale Plattformen und Dienste ergänzen inzwischen das Portfolio. Heute ist Endress+Hauser einer der größten Anbieter von Messgeräten, Lösungen und Dienstleistungen für verfahrenstechnische Anwendungen weltweit. Unser Unternehmen produziert auf vier Kontinenten und unterstützt Kunden in mehr als 125 Ländern der Erde darin, ihre Prozesse sicher, zuverlässig, wirtschaftlich und umweltfreundlich zu gestalten.

Wertebasierte Unternehmensführung

Schon früh spiegelten sich in der Firmenkultur Aspekte ökonomischer und sozialer Nachhaltigkeit wider. Von Anfang an floss der Gewinn fast vollständig zurück ins Unternehmen, um die weitere Entwicklung und langfristigen Erfolg zu ermöglichen. Kundenbeziehungen waren stets auf Dauer angelegt und nicht aufs schnelle Geschäft. Eine familiäre Atmosphäre sollte die Mitarbeitenden binden. Aus- und Weiterbildung wurden ebenfalls früh institutionalisiert.

Spätestens seit den 1970er Jahren war Umweltschutz geschäftlich und betrieblich ein Thema. Unsere Mess- und Analysetechnik kam in Kläranlagen und Wasserwerken zum Einsatz und half, Industriebetriebe sicher und sauber zu machen. Als unser Firmengründer um 1983 seine Überzeugungen und Prinzipien erstmals schriftlich festhielt, verpflichtete er darin das eigene Unternehmen zu »aktivem und passivem Umweltschutz«. Endress+Hauser investierte in eine umweltfreundliche Produktion, führte die sortenreine Sammlung der Abfälle ein und zahlte jedem Mitarbeitenden 200 DM für den Einbau eines Katalysators ins private Auto – lange bevor dieser gesetzliche Pflicht wurde.

Klaus Endress, ein Sohn des Firmengründers, der 1995 die Leitung der Gruppe übernahm, führte den Begriff der »ganzheitlichen Verantwortung« ein, die sich in der Verbindung von ökonomischem Erfolg mit ökologischen und sozialen Aspekten zeigt. Ebenso prägte er die vier Markenwerte unseres Unternehmens, zu welchen neben Erstklassigkeit (Excellence), Einsatz (Commitment) und Sympathie (Friendliness) auch Nachhaltigkeit (Sustainability) zählt. Seit 2014 veröffentlicht Endress+Hauser einen Nachhaltigkeitsbericht. Zugleich wurde das Ergebnis des unabhängigen EcoVadis-Audits zum strategischen KPI für Nachhaltigkeit bestimmt. Endress+Hauser erreichte zuletzt zweimal in Folge Platin-Status und zählt damit in der Vergleichsgruppe zum obersten Prozent der zertifizierten Unternehmen. EcoVadis bewertet das Corporate Social Responsibility-Managementsystem von Unternehmen weltweit aufgrund von 21 Kriterien aus den Bereichen »Umwelt«, »Arbeitspraktiken & Menschenrechte«, »faire Geschäftspraktiken« sowie »nachhaltige Beschaffung«. Inzwischen setzen wir die EcoVadis-Plattform auch ein, um Lieferanten zu beurteilen.

Wo wir stehen: Auf dem Weg zur gruppenübergreifenden CSR-Strategie

Mit Blick auf die heutigen Herausforderungen haben wir inzwischen Nachhaltigkeit noch stärker strategisch in unserem Unternehmen verankert. Das Zeitfenster, unwiderrufliche Folgen des Klimawandels zu verhindern, wird immer kleiner und bedarf konzertierter globaler Maßnahmen. Hinzu kommen beispielsweise neue unternehmerische Sorgfaltspflichten für die Achtung von Menschenrechten und den Schutz von Umweltbelangen.

Um solche Nachhaltigkeitsthemen über die gesamte Gruppe besser abzustimmen und zu steuern, haben wir 2022 an der Unternehmensspitze zusätzliche Verantwortlichkeiten benannt und neue Funktionen geschaffen (siehe Grafik). Unser langfristiges Ziel ist es, Nachhaltigkeit in jedem Unternehmensprozess abzubilden. Ein Mitglied vertritt das Thema Nachhaltigkeit im Executive Board; ein Lenkungsausschuss (Steering Committee) steuert die Nachhaltigkeitsaktivitäten über die Gruppe hinweg. Neu geschaffen wurde die Position einer Verantwortlichen für Corporate Social Responsibility, die im CSR-Office die Entwicklung einer weltweit einheitlichen CSR-Strategie leitet.

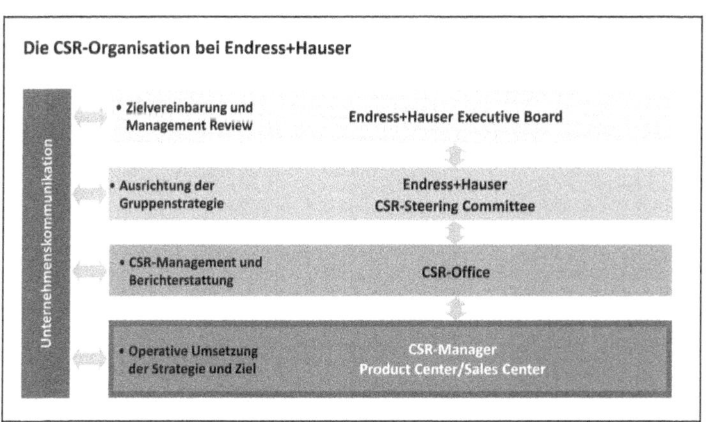

Abb. 1: Die CSR-Organisation bei Endress+Hauser

In den Product Centern und Sales Centern wurden lokale CSR-Managerinnen und -Manager ernannt, die sich gemeinsam mit den jeweiligen Geschäftsleitungen um die Umsetzung kümmern. Zudem wurden abteilungs-, bereichs- und firmenübergreifende Arbeitsgruppen und Netzwerke für Nachhaltigkeit gebildet, um Prozesse stärker zu harmonisieren und voneinander zu lernen.

Ein Schwerpunkt unserer ESG-Aktivitäten (Environment, Social, Governance) bildet derzeit der Klimaschutz, worauf wir im Folgenden detaillierter eingehen.

Bekenntnis zum 1,5-Grad-Ziel

Unser Engagement fürs Klima haben wir 2023 mit dem Beitritt zur Science Based Targets Initiative (SBTi) bekräftigt. Damit stellen wir uns ausdrücklich hinter das 1,5-Grad-Ziel der Pariser Klimaschutzkonvention. Zusätzlich bekennen wir uns zu Net-Zero. Dieser strengere Pfad innerhalb SBTi bedeutet, dass wir spätestens 2050 unsere gesamte Geschäftstätigkeit inklusive Lieferketten dekarbonisiert haben müssen. Dabei erlaubt SBTi keine CO_2-Kompensation, der Ausstoß von Treibhausgasen muss de facto vermieden werden. Nur für 10 % der gesamten Menge dürfen so genannte CO_2-Senken wie Carbon Capture and Storage eingesetzt werden.

In Vorbereitung unseres Commitments zur Science Based Targets Initiative haben wir die Treibhausgas-Emissionen für die gesamte Firmengruppe gemäß Greenhouse Gas (GHG) Protocol bilanziert, sowohl für Scope 1 und Scope 2 (direkte und indirekte Emissionen) als auch für Scope 3 (Emissionen entlang der vor- und nachgelagerten Wertschöpfungskette).

Wie komplex eine solche Datensammlung über mehr als 220 einzelne Standorte hinweg ist, sei hier kurz mit einigen Fragestellungen angedeutet: Welche Niederlassung nutzt wie viel Strom? Ist es grauer, grüner oder selbst erzeugter Strom? Zu welchem Anteil wird selbst erzeugter Strom auch selbst genutzt? In welchen Mengen und mit welchen Energieträgern wird Wärme oder Kälte erzeugt? Wie viele Fahrzeuge welcher Antriebsart nutzt eine Niederlassung? Wie kommen die Mitarbeitenden zur Arbeit und welche Strecken legen sie dabei zurück?

Umgang mit Datenmengen und Datenlücken

Neben der schieren Masse an Daten lag eine Herausforderung im Umgang mit Datenlücken: So konnte nicht jeder Standort seinen Spritverbrauch in Litern melden. Der Wert wurde in diesen Fällen über gefahrene Kilometer oder über Tankrechnungen geschätzt. Auch konnte nicht jede Vertretung ihren Stromverbrauch ausweisen, denn mancherorts ist dieser pauschal in den Mietverträgen enthalten. Hier haben wir firmenintern Referenzländer bestimmt, deren Verbrauchswerte gemittelt und dann auf die betroffenen Gebäude umgerechnet.

Ein weiterer wichtiger Schritt unserer CO_2-Berechnung war die Plausibilisierung von Daten. Sie werden von verschiedensten Abteilungen geliefert, neben dem Site-Management etwa von Quality Management, Finance oder Human Resources. Es galt zu prüfen, ob die Angaben jeweils Sinn ergaben und die Einheiten stimmten, beispielsweise Tonnen nicht mit Kilogramm verwechselt worden waren. Verschiedenste Energieeinheiten mussten in Kilowattstunden als einheitliche Größe umgerechnet werden, wie etwa die British Thermal Unit aus dem angloamerikanischen Maßsystem. Außerdem galt es, die Daten sauber zu konsolidieren, um nicht Emissionen doppelt zu erfassen.

Als besonders komplex erwies sich die Berechnung von Scope 3. Für diese Berechnung haben wir uns die Hilfe externer Berater geholt. Unsere Strategie war »First things first«, also das Wichtigste zuerst: Anstatt bis aufs Promille exakt zu bilanzieren, war es uns wichtiger, rasch die großen Emissionstreiber in den Lieferketten auszumachen. Deshalb haben wir uns für einen so genannten Spend-Based-Ansatz entschieden, eine vom GHG Protocol international anerkannte Methode, bei der der CO_2-Eintrag von Vorprodukten über den Einkaufspreis ermittelt wird. Der Einkaufspreis wird bei diesem Ansatz mit Emissionsfaktoren multipliziert (kg CO_2e pro Euro).

Ein Vorteil der Methode ist, dass man recht rasch zu Daten kommt, da die Finanzkennzahlen des Einkaufs bereits im kaufmännischen System vorhanden sind. Ein Nachteil ist, dass sich auch Wechselkurs- oder Preisschwankungen in der Berechnung auswirken, die nichts über die eigentliche CO_2-Last der Güter aussagen. Auch berücksichtigt die Methode nicht, welchen spezifischen CO_2-Fußabdruck die eingekauften Materialien tatsächlich ausweisen, weil sie z. B. bereits gewisse Recyclingquoten enthalten oder eine Lieferantenfirma auf grüne Energie umgestellt hat. Insofern bietet sie nur einen näherungsweisen Ansatz. Gleichwohl ermöglicht sie uns, Handlungsfelder zu erkennen. Daran anknüpfend tragen wir inzwischen lieferantenspezifische Informationen zusammen.

Unser Fußabdruck – die Ergebnisse

Unser Treibhausgas-Fußabdruck für 2022 beläuft sich auf etwa 1,2 Millionen Tonnen CO_2e. Nur knapp 4 % davon gehen auf die Aktivitäten an unseren Standorten und unseren Energiebezug zurück. Die restlichen 96 % der Treibhausgas-Emissionen fallen in der vor- und nachgelagerten Wertschöpfungskette an, sind also extern verursacht.

Ein vergleichsweise hoher Emissionseintrag kommt über den Stahl und das Aluminium, die wir in unseren Messgeräten verbauen. Neben zahlreichen anderen Maßnahmen muss künftig deshalb unser besonderes Augenmerk der Beschaffung für unsere Product Center sowie der Konstruktion unserer Produkte gelten. Noch gibt es praktisch keinen Markt für grünen Stahl und nur wenige Alternativen mit kleinerem CO_2-Fußabdruck. Zwar wird sich die Stahlindustrie in den kommenden Jahren grundlegend modernisieren und ihre Treibhausgas-Emissionen reduzieren – etwa durch CO_2-Abscheidung, neue Herstellungsverfahren mit Hilfe von Wasserstoff oder den Einsatz erneuerbarer Energien. Doch die benötigten Mengen sind bislang nicht verfügbar.

Wo wir hinwollen: Die grüne Wende

Obwohl wir vor diesen großen Herausforderungen in unseren Lieferketten stehen, haben sich Executive Board, Verwaltungsrat und unsere Gesellschafterfamilie klar für den Beitritt zur Science Based Targets

Initiative ausgesprochen. Das zeugt von ihrem Verantwortungsbewusstsein wie auch vom Vertrauen in die Kraft der Innovation. Diese Entscheidung ist eine Weichenstellung für die weitere Entwicklung unseres Unternehmens – und wird bei uns wie unseren Partnerinnen und Partnern Veränderungsprozesse in Gang setzen.

Bisher haben wir vor allem Energieeinsparungen in unseren eigenen Betrieben angestrebt. Diesen Pfad werden wir weiterverfolgen, um die Emissionen (Scope 1 und 2) schrittweise weiter zu reduzieren, zumal sich viele derartige Investitionen wirtschaftlich rechnen. Mit Blick auf den großen Anteil der Emissionen (Scope 3) müssen wir mit unseren Lieferanten gemeinsam nach Möglichkeiten suchen, die Emissionslast zu senken, und werden hier künftig wesentlich höhere Ansprüche stellen. Gleichzeitig arbeiten wir an der Dekarbonisierung unseres Portfolios etwa über neue Konzepte für den Umgang mit Material.

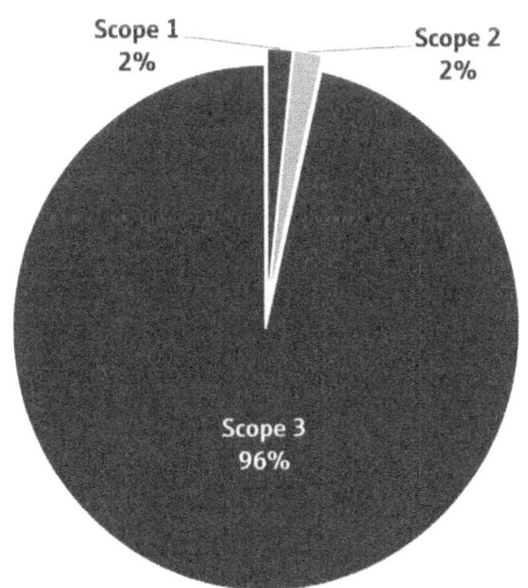

Abb. 2: CO_2-Fußabdruck der Endress+Hauser Gruppe 2022

Schließlich sehen wir uns auch in der Pflicht, unsere Kundinnen und Kunden in der Prozessindustrie bestmöglich in ihren Bemühungen für eine nachhaltige Transformation zu unterstützen. Dabei stehen neben der Dekarbonisierung unseres eigenen Portfolios Technologien für die Dekarbonisierung von Verfahren und Anwendungen auf Kundenseite im Zentrum.

Dekarbonisierung unseres Portfolios

Durch den Beitritt zu SBTi verpflichten wir uns, einen festgelegten Pfad zur Dekarbonisierung einzuschlagen. Ein wichtiger Schritt dabei ist die Berechnung des Product Carbon Footprint unserer Messgeräte. Dies stellt angesichts von mehr als zwei Millionen verkauften Geräten jährlich, die nahezu allesamt als Einzelstücke kundenspezifisch gefertigt werden, eine hochkomplexe Aufgabe dar. Unter anderem muss dabei der CO_2-Fußabdruck sämtlicher verbauten Materialien erfasst und miteinbezogen werden. Pilotprojekte sollen in den kommenden Jahren Transparenz schaffen. Außerdem haben wir folgende strategische Zielfestlegungen zur Dekarbonisierung unseres eigenen Portfolios getroffen:

- **Grünere Rohmaterialien**
  Wir befassen uns unter anderem intensiv mit dem Einstieg in grünen Stahl und grünes Aluminium und berechnen derzeit die wirtschaftlichen Auswirkungen und Möglichkeiten.

- **Konstruktive Materialeinsparungen**
  Nicht jede Komponente eines Messgeräts ist ein Muss. Moderne Messgeräte, die drahtlos bedient werden können, brauchen beispielsweise kein Display. Hier untersuchen wir, inwiefern unsere Kunden solche Materialeinsparungen mittragen.

- **Aufarbeitung von Messgeräten**
  Neben dem Recycling befassen wir uns intensiv mit der Wiederverwendung und Nachrüstung von Hardware. Unsere Mess-

geräte werden meist nach 15 bis 20 Jahren ersetzt – was häufig nur der eingebauten Elektronik geschuldet ist. Andere Bauteile könnten länger genutzt werden. Wir arbeiten an Ansätzen, um nur noch einzelne Teile auszutauschen und nicht mehr das gesamte Gerät.

Technologien zur Dekarbonisierung der Industrie

Die Prozessindustrie kann zur treibenden Kraft einer nachhaltigen Transformation werden, deckt sie doch die gesamte Produktionskette von der Ressourcenbeschaffung bis zum Endprodukt ab. Als Hersteller, der praktisch alle Branchen und Anwendungen unterstützt, ergeben sich für uns zwei Hauptansatzpunkte:

- **Ressourcen- und Energieeffizienz**
  Unsere Messtechnik hilft, verfahrenstechnische Prozesse sicher, zuverlässig, wirtschaftlich und umweltfreundlich zu betreiben. Von Anfang an waren für unsere Kundinnen und Kunden Fragen der Energie- und Ressourceneffizienz ein wichtiges Thema. Neben ökonomischen gewinnen durch den Klimaschutz nun ökologische Aspekte an Gewicht. Ansatzpunkte für eine Reduktion der Treibhausgas-Emissionen ergeben sich nicht zuletzt in den Hilfskreisläufen für Dampf, Druckluft, Wärme, Kälte oder Industriegase, die für die Kernprozesse der Prozessindustrie benötigt werden. Aber auch viele Kernprozesse bergen Potenzial. Moderne optische Analyseverfahren ermöglichen es, Materialeigenschaften in der laufenden Produktion zu messen und Prozesse besser zu steuern.

- **Etablierung neuer Prozesse**
  Auf dem Weg zu mehr Nachhaltigkeit und Klimaschutz müssen Produktionsprozesse adaptiert, optimiert oder neu etabliert werden. Endress+Hauser kann die Messtechnik für viele dieser Anwendungen zur Verfügung zu stellen. Schlagworte sind beispielsweise Herstellung, Transport und Einsatz von Wasser-

stoff – insbesondere von grünem Wasserstoff –, das Herausfiltern von CO_2 aus der Umgebungsluft (Direct Air Capture) oder das Abscheiden, Nutzen und Lagern von Kohlendioxid (Carbon Capture, Usage and Storage) am Emissionsort. Zu erwähnen ist auch der Einsatz von Rohstoffen mit einem steigenden Anteil an Rezyklat oder nachwachsenden Rohstoffen, die in ihrer Qualität weniger konsistent sind als industriell gewonnene Stoffe.

Neue Ära der Zusammenarbeit

Weltweit gibt es kaum ein Unternehmen in der verfahrenstechnischen Industrie, das sich nicht auf die eine oder andere Weise mit Klimaschutz, Energiewende, Dekarbonisierung, Ressourcen- und Energieeffizienz oder Kreislaufwirtschaft auseinandersetzt. Durch unsere Bereitschaft, langfristig mit unseren Kundinnen und Kunden zusammenzuarbeiten, von ihnen zu lernen und ihre spezifischen Herausforderungen zu lösen, haben wir uns diese Bereiche früh erschlossen und die Entwicklung von Anfang an begleitet. So sind wir an Leuchtturmprojekten beteiligt und bringen uns aktiv in Initiativen und Gremien ein.

Wir sind überzeugt, dass industrieweit eine neue Ära der Zusammenarbeit beginnt, um mehr Klimaschutz zu erreichen. Das 70-jährige Bestehen unseres Unternehmens 2023 haben wir zum Anlass genommen, am Endress+Hauser Global Forum in Basel mit 800 Kundinnen und Kunden aus aller Welt unter dem Motto »Insights for Sustainable Decisions« über mehr Nachhaltigkeit in der Prozessindustrie zu diskutieren. Namhafte Rednerinnen und Redner eröffneten dabei auch ein Fenster in eine neue Welt: Denn die Technologien und Konzepte, um die Treibhausgas-Emissionen zu senken, sind ganz überwiegend bereits vorhanden. Jetzt geht es darum, gemeinsam die nachhaltige Transformation der Industrie voranzutreiben und die Treibhausgas-Emissionen Schritt für Schritt zu senken.

Hansgrohe

- Sitz: Schiltach
- Gründung: 1901
- Rechtsform: SE
- Leitung: Hans Jürgen Kalmbach
- Umsatz: 1,53 Mrd. Euro
- Mitarbeitende: 5639
- Zahlen aus Geschäftsjahr: 2022

Die Hansgrohe Group ist ein in Innovation, Design, Qualität und Verantwortung führendes Unternehmen der Bad- und Küchenbranche. Unter den Marken AXOR und hansgrohe vertreibt sie hochwertige Produkte wie Brausen und Armaturen für Dusche, Wanne, Waschtisch und Küche. Die nachhaltige Herstellung ressourcenschonender Produkte ist international im unternehmerischen Handeln verankert.

Link: https://www.hansgrohe-group.com/de/ueber-uns/nachhaltigkeit

Autor

Hans Jürgen Kalmbach, Vorsitzender des Vorstands Hansgrohe SE

»Verantwortungsvolles Denken und Handeln sind Teil unseres Selbstverständnisses und eine innere Einstellung. Wir übernehmen seit jeher Verantwortung für unser unternehmerisches Handeln mit Blick auf unsere Gesellschaft und unsere Umwelt. Die Philosophie, Verantwortung für die Natur, für die Gesellschaft und für unsere Mitarbeitenden zu tragen, wird an all unseren Produktions-, Logistik- und Vertriebsstandorten weltweit gelebt.«

Hansgrohe
Viele Schritte, großer Impact: Zukunft ist das, was wir daraus machen

Von Hans Jürgen Kalmbach

Nachhaltigkeit bei Hansgrohe

Wer sich auf die Suche nach den Wurzeln unserer Positionierung in Sachen Nachhaltigkeit begibt, muss ins Jahr 1937 zurückgehen. Das ist das Geburtsjahr unseres langjährigen Geschäftsführers und Vorstandsvorsitzenden Klaus Grohe, geboren mit einem weltoffenen, grünen Mindset. 1968 stieg er in das väterliche Unternehmen ein, mit Neugierde und Hands-on-Mentalität. Jeder Arbeitstag führte ihn durch die Büros und Werke von Hansgrohe. Immer auf der Suche nach neuen Ideen und mit dem Plan, seine Mitarbeitenden zu Innovationen zu motivieren.

Auf dem Höhepunkt des Turbokapitalismus in den 1980er Jahren macht Klaus Grohe umweltbewusstes Denken und Handeln zur obersten Priorität in der Hansgrohe Produktentwicklung und -fertigung. Klaus Grohe schärft das Unternehmensimage weiter. Hansgrohe wird unter seiner Führung zum »Anwalt des Wassers« und setzt grüne Maßstäbe in der Branche. Als Anfang der 1990er Jahre das Werk in Offenburg seinen Betrieb aufnimmt, macht es mit dem damals größten dachintegrierten Photovoltaikkraftwerk Deutschlands Furore. Auf dem Werksgelände in Offenburg errichtet Klaus Grohe einen Solarturm. Es folgen Projekte im Bereich Abfallmanagement, Recycling und Wärmerückgewinnung. Außerdem die regelmäßige Veröffentlichung von Nachhaltigkeitsberichten – lange bevor sie gemäß EU-Richtlinie CSRD ab 2024 nach und nach für EU-Unternehmen Pflicht werden.

»Der Klimawandel ist doch nicht ferne Zukunft, er ist Realität. Zur Verminderung der CO_2-Emissionen muss die ganze Gesellschaft beitragen. Wir stellen heute die Weichen für übermorgen.«

Klaus Grohe

Die renommierte Wirtschaftszeitung Financial Times bezeichnete Klaus Grohe einmal als »Green Mind«. Zu Recht: Sein Klimawandel-Statement ist nicht aus dem Jahr 2020. Auch nicht aus 2010 oder 2000. Es ist von 1990. Klaus Grohe ist ein wahrer Visionär, der die Klimakrise schon vor mehr als 30 Jahren antizipiert und ernst genommen hat.

Dieses Mindset führe ich mit Unterstützung meiner Managementteams und der weltweiten Hansgrohe Belegschaft seit 2018 als CEO fort. Im Laufe der vergangenen zehn Jahre hat das Thema Nachhaltigkeit deutlich an gesellschaftlicher Relevanz gewonnen. Diese Aufmerksamkeit nutzen wir, um unsere intrinsische Haltung und unsere persönliche, intensive Beziehung zum Lebenselixier Wasser regelmäßig nach außen zu tragen.

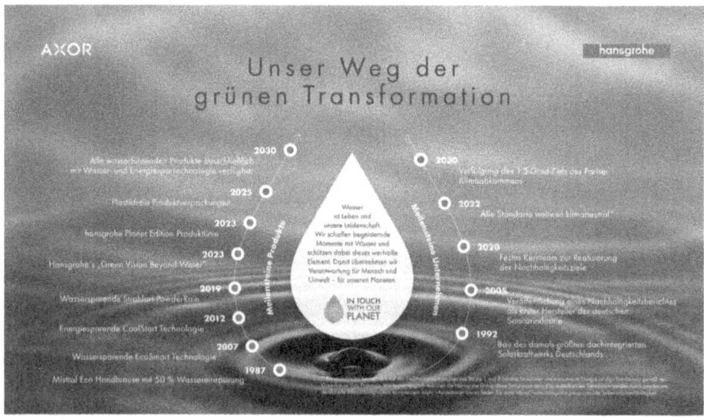

Abb. 1: Die Meilensteine unserer über 35-jährigen Nachhaltigkeitshistorie

Wir reden viel über die Dinge, die für uns bereits zum Standardgeschäft gehören, und arbeiten im Hintergrund permanent an unseren Nachhaltigkeitsstrategien. Die sind für uns nicht in Stein gemeißelt, sondern ständig im »Flow«. Wir erreichen einen Meilenstein nach dem nächsten, beginnen neue Projekte, feiern Zwischenerfolge und evaluieren schon wieder die nächste Idee. Die Inspirationen dazu ziehen wir aus weltwirtschaftlichen Entwicklungen und der Zusammenarbeit mit Forschungseinrichtungen, Universitäten, NGOs und anderen Unternehmen aus unserem Netzwerk. Auch unsere Mitarbeitenden und langjährigen Kooperationspartner wie die Designer von Phoenix sind Ideengeber, ebenso unsere Businesskunden. Letztere stehen immer stärker im Wettbewerb mit anderen nachhaltigen Großbauprojekten um internationale Zertifikate für nachhaltiges Bauen wie LEED oder BREEAM – und damit um Investitionsbudgets.

Wir sind *In Touch with our Planet*

Unsere Nachhaltigkeitsstrategie zielt ab auf die großen Probleme der Gegenwart und der Zukunft: Klimawandel, Wasserkrise, Ressourcenknappheit, Biodiversität, soziale Gerechtigkeit. 2020 gründeten wir mit Green Company ein festes Kernteam, das sich fernab des Tagesgeschäfts zu hundert Prozent auf die Realisierung unserer Nachhaltigkeitsziele und -maßnahmen konzentriert. Unser Ziel ist es, innerhalb unseres Einflussbereichs all die Ressourcen zu schonen, die auf der Erde immer knapper werden oder deren Verbrauch die weltweite Klimaerwärmung anfachen. Wir verfolgen das 1,5-Grad-Ziel des Pariser Klimaabkommens und unterstützen die Sustainable Development Goals (SDG) der UN. Bereits seit 2022 sind alle unsere Standorte weltweit klimaneutral.*

Unter dem Leitbild *In Touch with our Planet* fokussieren wir uns strategisch auf drei Handlungsfelder:

- **Hansgrohe schont Wasserkreisläufe**
  Sicheres Süßwasser ist eine wertvolle Ressource, die ungleich verteilt ist. In wasserarmen Regionen ist sparsamer Umgang mit ihr lebensnotwendig. Doch auch in wasserreichen Regionen muss ständig in ihre Aufbereitung investiert werden. Hansgrohe

---

* Klimaneutralität bezieht sich auf die Treibhausgasemissionen aus Scope 1 und 2 (direkte Emissionen und konsumierte Energie an den Standorten) gemäß des Greenhouse Gas Protocols. Wo immer möglich, reduziert die Hansgrohe Group diese Emissionen aktiv. Die verbleibenden Emissionen werden durch anerkannte, zertifizierte Klimaschutzprojekte kompensiert.

schont Wasserkreisläufe, indem unsere Produkte Wasser sparen, bei gleichbleibendem Duscherlebnis.

- **Hansgrohe schützt das Klima**
  Der Verbrauch von warmem Wasser kostet viel Energie, bei deren konventioneller Erzeugung CO_2 anfällt. Mit Hansgrohe Produkten Wasser zu sparen, heißt somit auch, den Energieverbrauch von sanitären Anlagen zu senken und das Klima zu schützen.

- **Hansgrohe wird Teil der Kreislaufwirtschaft**
  Jede Ressource, die nicht mehr gewonnen werden muss, sondern wiederverwertet werden kann, schont unsere Ökosysteme und spart Energie und Wasser in Produktionsprozessen. Hansgrohe entwickelt langlebige, reparaturfähige und recycelbare Produkte sowie nachhaltige Verpackungen und arbeitet daran, Materialien einzusetzen, die unsere Ökosysteme so gut wie möglich schonen.

Systematisch innovieren – so machen wir's

Das Team Green Company ist – neben der Produktentwicklung und Produktion – bei Hansgrohe einer der Dreh- und Angelpunkte aller Nachhaltigkeitsmaßnahmen. Es ist besetzt mit internen Experten aus den Bereichen Corporate Sustainability, Produktion, Prozessmanagement, Produktentwicklung und Marketing. Sie arbeiten eng mit dem Vorstand zusammen und berichten an ihn, denn: Nachhaltigkeit ist Chefsache bei Hansgrohe. Der enge Austausch mit Vorstand und Topmanagement, aber auch mit Schnittstellenbereichen wie dem Produktmanagement unserer beiden Marken AXOR und hansgrohe ist ein wichtiger Baustein unseres Erfolgs. Denn bei der Durchsetzung der Nachhaltigkeitsstrategie ist es genauso wie bei anderen Transformationsprozessen: Das Ganze lebt vom »Miteinander wollen« und leidet unter einem »Miteinander müssen«. Wir sorgen gemeinsam dafür, dass unsere Ideen, unsere Entscheidungen von allen getragen – und natürlich auch gelebt – werden. Um während dieses Prozesses mögliche Bedenken oder Probleme offen zu diskutieren, treffen sich die Führungskräfte aus Sustainability, Marketing und Vertrieb, Corporate Communications und Public Affairs zweiwöchentlich zu einem Nachhaltigkeits-Jour-Fixe. Sie tragen die dort erarbeiteten Konzepte in ihre Teams hinein oder bringen frische Ansätze aus ihren Teams mit. Außerdem pflegen wir den monatlichen Austausch zu internen Nachhaltigkeitsarbeitskreisen, die sich aus anderen strategischen Initiativen heraus gegründet haben. Das zeigt, wie sehr unsere Strategie Fuß gefasst hat und mit welcher Begeisterung die Mitarbeitenden diesen Weg mit uns gehen.

Und wir bleiben nicht stehen: Wir screenen regelmäßig die Nachrichtenlage zum Klimawandel, engagieren uns bei der UN Water Conference in New York, beobachten Forschungsprojekte und horchen tief in unsere internationalen Märkte hinein, zum Beispiel in den USA.

Abb. 2: Zehn Initiativen helfen uns, Teilprojekte zu definieren und diese prozessual zu bearbeiten

Ein Land, das mit Kalifornien einen Bundesstaat hat, der bereits ganz massiv von einer Wasserkrise betroffen ist. Wir tauschen uns außerdem mit Organisationen wie Viva con Agua aus, schließen vertikale Kooperationen und fördern Prof. Andreas Fath, den Wasserbotschafter im Auftrag der Forschung für reines Wasser.

Operationalisierung unserer Strategie durch zehn Initiativen

In der Initialisierungsphase hat sich das Team Green Company zehn konkrete Initiativen vorgenommen, anhand derer wir unsere Nachhaltigkeitsstrategie durchdeklinieren. Dabei sind wir ganz realistisch vorgegangen: Alle Unternehmenssegmente werden wir nicht von heute auf morgen auf grün drehen können. Deshalb arbeiten wir auch hier mit Meilensteinen, die wir nach und nach erreichen werden.

Dies sind unsere kurz- bis mittelfristigen Ziele, bezogen auf unsere Organisation:

- **Klimaschutzstrategie**
  Wir verfolgen das UN-Klimaschutzziel zur Begrenzung des Temperaturanstiegs auf maximal 1,5 °C, um unseren Beitrag zur Abschwächung des Klimawandels zu leisten. Aus diesem Grund haben wir uns der Science Based Targets Initiative verpflichtet. Alle unsere Standorte sind klimaneutral (Scope 1+2).

- **Grüne Haltung**
  Alle Mitarbeitenden verstehen die Relevanz unserer Nachhaltigkeitsinitiativen und leben sie in ihrem Alltag. Sie sind aktiv in die Transformationsprozesse hin zu einer Green Company eingebunden.

- **Grüne Produkte**
  Wir entwickeln Produkte auf Basis unserer zehn Eco-Design-Prinzipien. Dadurch schonen unsere Produkte Wasserkreisläufe sowie Ressourcen und schützen das Klima über den kompletten Produktlebenszyklus hinweg.

- **Grüne Verpackungen**
  Wir nutzen umweltfreundliche, plastikfreie Verpackungen, die ressourcenschonend in der Herstellung und zu 100 % recycelbar sind. Dies gilt sowohl für Produkt- als auch für Transportverpackungen.

- **Grüne Lieferkette**
  Alle Lieferanten und Logistikpartner tragen zur Reduzierung unseres CO_2-Fußabdrucks bei. Bis 2030 haben alle A-Lieferanten ein Umweltmanagementsystem nach ISO 14001 implementiert.

- **Grüne Produktion**
  Wir reduzieren die Umweltauswirkungen unserer Produktion, indem wir Wasser- sowie Materialkreisläufe schließen und kontinuierlich die Ressourceneffizienz erhöhen. Gleichzeitig minimieren wir aufkommende Abfälle.

- **Grüne Energie**
  Wir setzen Strom aus erneuerbaren Energiequellen in unseren Standorten weltweit ein, bei gleichzeitiger Steigerung der Energieeffizienz.

- **Grüne Transparenz**
  Wir schaffen Glaubwürdigkeit bei unseren Interessensgruppen durch Transparenz hinsichtlich unserer Umweltauswirkungen. Dafür lassen wir zum Beispiel Umweltproduktdeklarationen durch unabhängige Parteien bestätigen und nehmen an Unternehmensratings teil.

- **Grünes Controlling**
  Wir definieren Nachhaltigkeitsziele mit allen Standorten weltweit, leiten daraus Maßnahmen zur Zielerreichung ab und machen den Fortschritt mithilfe von Kennzahlen transparent.

- **Soziales Engagement**
  Wir setzen uns für soziale Gleichheit und einheitliche ökologische Standards weltweit ein. Wir ermöglichen möglichst vielen Menschen den Zugang zu sauberem Trinkwasser und schützen gleichzeitig dieses wertvolle Element.

Bei einigen dieser Ziele haben wir bereits enorme Erfolge verzeichnen können, bei anderen stehen wir noch ganz am Anfang. Der Weg ist allen Mitarbeitenden klar.

Hinter jeder unserer Maßnahmen steht ein KPI-basiertes Projektmanagement zur Erfolgsmessung. Die Bereitstellung der für die grüne Transformation erforderlichen Finanzmittel erfolgt aus dem Green Fund. Der Green Fund ist ein explizites Budget für Projekte, die unseren ökologischen Fußabdruck reduzieren. Er ist fest in der Budgetplanung verankert. Unsere Erwartungshaltung dabei ist realistisch: Wir wissen aus der Investitionsrechnung, dass nachhaltige Projektideen in der Regel nicht den kürzesten Return on Investment (ROI) haben, sondern sich häufig erst nach mehreren Jahren rechnen. Daher inkludieren wir bei der ROI-Berechnung von Nachhaltigkeitsprojekten zum Beispiel einen internen CO_2-Preis, der jährlich angepasst wird. So können nachhaltige Investitionsideen realistischer mit konventionellen Alternativen konkurrieren.

Green. Greener. ECO 2030

Im Rahmen der Initiative Grüne Produkte werden wir in den nächsten Jahren einen konsequenten Produktportfoliowechsel durchführen. Denn: Unser mit Abstand größter Hebel, Wasser, Energie und somit CO_2 einzusparen, ist die Reduzierung des Wasserverbrauchs von Produkten während ihrer langjährigen Nutzungsphase. Dies gilt insbesondere, solange für die Warmwassererzeugung hauptsächlich Energieträger mit hohen Emissionswerten verwendet werden. Den Bedarf an frischem Warmwasser zu senken, ist unser großes Ziel. Deshalb werden wir unser gesamtes Brausen- und Armaturenportfolio bis 2030 auf ECO umstellen. Konkret heißt das: Im Jahr 2030 werden alle wasserführenden Produkte ausschließlich mit Wasser- und Energiespartechnologien verfügbar sein.* Bereits bis 2025 statten wir 75 % unserer Kopf- und Handbrausen mit der EcoSmart Technologie aus. Auch die Hälfte aller Waschtischarmaturen wird ab dann auf Basis der EcoSmart oder der CoolStart Technologie arbeiten – bei gewohntem Duschvergnügen und ohne Einschränkungen in den Funktionen.

Gleichzeitig arbeiten wir daran, schon heute ein größeres Bewusstsein für Nachhaltigkeit im Bad zu schaffen. Entsprechend beraten wir unsere Partner und geben auch Verbrauchern die Möglichkeit, mit einer CO_2-Analyse ihres Bades oder einem Wasser- und Energiesparrechner unkompliziert herauszufinden, wie sie ihr Bad grüner gestalten können.

Das Bad der Zukunft: 90 % weniger Wasser, 90 % weniger Energieverbrauch und 90 % weniger CO2-Emissionen

Wir sind einer der Innovationsführer im Bereich Bad. Dieses Selbstverständnis haben wir im März 2023 erneut unter Beweis gestellt. Auf der internationalen Leitmesse für Sanitärtechnik, der ISH 2023, präsentierten wir unsere Vision von der Zukunft des Bades und vom wohl nachhaltigsten Badezimmer der Welt: *Hansgrohe's Green Vision Beyond Water: Rethinking Bathroom Culture.* Es zelebriert das Wasser in bislang nicht erlebter Art und Weise und ist Treiber für die weitere Transformation unseres Portfolios, unseres Unternehmens und unserer Geschäftsmodelle.

Bereits heute leiden viele Regionen weltweit unter einer ernsthaften Wasserkrise. Die aktuelle Energiekrise lehrt uns, was es heißt, wenn Ressourcen knapp und kostbar werden. Viele arbeiten jeden Tag stark daran, die Klimaziele 2030 zu erreichen, wissen aber heute schon, dass das kaum reichen wird.

Heißt: Wir alle können uns diese Mengen an warmem Wasser so in Zukunft nicht mehr leisten. Deshalb handeln wir jetzt. Wir haben ein

---

* Die Hansgrohe Group definiert »ECO« als die Reduktion des Wasser- und/oder Energieverbrauchs der wasserführenden Produkte in der Nutzung um mindestens 22 % im Vergleich zum Basisjahr 2020.

konzeptuelles Badezimmer im Einklang mit Mensch und Natur entwickelt: Unsere Vision geht weit über technologische Innovation und den Nachhaltigkeitsdreiklang Reduce – Reuse – Recycle hinaus. Uns geht es um das »Rethink« – um das Neudenken und Infragestellen unserer täglichen Routinen im Badezimmer.

Unser Ziel ist eine nachhaltige Bewusstseinsänderung, eine neue Beziehung zum Wasser, zum Körper und zu unseren täglichen Routinen.

Abb. 3: Die Green Vision ist die zukunftsgerichtete Vision eines ressourcensparenden, modularen Badsystems

Hansgrohe's Green Vision steht für:

- 90 % weniger Wasserverbrauch,
- 90 % weniger Energieverbrauch und
- 90 % weniger CO_2-Emissionen im Badezimmer.

Und gleichzeitig für:

- Hautfreundliche Körperhygiene,
- mentale Ruhe und
- Entspannung.

Das Wellness-Bedürfnis der Menschen steht in deutlicher Konkurrenz zum wachsenden Bedürfnis, Wasser zu sparen – ein innerer Konflikt für jeden Einzelnen. Aus diesem Grund trennen wir in unserer Vision vom Badezimmer der Zukunft Hygiene und Wellbeing und ermöglichen unbegrenzte, nahezu wasserlose Regeneration. Erste Elemente und technische Features der Green Vision fließen bereits heute in die Produktentwicklung unserer Marken AXOR und hansgrohe ein. Das Konzept der Green Vision, das wir im März 2023 sogar im Rahmen der New York Water Week präsentieren durften, hat weltweit für positives Feedback gesorgt. Unsere Green Vision ist im Mai 2023 direkt mit dem German Innovation Award 2023 ausgezeichnet worden – unter 650 Einreichungen aus 22 Ländern. Ein großartiger Beleg dafür, dass wir bei Hansgrohe die Leidenschaft für Innovation leben. Unser Wille, morgen etwas besser zu machen als heute, ist die wahre Stärke der Hansgrohe Group.

Vom Planning ins Doing

Für uns ist der Weg das Ziel: Wir machen viele kleine Schritte, die bald in Summe einen großen Impact haben werden. So haben wir bereits die ersten plastikfreien Verpackungen eingeführt. Statt Plastik kommen Noppenpolsterpapier, Papierflachbeutel und -banderolen sowie Seidenpapier zum Einsatz. Hatten bislang viele Produkte individuelle Verpackungen, setzen wir jetzt auf Standardverpackungen. Das hat auch einen positiven Einfluss auf effiziente, ressourcenschonende Lagerung und Transport. Bis 2025 werden alle AXOR und hansgrohe Produktverpackungen plastikfrei sein.

Die Ressource Wasser schonen wir nicht nur mit einer Reduktion des Wasserdurchflusses – siehe ECO 2030 –, sondern auch mit geschlossenen Wasserkreisläufen in unseren Werken. Nach dem Reinigen der Produkte während der galvanischen Prozesse wird das Wasser wiederverwertet. Ausschussmaterial bei der Herstellung schmelzen wir ein, sodass es wieder für die Produktion zur Verfügung steht. Jeder produzierende Standort der Hansgrohe Group hat eigene Nachhaltigkeitsziele, die über Verbrauchsdaten und Effizienzkennzahlen kontrolliert werden.

Wir sind ständig mit einem international aufgestellten Forschungspartner auf der Suche nach neuen, umweltverträglichen Materialien, durch die wir unsere bisherigen Produktionsrohstoffe sukzessive ersetzen können. Weil auch die Produktion und Entsorgung von verchromten Produkten eine Umweltbelastung darstellen, haben wir bei der neuen hansgrohe Pulsify Planet Edition das Chrom durch ein Kunststoffrezyklat ersetzt. Die Pulsify Planet Edition Handbrause ist somit komplett chromfrei gefertigt. Alle eingesetzten Rohstoffe sind recycelbar.

Erfolge feiern, wie sie fallen

Nach und nach feiern wir viele weitere Erfolge, die kleinen wie die großen. Bei unserer ersten Teilnahme an ESG-Ratings wie dem CDP (Carbon Disclosure Project) – einem Rating, das unternehmerisches Engagement für Klima- und Umweltschutz bewertet – haben wir bereits den Silber-Status erlangt.

Im Februar 2023 veröffentlichten wir außerdem Environmental Product Declarations (EPDs) für neun Produktkategorien der Marken AXOR und hansgrohe. Die EPDs geben Aufschluss über die Umwelteinwirkungen eines Produkts, bezogen auf seinen gesamten Lebenszyklus: von der Rohstoffgewinnung, über die Herstellung und langjährige Nutzungsphase bis zur Wiederverwertung oder Entsorgung. Anhand dieser Daten erhalten Architekten, Bauherren und Designer auf einen Blick wichtige Informationen für die Nachhaltigkeit ihrer Bauprojekte. Das ist besonders wichtig bei Bauprojekten, die internationalen Zertifizierungssystemen wie BREEAM oder LEED unterliegen. Die EPDs decken rund 1400 der meistverkauften Chrom-Produkte aus dem Standardsortiment von AXOR und hansgrohe ab. Die Datenblätter informieren sowohl über Durchflussraten, Wasser- und Energieverbräuche und CO_2-Bilanzen als auch über Herkunft und Zusammensetzung von Materialien sowie Recyclingmöglichkeiten bei Rückbauten. Insgesamt werden über 35 Umweltindikatoren ausgewiesen.

Vom Doing ins Learning

Zugegeben: Wir haben nicht alles von Anfang an gewusst oder richtig begonnen. Und wir haben auch nicht alles allein gemacht. An vielen Stellen einer grünen Transformation ist es sinnvoll, mit externen Partnern zusammenzuarbeiten: Partnern, die Experten auf ihrem Gebiet sind. Wie zum Beispiel Bosch Climate Solutions, die für uns die unternehmensweiten Energieeffizienzanalysen durchgeführt haben.

Aber wir haben uns voller Leidenschaft der Herausforderung gestellt, uns mit Netzwerkpartnern und anderen Unternehmen unterschiedlichster Branchen ausgetauscht. Im Nachhaltigkeitsmanagement lässt sich gut voneinander lernen und auch Wissen teilen, schließlich haben wir dieselben hehren Ziele: Ressourcen zu schonen, Klimaziele zu erreichen, für Awareness zu sorgen und Verhaltensänderungen zu bewirken.

Und eine nachhaltige Positionierung ist längst nicht mehr nur mit viel »Push« verbunden. Mittlerweile fragen viele unserer B2B-, aber auch B2C-Kunden aktiv nach. Sie interessieren sich für Produktratings, Materialzusammenstellungen und Wasser- und Energieverbräuche ebenso wie für unsere Haltung und Aussagen in der Öffentlichkeit. Deshalb nutzen wir aktiv die Chance zum offenen Austausch, indem wir als Aussteller, Referenten oder Jurymitglieder an Events, wie etwa dem Greentech Festival in Berlin, teilnehmen.

Gleichzeitig ist nachhaltiges Handeln von Unternehmen auch ein zunehmendes Auswahlkriterium für künftige Talente. Wir beobachten einen deutlichen Wandel in den Bewerbungsgesprächen. War es früher die Motivation von Bewerberinnen und Bewerbern, bei einem der Marktführer in der Branche zu arbeiten, haben sie jetzt einen genauen Plan: Sie möchten mit ihrer Arbeit etwas Gutes tun und die Welt ein Stückchen besser machen.

Fast das Wichtigste aber ist, die Mitarbeitenden mit auf die Reise zu nehmen – sie von der Sache zu überzeugen, sie mit unserer Begeisterung anzustecken und sie in die Lage zu versetzen, selbst aktiv zu werden. Das setzt Nachhaltigkeits-Know-how voraus, das wir strukturiert vermitteln. In regelmäßigen Green Hours gibt es Deep Dives und offene Diskussionen zu einzelnen Nachhaltigkeitsinitiativen. Wir bilden Green Experts aus, die ihr Fachwissen in jede einzelne Abteilung von Hansgrohe tragen. Und wir haben mit CAMPUS eine Lernplattform etabliert, die regelmäßige Nachhaltigkeitstrainings ermöglicht. Aus der Perspektive des Teamspirits am erfolgreichsten sind aber die kleineren Aktionen zum Mitmachen: Ob Müllsammelaktion, autofreier Tag oder Grindenpflege im Hochschwarzwald – hier engagieren sich zahlreiche Mitarbeitende bei Hansgrohe sehr gerne.

Schlüsselkompetenzen: Resilienz, Ausdauer und Überzeugungskraft

Ein so umfassender Kulturwandel, wie wir ihn mit unserer grünen Transformation beschreiten, bedeutet, auf Widerstände zu stoßen. Hier braucht es Empathie und leicht nachvollziehbare Argumente. Wir haben mittlerweile gelernt, dass für manche unserer vielleicht disruptiven Ideen die Zeit noch nicht reif war. Diese Ideen legen wir beiseite, um sie später nochmals aufzugreifen und umzusetzen.

Wichtig ist auch, keine Angst vor Greenwashing-Debatten zu haben. Wir handeln nach dem Prinzip »Tue Gutes und rede drüber« anstelle von »Rede drüber, ohne Gutes zu tun«. Wir versuchen innerhalb unseres Wirkungsbereichs, die heutigen Probleme zu lösen und künftige zu antizipieren.

Hansgrohes grüne Transformation ist kein Sprint. Wir befinden uns in einem Marathon, der uns einiges abverlangt. Es braucht dabei Durchhaltevermögen, Geduld und Resilienz, um sich von etwaigen Rückschlägen wieder zu erholen. Aber auch immer wieder den Mut, Neues zu wagen. Ich bin davon überzeugt, dass sich hier langfristig die Spreu vom Weizen trennt und dass deutlich wird, welche Unternehmen Nachhaltigkeit nur als Trend sehen und welche wirklich langfristig nachhaltig arbeiten.

MANN+HUMMEL

- Sitz: Ludwigsburg
- Gründung: 1941
- Rechtsform: GmbH
- Leitung: Kurk Wilks
- Umsatz: 4,8 Mrd. Euro
- Mitarbeitende: 22 222
- Zahlen aus Geschäftsjahr: 2021/22

MANN+HUMMEL ist ein weltweit führendes Unternehmen in der Filtrationstechnologie, das unter den beiden Geschäftsfeldern Transportation und Life Sciences & Environment intelligente Filtrations- und Separationslösungen entwickelt, die saubere Mobilität, Luft, Wasser und eine saubere Industrie ermöglichen. Die Wurzeln von MANN+HUMMEL liegen in der Automobilindustrie. Darüber hinaus kommen Filtrations- und Separationslösungen auch in der kommunalen und industriellen Wasser- und Abwasserbehandlung sowie in sensiblen Prozessanwendungen der Lebensmittelindustrie zum Einsatz.

Link: https://www.mann-hummel.com/de/unternehmen/verantwortung/nachhaltigkeit.html

Autoren

Nils Detje, Director Global Corporate Social Responsibility

Nils Detje verantwortet die CSR-Aktivitäten von MANN+HUMMEL.

Andreas Wallbillich, Pressesprecher

Andreas Wallbillich verantwortet die globale Pressearbeit von MANN+HUMMEL.

MANN+HUMMEL
Wir trennen das Nützliche vom Schädlichen

Von Nils Detje und Andreas Wallbillich

MANN+HUMMELs Mission ist so einfach wie einleuchtend: Wir trennen das Nützliche vom Schädlichen. Und doch verbirgt sich dahinter so viel mehr. Gemeinsam mit unseren Kunden sorgen wir durch den gezielten Einsatz unserer Filtrations- und Separationslösungen für saubere Mobilität, saubere Luft, sauberes Wasser und eine saubere Industrie. Damit tragen wir zu einem sauberen Planeten bei.

Die Marketingabteilungen vieler Unternehmen würden Ihnen an dieser Stelle bunte Bilder und beeindruckende Grafiken präsentieren, um Sie so vom Purpose des Unternehmens und seinen Bemühungen rund um das Thema Nachhaltigkeit zu überzeugen. Wir wählen ganz bewusst einen anderen Weg und tun das, was wir am besten können: Wir lassen Taten sprechen. Und unsere Produkte und Lösungen.

Aber der Reihe nach.

MANN+HUMMEL ist den meisten Leserinnen und Lesern als Automobilzulieferer bekannt. Seit über 80 Jahren entwickelt, fertigt und verkauft das Ludwigsburger Unternehmen – bis heute übrigens in der Hand der beiden Gründerfamilien Mann und Hummel – innovative Filtrations- und Separationslösungen.

Als in Deutschland Ende der 1940er Jahre die ersten VW Käfer vom Band rollen, stammen deren Luftfilter von MANN+HUMMEL. Gemeinsam mit der Automobilindustrie wächst das Unternehmen in die Welt hinaus: Kraftstoff-, Öl- und Luftfilter – kein PKW, kein Lastwagen kann ohne Filtrationslösungen sein volles Potenzial entfalten. Alle Betriebsstoffe – egal ob Kraftstoff für den Vortrieb, Öl zur Schmierung von Komponenten oder Luft für den Verbrennungsprozess im Motor – müssen in bestmöglicher Qualität zur Verfügung stehen. Nur so kann ein Fahrzeug überhaupt funktionieren. Nur so hat es überhaupt eine Chance, seine maximale Lebensdauer zu erreichen.

Durch dieses einfache Beispiel wird bereits deutlich: Nachhaltigkeit ist unserem Kerngeschäft Filtration inhärent. Wir verstehen uns deshalb als *Enabler*. Wir ermöglichen unseren Kunden, ihre Maschinen und Prozesse mit Hilfe von Filtrations- und Separationslösungen aus unserem Portfolio so nachhaltig wie möglich zu betreiben sowie Menschen und Maschinen bestmöglich zu schützen. Einige unserer Ansätze und Lösungen haben wir im folgenden Kapitel für Sie zusammengestellt.

Gleichzeitig stehen wir als weltweit tätiges Unternehmen in der Pflicht, nachhaltig zu produzieren und zu wirtschaften. Als *Contributor* tragen wir unseren Teil zu mehr Nachhaltigkeit innerhalb des Unternehmens und unserer Wertschöpfungsketten bei. Mit innovativen Finanzierungsmodellen waren und sind wir Vorreiter beim Thema Green Finance und zeigen damit seit Jahren, dass auch die Finanzabteilung einen wichtigen Beitrag zum Thema Nachhaltigkeit leisten kann.

MANN+HUMMEL als Enabler: Saubere Mobilität und saubere Luft

Luftverschmutzung ist ein globales Problem und laut Weltgesundheitsorganisation (WHO) jährlich für knapp sieben Millionen Todesfälle verantwortlich.* Insbesondere Städte und Metropolen haben mit dieser Problematik zu kämpfen. Neben bekannten gasförmigen Luftschadstoffen, wie beispielsweise Kohlendioxid oder Stickoxiden, sind Partikel wie Feinstaub ein maßgeblicher Bestandteil der Luftverschmutzung. Hierbei kann die Gesamtpartikelmasse in PM10 und PM2.5 unterschieden werden. Beide Partikelfraktionen sind gesundheitsschädlich, PM2.5 kann sogar bis in die Lungenbläschen vordringen. In beiden Fällen sind teilweise schwerwiegende gesundheitliche Beeinträchtigungen die Folge.

Abgas ist aktuell der einzige Feinstaubemissionsanteil in Fahrzeugen, der gesetzlich reguliert ist, trägt aber nur mit maximal 15 % zur

---

* World Health Organization, Ambient (outdoor) air pollution, https://www.who.int/news-room/fact-sheets/detail/ambient-(outdoor)-air-quality-and-health (abgerufen am 17. Juli 2023).

Feinstaubemission eines Fahrzeugs bei. Der Löwenanteil stammt hingegen aus Bremsen-, Reifen- und Straßenabrieb.* Diese Werte sollen erst mit dem Inkrafttreten der Euro-7-Norm in Europa eine Regulierung erfahren.

Die Transformation der Antriebe vom Verbrennungsmotor hin zu Batterie- oder Brennstoffzellenfahrzeugen kann das Problem der Feinstaubemission eines Fahrzeugs nicht lösen. Zwar entfallen die lokalen Abgasemissionen, die weiteren Quellen (Bremsen-, Reifen- und Straßenabrieb) bleiben jedoch unabhängig von der Antriebsart auch weiterhin bestehen.

Der Anteil des Bremsenabriebs kann durch Rekuperation verringert werden, die mechanische Bremse bleibt aber auch in Elektrofahrzeugen für bestimmte Betriebspunkte vorhanden. Ein sogar gegenläufiger Effekt ergibt sich aus dem Gewicht des Fahrzeugs: Aufgrund der hohen Gewichte der Batterien und Komponenten erhöht sich tendenziell das Fahrzeuggewicht. Höhere Fahrzeuggewichte gehen mit einem Anstieg der Emissionen aus Bremsen, Reifen und Straße einher.

Um die Feinstaubemission von Straßenfahrzeugen zu verringern, können die Emissionsquellen direkt modifiziert werden, zum Beispiel durch Reifen mit verringerten Rollwiderständen oder Bremsen mit abriebsärmeren Materialienmischungen. Eine zumeist sehr kostenintensive Lösung.

Eine weitere Möglichkeit: Der Einsatz innovativer Filtrationslösungen. MANN+HUMMEL hat hierzu verschiedene Ansätze und Lösungen entwickelt, die aktuell zum Teil bereits im Einsatz sind.

Bremsstaubpartikelfilter

Der passive Bremsstaubpartikelfilter verfügt über ein Metallfaservlies, sitzt direkt am Bremssattel und fängt die Brems- und Feinstaubemission unmittelbar an der Bremse auf. Das System passt in jeden vorhandenen Bauraum und lässt sich auf unterschiedliche Bremsengrößen

---

* Amato, Fulvio (Hrsg.), Non-Exhaust Emissions: An Urban Air Quality Problem for Public Health. Impact and Mitigation Measures, 2018.

und -konzepte anpassen. In ihrer aktiven Variante nimmt die Lösung den an der Bremse entstehenden Brems- und Feinstaub auf und transportiert ihn via Vakuum-Pumpe zu einem zentralen Filter.

Allein auf deutschen Straßen entstehen jährlich rund 8000 Tonnen Bremsstaub.* Dieser besteht zu 90 % aus den besonders gesundheitsschädlichen Kleinstpartikeln.**

Abb. 1: Bremsstaubpartikelfilter

Frontendfilter

Eine andere Möglichkeit, Feinstäube aus der Luft zu filtern, bieten in das Frontend von Fahrzeugen integrierte Filtrationslösungen. Gemeinsam mit Mercedes-Benz Vans*** und Audi**** hat MANN+HUMMEL

---

* Umweltbundesamt, TREMOD Version 5.83.

** Timmers, Victor, Non-exhaust PM emissions from electric vehicles, 2016.

*** MANN+HUMMEL, Sauber fahren, https://www.mann-hummel.com/de/unternehmen/news-presse/2021/sauber-fahren.html (abgerufen am 17. Juli 2023).

**** Audi, Audi Urban Purifier – der Feinstaubfilter für Elektrofahrzeuge, https://www.audi-mediacenter.com/de/pressemitteilungen/audi-urban-purifier-der-feinstaubfilter-fuer-elektrofahrzeuge-14949 (abgerufen am 17. Juli 2023).

Lösungen entwickelt, um (Elektro-)Fahrzeuge in »fahrende Staubsauger« zu verwandeln. Der Vorteil: Die Fahrzeuge können nicht nur die eigenen Partikel-Emissionen, sondern auch die Emissionen anderer Fahrzeuge aus der Luft entfernen – und zwar quellennah.

Der Filter wird vor dem Kühler in das Frontmodul des Fahrzeugs integriert. In Kombination mit dem bereits im Fahrzeug vorhandenen Sauglüfter können dann Feinstäube aus der Luft gefiltert werden. Dies kann sowohl während der Fahrt – unterstützt durch den den Filter durchströmenden Fahrtwind – als auch während des Ladevorgangs am Straßenrand geschehen.

Die Effektivität der Filtrationsleistung steigt durch eine höhere Feinstaubbelastung in der Umgebung weiter an. Das bedeutet, dass gerade in urbanen Gebieten mit schlechterer Luftqualität Feinstäube noch effektiver aus der Luft gefiltert werden können.

Abb. 2: Frontendfilter

Sauberes Wasser

Antibiotika- und Medikamentenrückstände gelangen über unser Abwasser täglich in großen Mengen in unser Abwasser. In den Körpern von Menschen und Tieren werden beispielsweise Antibiotika nur zu einem Teil vom Stoffwechsel verarbeitet, der Rest je nach Wirkstoff teilweise wieder ausgeschieden. Je nach Antibiotikum variiert der Anteil der Ausscheidung zwischen zehn und 90 % des Ausgangswirkstoffs. Das Problem: Die Mehrheit der bestehenden Kläranlagen wurde vor Jahrzehnten gebaut. Einer Zeit, als man noch gar nicht um diese Herausforderungen wusste. Aktuelle Kläranlagen sind deshalb schlicht »überfordert«.*

So kommen beispielsweise Antibiotika in einer Kläranlage in Kontakt mit Bakterien. Mit der Zeit bilden die Bakterien dann Resistenzen gegen die Antibiotika aus. Es entstehen antibiotika-resistente Bakterien. Trotz intensiver Reinigung in der Kläranlage gelangen diese Stoffe mit dem vermeintlich gereinigten Abwasser in unsere Seen, Gewässer und unser Grundwasser, werden damit Teil des Wasserkreislaufs und damit zur Gefahr für uns und unsere Umwelt.

Durch den Einsatz von Membranfiltration im Zusammenspiel mit Aktivkohle können sowohl die Stoffe selbst als auch die resistenten Bakterien aus dem Abwasser entfernt werden. Das Besondere: Bestehende Kläranlagen müssen dafür nicht umfassend umgebaut und um zusätzliche Klärbecken erweitert werden. MANN+HUMMELs

Abb. 3: Bio-Cel M+

* Umweltbundesamt, Antibiotika und Antibiotikaresistenzen in der Umwelt. Hintergrund, Herausforderungen und Handlungsoptionen. 2018.

BIO-CEL mit Activated Carbon wird einfach in einem der bestehenden Reinigungsbecken »versenkt« oder in einem Container neben den Klärbecken installiert. Die Lösung sorgt für bessere Abwasserqualitäten – und langwierige Erweiterungen oder Ausbauten der bestehenden Anlage (für die oftmals keine Flächen vorhanden sind) entfallen. Das so gereinigte Wasser kann damit zum Beispiel bedenkenlos in der Landwirtschaft genutzt werden.

Filtration: Eine Schlüsseltechnologie des 21. Jahrhunderts

Die vorgenannten Beispiele machen schnell und eindrucksvoll deutlich: Filtration leistet einen wichtigen Beitrag zu mehr Nachhaltigkeit. Gleichzeitig bilden sie nur einen kleinen Ausschnitt dessen ab, was Filtration tatsächlich zu leisten im Stande ist. Filtrations- und Separationslösungen sorgen dafür, dass in vielen Anwendungsbereichen das Nützliche vom Schädlichen getrennt wird. Sie helfen dabei, das Schlechte gut und das Gute noch besser zu machen. Gleichzeitig schützen sie Mensch und Maschine – in der Mobilität und der Industrie, in Prozessanwendungen und der Lebensmittelherstellung, in Krankenhäusern und Reinräumen, in Gebäuden und verschmutzten Städten.

Wir sind überzeugt, dass der Bedarf an Filtrations- und Separationslösungen in den kommenden Jahren und Jahrzehnten weltweit wachsen wird – getrieben durch kontinuierliches Bevölkerungswachstum sowie den weiter voranschreitenden Klimawandel. Schlechte Luft- und schlechte Wasserqualitäten machen nicht an Stadt- oder Landesgrenzen Halt.

MANN+HUMMEL als Contributor

Nachhaltigkeit bedeutet Veränderung. Nachhaltigkeit bedeutet, bestehende Produkte und Lösungen sowie Werte und Normen für einen erfolgreichen Fortbestand des Unternehmens weiterzuentwickeln.

Nachhaltigkeit ist für uns mehr als ein Trend. Sie ist tief in der DNA von MANN+HUMMEL und damit in unseren Produkten und Lösungen verankert.

Ausgehend von einer Wesentlichkeitsanalyse nach dem Prinzip der doppelten Materialität haben wir zehn Fokusthemen identifiziert und festgelegt. Jeweils drei Schwerpunkte entfallen auf die Dimensionen Ökologie, Ökonomie und Soziales; ein Fokusthema (»Sustainable Solutions«) ist unserer vierten Basisdimension – der Technologie – zugeordnet (siehe unten).

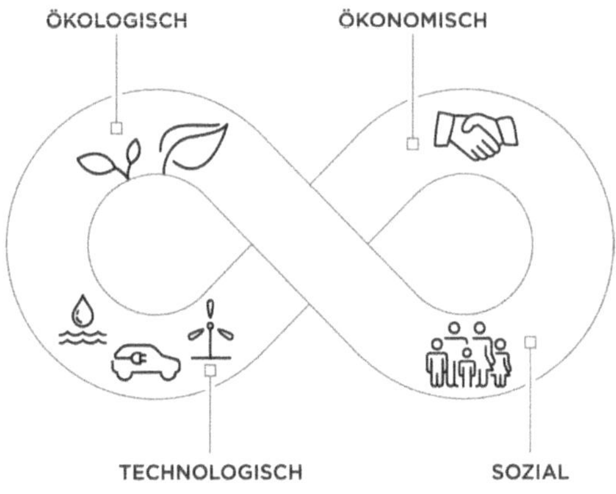

Abb. 4: Vier Dimensionen der Nachhaltigkeit

Unsere Nachhaltigkeitsstrategie fußt auf drei Wertetreibern für unser Unternehmen. Jedes Fokusthema bzw. dessen Maßnahmen müssen auf diese drei Wertetreiber einzahlen. Damit wollen wir sicherstellen, dass die nachhaltige Transformation auch Werte für das Unternehmen schafft.

- **Innovation, Wachstum und Effizienz: Erfolgreiches Geschäftswachstum**
  Mit innovativen und umweltverträglichen Lösungen stärken wir unsere bestehenden Märkte und erschließen neue Märkte und Kundensegmente. Wir nutzen die Chancen aus der Umsetzung von nachhaltigen Lösungen auch, um unsere Kostenpositionen zu verbessern, beispielsweise durch die Einsparung von Energie.

- **Resilienz: Nachweis der nachhaltigen Transformation**
  Wir verfolgen die globalen regulatorischen Entwicklungen und sind im Austausch mit Interessengruppen. Unter Einbeziehung dieser und weiterer Informationen bewerten wir die Chancen und Risiken sowie den Impact auf unsere Geschäftstätigkeit. Aus diesen Bewertungen leiten wir rechtzeitig Maßnahmen zur Einhaltung von Vorschriften und Gesetzen sowie zur Erfüllung von unterschiedlichen Anforderungen ein. Das Ziel: Die Nutzung identifizierter Chancen und die Risikominimierung, um eine operative Stabilität zu erreichen. Durch transparente, auf global anerkannten Standards basierende Berichtsformate weisen wir die Transformation und Einhaltung von Vorgaben nach.

- **Reputation: Steigerung des Markenimages / Markenwerts**
  Wir steigern den Wert unserer Marken durch positive Ergebnisse in unabhängigen, externen Bewertungen und Ratings (wie beispielsweise Ecovadis). Diese positiven Bewertungen erleichtern uns den Zugang zu Kapital und Kunden und stärken unsere Attraktivität als Arbeitgeber.

In der zurückliegenden Periode haben wir uns auf das Thema Menschenrechte und weitere nachhaltigkeitsrelevante Maßnahmen in den »Corporate Functions« im eigenen Unternehmen und der Lieferkette konzentriert. Als Familienunternehmen hatten die Themen Menschenrechte und Arbeitsbedingungen schon immer einen sehr hohen Stellenwert für uns. Unser Ziel ist »Keine Menschenrechtsverletzung«, bei uns und in unserer Lieferkette. MANN+HUMMELs Beitritt zum UN Global Compact im Jahr 2021 war die logische Konsequenz, um ein klares und starkes Signal zu senden.

Darüber hinaus haben wir einige Elemente aus dem Deutschen Lieferkettensorgfaltspflichtengesetz (LkSG) ergänzt und in die Unternehmensprozesse integriert.

Unser Anspruch, unseren Kunden den Weg zu mehr Nachhaltigkeit zu ermöglichen, bedeutet auch, dass wir unsere Hausaufgaben ernsthaft wahrnehmen und lösen müssen. Wir treiben die nachhaltige Transformation aktiv voran. Unser Ansatz ist integrativ: Nachhaltigkeit ist ein Bestandteil unserer Geschäfts- und Businessstrategie – ebenso wie die Digitalisierungsstrategie.

Ein Beispiel: Nachhaltigkeit bedeutet auch Transparenz. Diese Transparenz erfordert die Verarbeitung umfangreicher Datenmengen und die Identifikation relevanter Informationen, um die richtigen Entscheidungen zu treffen oder den Fortschritt zu messen. Dies gelingt nur in Kombination mit einer globalen Digitalisierungsstrategie. Gerade in heterogenen Konzernstrukturen kann dieser Mehraufwand nur über hocheffiziente, hochautomatisierte, intelligente und vertrauensvolle Prozesse und IT-Systeme funktionieren. Nachhaltigkeit wird ohne Digitalisierung nicht bezahlbar oder realisierbar sein.

Derzeit sind global agierende Unternehmen mit regional stark unterschiedlichen Rahmenbedingungen und regulatorischen Anforderungen konfrontiert. »Größere« Unternehmen im Sinne der EU-Definitionen mit Geschäftssitz in Europa müssen innerhalb kürzester Zeit (bei MANN+HUMMEL ab dem Geschäftsjahr 2025) ein umfangreiches Berichtswesen für die nichtfinanzielle Berichterstattung nach CSRD und EU-Taxonomie auf dem Niveau der finanziellen Berichterstattung als Teil des Lageberichts etablieren. Die Anforderungen an ein einheitliches Nachhaltigkeitsberichtswesen stellen Unternehmen mit unterschiedlichen Größen der Geschäftseinheiten im Konsolidierungskreis vor enorme (wirtschaftliche) Herausforderungen. Kleine Einheiten agieren zumeist relativ autark mit sehr schlanken Verwaltungsstrukturen. Hier entstehen Herausforderungen bezüglich Kompetenzen, Prozessen, Systemen und Verwaltungsaufwand.

Ein weiteres Beispiel für die Notwendigkeit einer symbiotischen Parallelentwicklung von Nachhaltigkeit und Digitalisierung sind die Berechnungen von CO_2-Fußabdrücken von Produkten, sogenannten Life Cycle Assessments (LCAs). Diese Berechnung ist für uns mittlerweile in der Entwicklung von neuen Lösungen der Standard. Sie zeigen uns Hotspots auf und ermöglichen es uns, Effekte von Alternativen bei der Materialauswahl und/oder dem Produktdesign zu simulieren. Die Automatisierung und das Zusammentragen von vertrauensvollen Daten sind unsere aktuelle Herausforderung.

Daten und Analysen sind ein Hilfsmittel, um den Fußabdruck des Unternehmens und seiner Produkte sowie den Rohstoffbedarf zu senken. So gestalten wir unseren Transformationsprozess zu einer CO_2-freien Produktion und langfristig zu einer CO_2-freien Wertschöpfungskette im Jahr 2050. Mit unser »Carbon Zero Strategy« verfolgen wir ambitionierte Etappenziele. Ab dem Jahr 2025 werden wir Strom aus erneuerbaren Quellen beziehen und ab dem Jahr 2035 wollen wir CO_2-frei produzieren.

Eine wesentliche Rolle unseres Fußabdrucks spielen Roh-, Hilfs- und Betriebsstoffe. Hierzu bauen wir Materialkreisläufe auf, die den Rohstoffbedarf senken. Damit vermeiden wir Abfälle und steigern den Anteil von recycelten Grundstoffen schon jetzt. Der Aufbau dieser Kreisläufe erfordert eine unternehmensübergreifende Zusammenarbeit, wie es sie bisher nicht gab.

Nachhaltige Finanzierung

Um Nachhaltigkeit als fest in der Unternehmensstrategie verankertes Ziel sicht- und erlebbar zu machen, hat MANN+HUMMEL im Jahr 2017 als weltweit erster Automobilzulieferer einen grünen Schuldschein begeben. 2019 folgte der zweite, 2021 der dritte grüne Schuldschein – erstmals mit einer Nachhaltigkeitskomponente in Form eines ESG-Links.

Im Rahmen einer grünen Schuldschein-Emission entstehen zusätzliche Berichtspflichten. Die dezidierte grüne Mittelverwendung muss gegenüber den Investoren nachgewiesen werden. Die 2021er Emission geht noch einen Schritt weiter: Die Erhöhung beziehungsweise Absenkung der Zinsmarge um 0,05 % ist an MANN+HUMMELs Rating durch die Nachhaltigkeitsagentur Ecovadis gekoppelt. Kurz: Je nachhaltiger das Unternehmen wirtschaftet, desto geringer die finanzielle Belastung. Verfehlt das Unternehmen jedoch seine gesteckten Nachhaltigkeitsziele, steigt auch der Zinssatz.

Um MANN+HUMMELs langfristige Ambitionen zu unterstreichen, wird der Schwellenwert für eine Anpassung der Zinsmarge nach fünf Jahren (2026) weiter verschärft. Mit dieser neuartigen Struktur wird somit ein Anreiz für eine kontinuierliche und vor allem langfristige Verbesserung der Bemühungen MANN+HUMMELs um mehr Nachhaltigkeit geschaffen.

Emese Weissenbacher, CFO und stellvertretende Vorsitzende der Geschäftsführung der MANN+HUMMEL Gruppe, sagte deshalb zur Vorstellung des Finanzierungsinstruments: »Überzeugt von unserer Vision ›Leadership in Filtration‹ übernehmen wir Verantwortung gegenüber heutigen und zukünftigen Generationen. Durch unseren grünen Schuldschein mit Nachhaltigkeitskomponente verpflichten wir uns nicht nur, geeignete grüne Projekte zu finanzieren beziehungsweise zu refinanzieren, sondern lassen uns auch an der zukünftigen Entwicklung unseres Nachhaltigkeitsratings messen. Das große Interesse an den langen Laufzeiten der Transaktion zeigt uns, dass die Investoren MANN+HUMMEL hierbei langfristig unterstützen möchten.«

Im Juli 2023 hat die MANN+HUMMEL Gruppe erneut einen Schuldschein begeben – ebenfalls mit einer an das Ecovadis-Rating gekoppelten Nachhaltigkeitskomponente ausgestattet. Um die langfristigen Ambitionen von MANN+HUMMEL zu unterstreichen, wird der Schwellenwert für eine Anpassung der Zinsmarge während der Laufzeit gleich dreimal verschärft.

Nachhaltigkeit hat vier Dimensionen

Allgemeingültige Nachhaltigkeitsdefinitionen sprechen von wahrer Nachhaltigkeit, wenn die soziale, die ökonomische und die ökologische Dimension im Einklang sind. Bei MANN+HUMMEL haben wir diese Perspektive um eine weitere Dimension erweitert: die technologische Dimension. Im Falle von MANN+HUMMEL ist dies die Dimension der Filtration.

Wenn Technologie eingesetzt werden kann, um althergebrachte Gleichgewichte ins Ungleichgewicht zu verschieben, dann muss es auch möglich sein, durch den innovativen und kreativen Einsatz von Technologie, entstandene Ungleichgewichte zu Gunsten echter Nachhaltigkeit wieder zu verschieben.

Als Familienunternehmen mit über 80-jähriger Tradition sowie weltweit über 22 000 Mitarbeiterinnen und Mitarbeitern sind wir uns unserer sozialen, ökonomischen und ökologischen Verantwortung sehr bewusst. Gleichzeitig übernehmen wir auch im Bereich der Technologie Verantwortung und tragen mit unseren Filtrations- und Separationslösungen zu sauberer Mobilität, sauberer Luft, sauberem Wasser und sauberer Industrie bei – auf dem Weg zu einem sauberen Planeten.

PWO

- Sitz: Oberkirch
- Gründung: 1919
- Rechtsform: AG
- Leitung: Carlo Lazzarini
- Umsatz: 530,8 Mio. Euro
- Mitarbeitende: 2820
- Zahlen aus Geschäftsjahr: 2022

PWO ist ein globales Unternehmen in der Mobilitätsbranche, das durch Innovationen die umweltfreundliche Mobilität der Zukunft gestaltet und komplett verbrennerunabhängig positioniert ist. Mit der Entwicklung und Fertigung von anspruchsvollen Metallkomponenten und komplexen Subsystemen bewegt sich PWO an der Grenze des technologisch Möglichen. Der Fokus liegt hier auf den drei zentralen Zukunftsthemen Elektrifizierung, Sicherheit und Komfort.

Link: https://www.pwo-group.com/de/nachhaltigkeit/

Autor

Carlo Lazzarini, CEO und Vorstandsvorsitzender

»Nachhaltigkeit in den drei Dimensionen Umwelt, Soziales und verantwortungsvolle Führung gehört für mich zu den Fundamenten zukunftsorientierter Unternehmen. Nachhaltige Unternehmenssteuerung trägt nicht nur dazu bei, die Lebensqualität künftiger Generationen zu sichern. Sie dient auch ganz konkret in der Gegenwart einer gesunden Umwelt, einem ausgeglichenen Leben und einem wertschätzenden Umgang miteinander. Damit stärkt sie den sozialen Zusammenhalt.«

PWO
ESG-Mindset schafft neue Lösungen

Von Carlo Lazzarini

Wie die PWO-Gruppe Nachhaltigkeit zum Fundament ihres Geschäfts macht

Wie schaffen wir Werte – und das nachhaltig? Vor dieser Frage stehen Unternehmen auf der ganzen Welt. In Zeiten eines voranschreitenden Klimawandels und einer Verknappung von Ressourcen helfen keine Lippenbekenntnisse mehr, sondern nur noch Taten auf allen Ebenen. Die Politik muss sich durchringen, klare Rahmenbedingungen zu schaffen. Konkret handeln und damit verändern müssen jedoch die Unternehmen und deren Mitarbeitende. Wir bei der PWO-Gruppe sind eines dieser Unternehmen.

Wir sind ein Zulieferer der Mobilitätsindustrie und sind darauf spezialisiert, Stahl zu formen und zu fügen – und dies an der Grenze des technologisch Möglichen. Gerade weil wir aus einer stahlgeprägten Welt kommen, ist Nachhaltigkeit für uns Verpflichtung und Auftrag – und noch mehr als das: Denn in der unter dem Akronym ESG zusammengefassten Denkweise sehen wir auch die Chance, neue Geschäftsmodelle zu entwickeln und die Innovationskraft unseres Unternehmens weiter zu stärken. Der Begriff ESG (Environmental, Social and Governance) beschreibt eine Haltung gesellschaftlicher Verantwortungsübernahme, auf der die Geschäftspraktiken und Entscheidungen eines Unternehmens gründen.

Was wir bei PWO machen, ist meist nicht sichtbar. Zumindest nicht auf den ersten Blick. Aber mit sehr hoher Wahrscheinlichkeit werden Sie unsere Komponenten auch in Ihrem Fahrzeug finden. Wir sind ein klassischer Zulieferer der Mobilitätsindustrie, einer der wichtigsten Industriezweige Deutschlands. Es gibt die PWO-Gruppe seit über 100 Jahren. Wir sind börsennotiert im Premium-Segment der Deutschen Börse, haben aber gleichzeitig seit Jahrzehnten ein langfristig orientiertes Family Office als Hauptaktionär. Wir stehen exemplarisch für den innovativen deutschen Mittelstand. 3000 Mitarbeiter an neun Standorten weltweit gestalten jeden Tag die Zukunft der Mobilität. Durch deren nachhaltige Transformation wollen wir dazu beitragen, eine Wirtschaftsstruktur zu entwickeln, die zugleich die Lebensgrundlagen künftiger Generationen bewahrt und unseren Wohlstand sichert. Dazu gehört: Kein starres Festhalten an alten Ideen, sondern neue Lösungen zu schaffen und ESG sinnvoll und erfolgreich für unser Unternehmen zu nutzen. Da wir ESG-Themen schon frühzeitig in unsere Unternehmenssteuerung aufgenommen haben, sehen wir bereits jetzt Erfolge, die zeigen, wie wir auf vielen Ebenen davon profitieren, sowohl was die Unternehmensstrategie als auch was die Unternehmenskultur betrifft.

Extrem leichte Lösungen aus Stahl

Bei PWO befinden wir uns im Hinblick auf die Umsetzung von ESG in einer sehr glücklichen Ausgangsposition. Denn unser Geschäftsmodell ist vollständig unabhängig vom Verbrennungsmotor. Unsere Fahrzeugkomponenten, beispielsweise für die Luftfederung oder für Sitze, werden in Fahrzeugen gleich welcher Antriebsart verbaut.

Abb. 1: Unser verbrennerunabhängiges Geschäftsmodell

Doch im Zentrum steht immer mehr die Elektromobilität und die Elektrifizierung von Fahrzeugen. Vor allem in China wächst der Markt für E-Mobilität, Elektroautos sind stark gefragt. So konnte der chinesische E-Auto-Anbieter BYD nach Angaben der China Passenger Car Association seine Absatzzahlen im ersten Quartal 2023 um 69 % steigern. Das heißt: Die Bedeutung der E-Mobilität wird in Zukunft noch erheblich zunehmen. Und die PWO-Gruppe ist auf diesem nachhaltigen Zukunftsmarkt weltweit sehr gut vertreten – mit technologisch anspruchsvollen Lösungen aus Stahl, die vielfach funktionaler sind als Lösungen aus Aluminium, Magnesium oder kohlenstofffaserverstärkten Kunststoffen. Rund die Hälfte eines Pkw besteht aus Stahl, bei Automobilherstellern, die sich dem Thema ESG glaubwürdig verpflichten, ist die Tendenz steigend. Denn Stahl hat in der Herstellung einen viel geringeren CO_2-Ausstoß als Lösungen aus Aluminium, Magnesium oder verstärkten Kunststoffen.

Stahl – das klingt zunächst einmal schwer, das klingt nach alter Welt. Wir aber machen Stahl leicht, extrem leicht. Mit unserer 100-jährigen Erfahrung im Leichtbau reduzieren wir den notwendigen Materialeinsatz für ein Bauteil konsequent. Darüber hinaus steht Stahl im allerbesten Sinne für eine moderne Kreislaufwirtschaft. Er ist vollständig recyclebar. Der Kreislauf existiert bereits und funktioniert ganz ohne Einbußen bei Qualität und Stärke. Das macht Stahl tatsächlich zu einem nachhaltigen Rohstoff. Zudem: Es gibt bereits grünen Stahl, bis 2030 auch in ausreichenden Mengen, um viele Industrien zu bedienen.

Fragen Sie Ihre Führungskräfte!

Nachhaltigkeit gehört in jedem Fall zu den Themen, die es gilt, strategisch anzugehen. Am Anfang der Entwicklung einer Nachhaltigkeitsstrategie steht eine Wesentlichkeitsmatrix – also eine Zusammenstellung und Priorisierung der aus Nachhaltigkeitssicht bedeutendsten Themen aller Stakeholder eines Unternehmens. Und es sind tatsächlich alle Stakeholder, die an diesem Prozess beteiligt sind, also Kunden, Mitarbeitende, Lieferanten, Kapitalgeber, der Staat und die Gesellschaft. Das klingt nach einer hochkomplexen Aufgabe. Tatsächlich ist dies aber kein Baustein, der Unternehmen von einer zügigen Entwicklung einer Nachhaltigkeitsstrategie abhalten sollte.

In einem ersten Schritt sollte zusammengetragen werden, was gesellschaftlich relevant ist und gegenwärtig diskutiert wird – beispielsweise Klimaschutzmaßnahmen, die faire Behandlung von Mitarbeitenden, die Einhaltung von Arbeits- und Menschenrechtsstandards in der Lieferkette sowie gute Unternehmensführung. Das kann im Desk Research erstellt werden und schafft das Fundament, um Handlungsfelder festzulegen und konkrete Strategien zu entwickeln. Den nächsten Baustein bildet dann das Wissen, das im Unternehmen bereits besteht. Fragen Sie Ihre Führungskräfte. Fragen Sie Ihre Mitarbeitenden. Fragen Sie Kunden, Partner, Zulieferer, Dienstleister.

Alle Stakeholder-Gruppen haben notwendigerweise Anknüpfungspunkte in Ihrem Unternehmen – der Vertrieb kennt die Anforderungen der Kunden, die Personalabteilung weiß, was heutige und künftige Beschäftigte erwarten, der Finanzabteilung ist bewusst, was sie ihren Kapitalgebern liefern muss, die Öffentlichkeitsabteilung erreicht täglich das Feedback aus dem allgemeinen Unternehmensumfeld, um nur einige Stakeholder-Gruppen zu erwähnen. Indem Sie das im Unternehmen vorhandene Wissen über die Ansprüche Ihrer Stakeholder transparent machen und zusammenführen, werden gleich zwei wesentliche Ziele erreicht: An die Führungskräfte wird ein Signal der Wertschätzung ihres Wissens gesendet, und die neue Nachhaltigkeitsstrategie gründet von Anfang an auf der Akzeptanz in allen Bereichen des Unternehmens.

Nachhaltigkeit konsequent vorleben

Doch die Notwendigkeit zur Veränderung muss von oben, vom Vorstand und Management gelebt werden. Wenn das Thema Nachhaltigkeit nicht an der Spitze ernst genommen und konsequent (vor-)gelebt wird, wird sich keine ESG-Orientierung im Unternehmen verankern lassen.

All change starts from the top. Und das beginnt im Miteinander. Wertschätzung ist für mich als CEO eines der Schlüsselwörter, wenn es um die Zukunftsfähigkeit von Unternehmen geht. Deshalb haben soziale Aspekte in unserer Nachhaltigkeitsstrategie den gleichen Stellenwert wie ökologische Themen.

Ich habe mich auch persönlich sehr stark für die Weiterentwicklung unserer Unternehmenskultur und unserer Unternehmenswerte eingesetzt. Gerade im deutschen Mittelstand ist die sogenannte »Social responsibility« eigentlich von jeher mit Leben gefüllt. Das sehen wir an dem vielfältigen Engagement der Firmen in ihren Regionen, auch bei uns. Themen wie Vielfalt im Hinblick auf Nationalität, Religion oder soziale Herkunft sind ebenso längst selbstverständliche Pfeiler der Unternehmensentwicklung wie auch weitere soziale Nachhaltigkeitsaspekte von gleicher Entlohnung über Diversity bis hin zur guten Vereinbarkeit von Arbeit und Familie.

Wir bei PWO fördern unsere Mitarbeitenden und befähigen sie zur Entfaltung ihres vollen Potenzials. Wir beteiligen sie an Entscheidungsprozessen und coachen sie, damit sie daran auf Augenhöhe mitwirken können. So haben wir erlebt, in welch ungeheurem Ausmaß der Schlüsselbegriff der Wertschätzung zusätzliche Energie und Kreativität bei unseren Mitarbeitenden freigesetzt hat und weiter freisetzt. Allein die Entscheidung, auf eine neue, offene Fehlerkultur zu setzen, hat sich als produktiv erwiesen. Wenn Mitarbeitende Fehler machen dürfen, sind sie eher bereit, neue Dinge auszuprobieren. Und wenn Mitarbeitende das Vertrauen ihrer Führungskräfte und des Vorstands spüren, werden sie mehr eigenständige Entscheidungen treffen, die – zumindest können wir das für uns sagen – immer dem Unternehmen zugutekommen und seine Marktposition stärken. Wertschätzung hat damit auch ganz klar eine ökonomische Komponente. Damit festigen wir unsere Wachstumsperspektiven in Zeiten des Wandels.

Leitlinien unseres Handelns sind dabei fünf Kernwerte, die wir für das Miteinander – und für die Entwicklung des Unternehmens definiert haben. Neben »Integrität«, »Fortschritt«, »Kundenfokus«, »Nachhaltigkeit« ist auch »Teamgeist« einer der Kernwerte, der uns als Unternehmen ausmacht – und dem sich eben auch die Führungsebene verpflichtet fühlt. Das ist entscheidend: Aus den Kernwerten leiten sich acht Führungsprinzipien ab, die definieren, wie wir die PWO-Gruppe insgesamt erfolgreich führen wollen.

Abb. 2: Unsere Kernwerte und Führungsprinzipien

ESG-Mindset verankern

Selbstverständlich bindet dies auch meinen Vorstandskollegen und mich ganz persönlich. Unsere Mitarbeitenden sollen das Einhalten unserer Kernwerte und Führungsprinzipien selbstbewusst und mit kritischer Kompetenz einfordern und tun dies auch. Das mag für manchen traditionellen mittelständischen Eigentümer-Unternehmer vielleicht auf den ersten Blick erstaunlich klingen. Für die PWO-Gruppe bildet es das Fundament eines sinnstiftenden gemeinsamen Arbeitens und damit nicht zuletzt eine starke Basis unserer Arbeitgebermarke. Wir sind überzeugt davon, dass wir deshalb auch in Zeiten des Fachkräftemangels und des demografischen Wandels diejenigen Arbeitskräfte finden, mit denen wir die Wachstumspotenziale, die uns unsere herausragende technologische Kompetenz bietet, voll ausschöpfen können.

Für uns im Vorstand war es eine Bestätigung, dass es gelungen war, mit unserem Vorgehen alle im Unternehmen mitzunehmen. Denn

Themen wie Nachhaltigkeit und auch die Wesentlichkeitsmatrix werden zwar auf Führungsebene initiiert und vorangetrieben, sollten sich aber von Anfang an quer durch alle Unternehmensbereiche ziehen. Nur so gelingt eine sinnvolle und vor allem ökonomisch sinnvolle Nachhaltigkeitsstrategie, die sich an den ESG-Kriterien orientiert. Inzwischen können wir ganz klar sagen, dass wir ein ESG-Mindset nachhaltig im Unternehmen verankert haben. Unsere DNA hat sich verändert.

Ganz konkret haben wir uns hohe Nachhaltigkeitsziele gesteckt. Und selbstverständlich haben wir diese auch verbindlich gemacht. So haben wir uns der Science Based Targets initiative (SBTi) angeschlossen, weil wir transparent und nachvollziehbar handeln und uns an den neuesten wissenschaftlichen Erkenntnissen messen lassen wollen. Die SBTi bietet Ressourcen und Leitlinien zum Abbau von Hindernissen bei der Einführung von Nachhaltigkeitszielen und validiert unabhängig die CO_2-Ziele von Unternehmen. Sie hat bestätigt, dass wir uns mit unseren Zielen zur Reduzierung von Treibhausgasemissionen (THG-Emissionen) auf dem Pfad des Pariser Klimaabkommens bewegen.

Abb. 3: Unsere SBTi-Ziele

Umstellung auf Grünen Strom

Wir wollen eine absolute Reduzierung nach Scope 1 & 2 (direkte Emissionen der PWO-Gruppe sowie indirekte Emissionen aus dem Verbrauch von Energie) um 46,2 % und nach Scope 3 (indirekte Emissionen entlang der Wertschöpfungskette) um 28,0 % gegenüber dem Basisjahr 2019 realisieren. Natürlich haben wir hierfür unsere Anstrengungen zum Einsparen von Energie und zum Erhöhen der Energieeffizienz unserer Prozesse weiter gesteigert – wie es jeder gute Unternehmer fortwährend macht. Dies ist aber ein langfristiger Prozess, mit dem wir nicht schnell genug die aktuell notwendige Reduzierung der THG-Emissionen erreichen können, um unseren Planeten zu schützen. Wir setzen daher bei PWO auf die möglichst weitgehende Elektrifizierung aller Prozesse und gleichzeitig auf die Nutzung von Strom aus erneuerbaren Quellen. Zum Ende des Jahres 2022 hatten wir Standorte in Tschechien und Deutschland, die zusammen für rund die Hälfte des Umsatzes der PWO-Gruppe stehen, auf Grünen Strom umgestellt. Damit und inklusive unserer in den letzten Jahren umgesetzten Einsparungen und Effizienzsteigerungen reduzierten wir unsere THG-Emissionen bereits um knapp 40 % gegenüber dem Basisjahr 2019.

Wir haben also den Zielwert von 46,2 % schon fast erreicht und wir werden ihn übertreffen, wenn alle unsere Standorte umgestellt sind. Denn das erweist sich als der effizienteste Hebel. Schon allein mit der Nutzung von Grünem Strom lässt sich das Pariser Klimaabkommen – also die Begrenzung der Erderwärmung auf weniger als zwei Grad – erreichen!

Ein gesamtgesellschaftlicher Kraftakt

Für uns bei der PWO-Gruppe ist das Ansporn, diesen Weg weiterzugehen – durch den Einkauf von Grünem Strom und, wo dies nicht geht, durch den Aufbau eigener Fotovoltaik-Anlagen oder auch den Zukauf von Zertifikaten. Letztere haben teilweise einen zweifelhaften Ruf. Achtet man jedoch auf solche, die den strengen Anforderungen der SBTi entsprechen – und nur mit diesen können wir bei PWO unsere Selbstverpflichtung erfüllen –, dann sind sie ein guter Weg, um auch in denjenigen Ländern der Welt heute schon handeln zu können, in denen die Rahmenbedingungen für eine nachhaltige Wirtschaftsweise noch nicht so weit vorangeschritten sind wie in Europa. Für die PWO-Gruppe sind damit durchaus anspruchsvolle zusätzliche Kosten verbunden – gerade angesichts der jüngsten Strompreisentwicklung. Dennoch meine ich, wir Unternehmer sollten unseren Energiemix prüfen und uns überlegen, ob wir diesen Schritt wirklich nicht gehen können. Zumindest für die weniger energieintensiven Unternehmen – und das ist ein Großteil des deutschen Mittelstands – sollte dies aus meiner Sicht eine realistische Option sein, um schnell ins Handeln zu kommen.

Allerdings werden sich dadurch nationale und globale Energieströme und Wertschöpfungsketten ändern. Denn Grüner Strom lässt sich schlechter transportieren als fossile Energieträger, das bedeutet: Die Erzeugung erneuerbarer Energien muss vor Ort geschehen – und wird damit zum Standortfaktor sehr vieler Industriezweige. Das übersteigt die Verantwortung einzelner Unternehmen und kann nur in einem gesamtgesellschaftlichen Kraftakt bewältigt werden, den der Staat steuern muss.

Nach den Plänen der Bundesregierung sollen 2030 bis zu 80 % des erzeugten Stroms aus erneuerbaren Energien stammen. Bisher scheint man auf einem guten Weg. Das Fraunhofer-Institut für Solare Energiesysteme ISE veröffentlicht regelmäßig Zahlen zur Nettostromerzeugung. Im ersten Halbjahr 2023 trugen die erneuerbaren Energien mit 57,7 % so viel zum Strommix in Deutschland bei wie noch nie zuvor. Doch der Staat darf nicht nachlassen und muss die richtigen Rahmenbedingungen setzen, damit die Wirtschaft ihre Beiträge leisten kann. Denn – und das ist Fakt: Das Geschäftsmodell Deutschland beruht auf dem Export. Als führende Export- und Industrienation brauchen wir nichts weniger als die weltbesten Bedingungen in allen für die Industrie wichtigen Belangen: Energiekosten, Arbeitszeiten, Lohnstückkosten, Steuern und Abgaben, Bürokratie, Bildung und Infrastruktur. Dazu braucht es aber eine kraftvolle Unterstützung der Politik und keine Halbherzigkeiten oder widersprüchlichen Regelungen. Denn nur so kann auch ESG gelingen.

ESG im besten Sinne

Auf der anderen Seite steht ESG aber eben auch für eine Öffnung im Hinblick auf neue Märkte und Produkte. Für die PWO-Gruppe kann ich sagen: Wir stehen voll hinter den Nachhaltigkeitszielen Deutschlands – auch wenn sie in schweren Zeiten besondere Kraftanstrengungen benötigen. Hilfreich wäre, wenn deutlich Bürokratie abgebaut würde, denn nur so kann die Klimawende noch schneller und flexibler gestaltet werden. Zudem braucht es für Unternehmen ein hohes Maß an Handlungsfreiheit, damit Kreativität und Kapital freigesetzt werden, um die Transformation der Wirtschaft voranzutreiben. Und wie kreativ Unternehmen sein können, zeigt nicht zuletzt PWO: Die viel diskutierte Wärmepumpe gilt als nachhaltige Alternative zu fossilen Energiequellen. Ebenso die Brennstoffzellen. Beide sind auch eine Chance für PWO, weil wir unsere Expertise in der Umformung von Komponenten nun auch bei Wärmepumpen und Brennstoffzellen einbringen können. Die Produktion ist bereits angelaufen. Und das ist ESG im besten Sinne.

J. Schmalz

- Sitz: Glatten
- Gründung: 1910
- Rechtsform: GmbH
- Leitung: Dr. Kurt Schmalz, Andreas Beutel
- Umsatz: keine Angabe
- Mitarbeitende: 1800
- Zahlen aus Geschäftsjahr: 2022

J. Schmalz liefert Komponenten und Systemlösungen aus dem Bereich Vakuumtechnik sowie ergonomische Handhabungssysteme. Die Produkte kommen in der Logistik genauso zum Einsatz wie in der Automobilindustrie, der Elektronikbranche oder der Möbelproduktion. Zum breiten Spektrum im Geschäftsfeld Vakuum-Automation zählen einzelne Komponenten wie Sauggreifer oder Vakuum-Erzeuger, komplette Greifsysteme und Spannlösungen zum Festhalten von Werkstücken.

Link: https://www.schmalz.com/de/karriere-unternehmen/nachhaltigkeit/

Autor

Dr. Kurt Schmalz, Geschäftsführender Gesellschafter

»Nachhaltigkeit haben wir schon gelebt, lange bevor der Begriff populär wurde. Seit der Gründung unseres Unternehmens 1910 in Glatten – Hauptsitz von Schmalz – gehört ein effizientes und ressourcenschonendes Wirtschaften zu den Grundprinzipien des Unternehmens. Nachhaltigkeit hat bei uns Tradition – eine Tradition, die sich angesichts vielfältiger globaler Veränderungen zum Erfolgsfaktor entwickelt hat.«

J. Schmalz
Nachhaltigkeit als Teil unserer DNA

Von Dr. Kurt Schmalz

Die Firma Schmalz hat Nachhaltigkeit schon gelebt lange bevor es zum globalen Megatrend wurde. Bereits 1910, bei der Firmengründung durch meinen Großvater Johannes Schmalz, war der entscheidende Standortfaktor eine vorhandene Wasserkraftanlage, die die Maschinen der Firma betrieben hat. Somit lässt sich behaupten, dass die Erzeugung eigener Energie mit regenerativen Quellen schon seit über 100 Jahren Teil der Schmalz DNA ist.

Dies hat sich nicht nur über Jahre, sondern sogar über Generationen hinweg fortgeführt. Inzwischen sind wir natürlich längst nicht mehr die kleine Manufaktur, die wir noch vor 30 Jahren waren. Wir sind massiv gewachsen, haben inzwischen 1800 Mitarbeitende an 30 Standorten weltweit und sehen uns ganz anderen Nachhaltigkeits-Herausforderungen entgegen, als es noch bei der Firmengründung vor 113 Jahren der Fall war.

Was sich allerdings nicht verändert hat, ist unser Anspruch. Nach wie vor setzen wir uns zum Ziel, in Sachen Nachhaltigkeit nicht nur Vorreiter, sondern ein Leuchtturm zu sein. Dies erfordert ständig neue Entwicklungen und neue Wege, kreative Ansätze und systematische Weiterentwicklungen, um den wachsenden Herausforderungen dauerhaft gerecht zu werden. Unser Verständnis von Nachhaltigkeit umfasst bereits seit Langem drei Säulen: Ökologie, Ökonomie und Soziales. Inzwischen hat sich ein anderer Dreiklang durchgesetzt: ESG. Auch für uns ist ESG der neue Standard geworden.

Und ebenso sehr verschreibt sich auch Schmalz den 17 SDGs, den »Sustainable Development Goals« der Vereinten Nationen, sowie dem 1,5-Grad-Ziel des Pariser Klimaabkommens. Doch diese Ziele werden sich nicht von allein erfüllen.

Auf den folgenden Seiten lesen Sie, wie wir als mittelständisches Unternehmen und gleichzeitig international agierende Firmengruppe mit Marktführeranspruch ein funktionierendes eigenes Ecosystem aufgebaut haben, um unsere Nachhaltigkeitsziele zu erreichen.

Implementierung in die Unternehmensstrategie

Die Nachhaltigkeit kann in verschiedenen Tiefen ins Unternehmen integriert werden. Bei Schmalz haben wir uns dazu entschieden ernst zu machen, das heißt, dass die Nachhaltigkeit fest in die Unternehmensstrategie implementiert wurde. Da Nachhaltigkeit allerdings viele verschiedene Bereiche betrifft, zum Beispiel die Produktentwicklung, den Einkauf, den Vertrieb, die Personalabteilung oder das Baumanagement, haben wir Nachhaltigkeit als Querschnittsstrategie in unserer Unternehmensstrategie definiert. Das bedeutet, dass wir den Nachhaltigkeitsgedanken in allen Unternehmensbereichen etablieren wollen – unabhängig von Fachbereich oder Abteilung. Dabei setzen wir in allen Perspektiven unserer Strategie auf das System der Balanced Scorecard (BSC) – auch in der Nachhaltigkeit.

Handlungsfelder und Organisation

Unser Verständnis von Nachhaltigkeit als Querschnittsthema beeinflusst auch die Art und Weise, wie wir verschiedene Handlungsfelder im Unternehmen organisieren.

Selbstverständlich gibt es bei uns den Fachbereich Nachhaltigkeit. Unser Nachhaltigkeitsteam erarbeitet die Nachhaltigkeits-Strategie, koordiniert unsere Aktivitäten über die Bereichsgrenzen hinaus und hat den Gesamtüberblick für unsere weltweit agierende Firmengruppe.

Doch wie sich aus der Strategie schon ableiten lässt, verstehen wir Nachhaltigkeit als ganzheitliches Thema. Deswegen haben wir zusätzlich zum Nachhaltigkeitsteam noch den sogenannten Schmalz Nachhaltigkeits-Circle etabliert. Dieser besteht aus Schmalz Mitarbeitenden verschiedener Bereiche und Hierarchieebenen. Der Nachhaltigkeits-Circle umfasst wiederum fünf interdisziplinäre Arbeitsgruppen, die sich mit folgenden Themen befassen:

1. **Transparenz im Corporate Carbon Footprint der Schmalz Gruppe.** Hierfür ist die Etablierung eines Nachhaltigkeits-Controllings nötig, das Kennzahlen für ESG controlled und reported. Unsere strategischen Nachhaltigkeitsziele sind dafür bereits definiert worden: Net Zero in Scope 1 bis 3 bis spätestens 2040.

2. **Interne und externe Kommunikation.** Unsere Nachhaltigkeitskommunikation wird an die neuen ESG-Richtlinien angeglichen.

3. **Überarbeitung des Produkt-Portfolios.** Wir stellen jedes Produkt aus dem Schmalz Katalog hinsichtlich Energie, Material und Prozesseffizienz auf den Prüfstand. Dabei haben wir den Product Carbon Footprint im Blick, der auch den CO_2-Rucksack während der gesamten Produkt-Nutzungsdauer beinhaltet. Es genügt also nicht nur, die eigene Produktion ins Visier zu nehmen, sondern vor allem auch die Lebensdauer und den Einsatz beim Kunden sowie die gesamte Supply Chain inklusive unserer Zulieferer. Schmalz Produkte zeichnen sich am Markt durch besondere Qualität und Langlebigkeit aus, so dass der Product Carbon Footprint maßgeblich durch den Einsatz beim Kunden beeinflusst wird. Bereits bis 2025 peilen wir an, den PCF aller Schmalz-Produkte um wenigstens 20 % reduziert zu haben.

4. **Gesetzliche Rahmenbedingungen.** Die neuen Richtlinien wie das Lieferkettengesetz oder die EU-Taxonomie sind zwar aus Nachhaltigkeits-Sicht verständlich, bringen aber in der Praxis einen enormen bürokratischen Aufwand mit sich. Die entsprechenden Auskunfts- und Nachweispflichten zu erfüllen, erfordert einen hohen Aufwand, der speziell mittelständische Unternehmen vor Herausforderungen stellt. Viele neue Kennzahlen, die wir teilweise bisher noch gar nicht erhoben haben, werden künftig berichtspflichtig. Dazu kommt die Schwierigkeit, aus einer schier endlosen Liste die für uns »richtigen« Kennzahlen zu finden.

5. **Erneuerbare Energien.** Schon jetzt erzeugt Schmalz am Hauptstandort in Glatten bilanziell rund 85 % seiner benötigten Energie selbst. Im Jahr 2022 haben wir über 6,3 Mio. kWh aus regenerativen Quellen gewonnen. Maßgeblichen Beitrag dazu leisten unsere zwei Windräder, unsere Photovoltaik-Anlagen, die nahezu alle Firmendächer zieren, unsere Holzhackschnitzel-Anlage, mit der die Gebäude beheizt werden und unsere Erzeugung aus Wasserkraft und Solarthermie. Doch auch hier sind wir längst noch nicht am Ende. Wir peilen an, bis 2030 ein Positiv-Energie-Unternehmen zu werden, also bilanziell mehr Energie aus erneuerbaren Quellen herzustellen als wir selbst verbrauchen. Hierfür sind weitere Investitionen nötig. Da wir als Familienunternehmen aber in Generationen planen, amortisieren sich die regenerativen Anlagen für uns rechtzeitig. Dies ist der Vorteil, wenn ein Unternehmen nicht von Quartalszahlen getrieben ist. Wir hoffen zudem stark darauf, dass die hohen bürokratischen Hürden, die uns zum Beispiel beim Bau eines dritten Windrades seit Jahren ausbremsen, endlich gelockert werden, damit der Ausbau der erneuerbaren Energien an Tempo gewinnt.

Abb. 1: Die Hackschnitzelanlage von Schmalz

Neue Märkte, neue Produkte, neue Vertriebskanäle

Ein nachhaltiger Ansatz hat Einfluss auf neue Märkte, neue Produkte und neue Vertriebskanäle. Wie bereits erwähnt, ist die kritische Überprüfung unseres Produktportfolios ein wichtiger Bestandteil unserer Nachhaltigkeits-Aktivitäten. Dazu zählt natürlich nicht nur die Überarbeitung des bestehenden Portfolios, sondern auch die Entwicklung neuer Möglichkeiten.

Für uns heißt das unter anderem, dass wir ein »internes Start-up« aufgebaut haben, das sich mit der Entwicklung und der Produktion der Grundkomponenten von Energiespeichern beschäftigt. Diese »Stacks« funktionieren auf Basis der Redox-Flow-Technologie, bei der Energie in einer Flüssigkeit gespeichert wird. Damit haben wir ein Geschäftsfeld aufgebaut, das sich abseits unseres gewohnten Portfolios bewegt. Mit den Stacks unterstützen wir Hersteller von Batterien, die die aus erneuerbaren Quellen gewonnene Energie speichern und wettbewerbsfähig verfügbar machen.

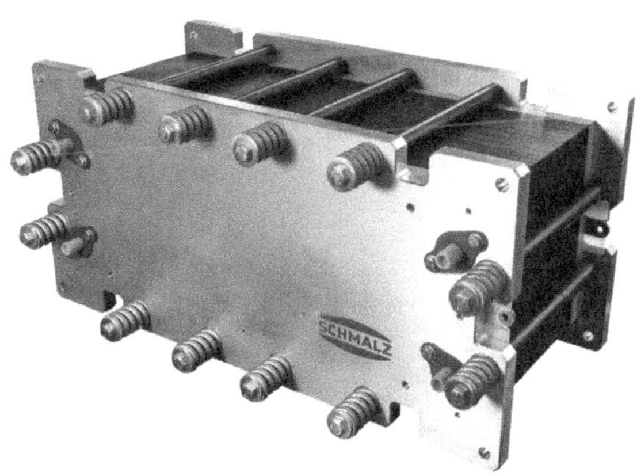

Abb. 2: Ein Schmalz Redox-Flow-Stack für Energiespeicher

Während die Energiespeicher ein Beispiel dafür sind wie sich Schmalz auf einen bis dato komplett neuen Markt begeben hat, gibt es auch zahlreiche Beispiele, bei denen wir zwar auf bekanntem Terrain unterwegs sind, aber dennoch komplett neue Produktlösungen entwickelt haben. Dies beinhaltet zunehmend auch digitale Lösungen und Services. Inzwischen statten wir zahlreiche unserer Produkte mit smarten Funktionen.

Und auch in Sachen Vertriebskanäle gehen wir neue Wege. Was beim Autokauf schon längst gelebte Realität ist, ist in der Branche der Vakuumtechnologie noch ein zartes Pflänzchen, das erst noch zum Standard werden muss: Konfiguratoren. Bei Schmalz haben wir bereits Konfiguratoren im Einsatz, die der Kunde selbst bedienen kann. Dadurch ersparen wir uns die Fahrt des Außendienstlers zum Kundenbesuch.

Außerdem haben wir bereits Produkte im Portfolio, die durch additive Fertigung geschaffen werden. Dadurch produzieren wir exakt die Lösung in exakt der Menge, die der Kunde braucht und auch bereit ist abzunehmen. Wir reduzieren damit unseren Materialbedarf und vor allem unsern Überschussproduktion. Das wiederum spart Zeit, Energie und Lagerkosten.

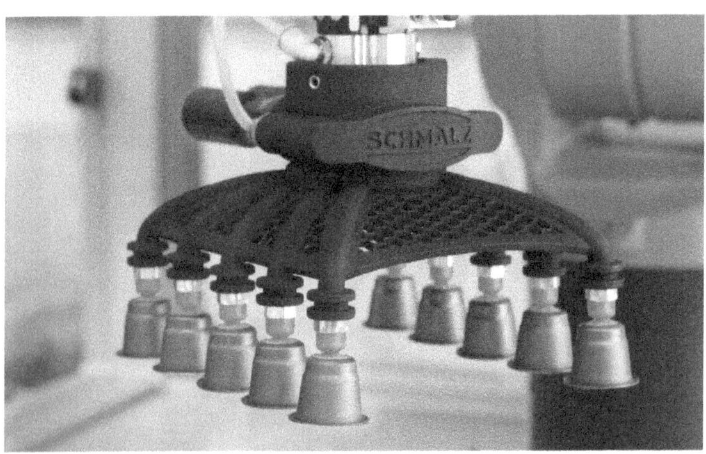

Abb. 3: Der Leichtbaugreifer SLG kommt aus dem 3D-Drucker – auch in Losgröße 1.

Ein weiterer wichtiger Schritt hin zur Nachhaltigkeit ist in unserer Branche die elektrische Vakuumerzeugung. Grundsätzlich lässt sich ein Vakuum auf verschiedene Arten herstellen.

Klassische Ejektoren benötigen dafür Druckluft. Die Druckluft wird mit Hilfe einer Venturi-Düse so beschleunigt und gelenkt, dass dadurch ein Vakuum entsteht. Dieser Effekt ist ähnlich wie bei einem Flugzeug, bei dem die beschleunigte Luft einen Sog-Effekt bildet. Der Vorteil der Druckluft ist die hohe Leistungsfähigkeit. Damit lassen sich selbst poröse und schwere Gegenstände bestens mit Vakuum heben. Außerdem sind die Ejektoren leichter und können direkt an Roboterarmen befestigt werden.

Als Alternative zur Druckluft gibt es inzwischen elektrische Vakuumerzeuger von Schmalz. Diese sind energieeffizienter, da sie komplett ohne Druckluft auskommen. Zwar sind sie in der Spitze nicht gleich leistungsfähig und vom Gewicht her schwerer, so dass sie sich entsprechend nur für passende Anwendungen eignen. Doch dafür sind sie nachhaltiger und energiesparender.

Unser Vorzeigeprojekt, die elektrische Compact-Pump GCPi und das Kompaktventil LEQ, sorgen in Kombination dafür, dass der Energieverbrauch in der Anwendung beim Kunden um über 90 % reduziert werden kann! Die Entwicklung dieser Technologie ist ein Game Changer.

Solche Entwicklungserfolge zu präsentieren und immer weiter nach neuen Einsparungsmöglichkeiten zu forschen, ist die Grundvoraussetzung für nachhaltiges Wirtschaften. Schließlich genügt es nicht, dem Markt ins Gewissen zu reden. Vielmehr müssen die Kunden spürbare Effekte haben, wenn sie auf nachhaltige Produkte setzen – zum Beispiel eben deutliche Einsparungen bei ihren Energiekosten. Dabei unterstützt Schmalz seine Kunden tatkräftig.

Und was ist mit dem S wie Social und dem G wie Governance?

Die bisher genannten Ansätze haben einen stark ökologischen Fokus. Das heißt aber nicht, dass Soziales und Governance keine Rolle spielen würden – ganz im Gegenteil.

Governance, ein englisches Wort, für das es aus meiner Sicht noch keine 100-prozentig perfekte Übersetzung gibt, umfasst nicht nur die Einhaltung sämtlicher rechtlicher Grundlagen, zu denen Schmalz ohne

Einschränkung und mit völliger Selbstverständlichkeit steht. Vielmehr hat Governance bei uns auch einen stark ethischen Anstrich. Wir vertreten die Philosophie des ehrbaren Kaufmanns, der die sogenannten christlichen Werte in das Management eines Unternehmens überführt. Ich bin persönlich zutiefst davon überzeugt, dass sich »fair play« im Geschäftsleben auf lange Sicht auszahlt.

Gute Governance führt über die Jahre und Jahrzehnte dazu, dass verschiedene Stakeholder, seien es Lieferanten oder Kunden am Markt, aber auch Arbeitnehmer, Verbände, die Politik oder die Öffentlichkeit an sich, ein Gefühl von Verlässlichkeit gegenüber einem Unternehmen entwickeln. Ein solches Vertrauen ist ein unschätzbarer immaterieller Wert. Die Gefahr: Was Jahrzehnte braucht, um sich aufzubauen, kann mit wenigen Fehltritten schnell eingerissen werden. Deswegen ist es wichtig, konstant und lückenlos die Normen zu erfüllen. Genau das gelingt dem ehrbaren Kaufmann.

Genau wie Governance ist auch Social, also Soziales, von enormer Relevanz. Unser Verständnis richtet sich dabei in zwei Richtungen: nach innen und nach außen. Gleichermaßen ist dabei sozial, was den Menschen hilft. Nach innen haben wir eine lange Liste an Benefits für unsere Mitarbeitenden in unserem so genannten Life-Plus-Programm gebündelt. Dies beinhaltet finanzielle Anreize wie eine Beteiligung aller Mitarbeitenden am Unternehmensgewinn, Bildungsperspektiven durch interne Lern- und Schulungsplattformen, Beiträge zur Gesundheit in Form von Massageangeboten und psychologischer Beratung, aber auch flexible Arbeitszeitmodelle, eine eigene Kleinkind-Betreuung, mobiles Arbeiten und vieles mehr. Nicht zuletzt der große Aufwand, den wir für unsere Mitarbeitenden betreiben, hat dafür gesorgt, dass wir bereits sechs Mal im Folge von »Great Place to Work«-Initiative bei »Deutschlands beste Arbeitgeber« ausgezeichnet wurden. Menschlichkeit muss dazu großgeschrieben und vorgelebt werden.

Auch nach außen lässt sich soziales Engagement leben. Sport und Vereinsleben leisten einen wichtigen Beitrag zur Sozialisation von Kindern und Jugendlichen, weshalb wir seit vielen Jahren Hauptsponsor unseres lokalen Jugend-Fußballvereins sind und weit über 100 Kinder und Jugendliche unterstützen und fördern. Auch in anderen Bereichen gibt es kreative Ansätze. Beim »Sozialen Tag« von Schmalz können all unsere Auszubildenden und DH-Studenten im ersten und zweiten Lehrjahr eine soziale Einrichtung ihrer Wahl für einen Tag lang unterstützen. Einmal im Jahr tauschen sie ihren Job bei uns im Unternehmen gegen ehrenamtliches, soziales Engagement in Kindertagesstätten, Pflegeheimen oder der Diakonie.

Die beispielhaft genannten Maßnahmen haben alle eines gemein: Sie sind leicht umzusetzen und entfalten dennoch Wirkung. Von daher werden wir bei Schmalz in Zukunft unser soziales Engagement noch weiter ausbauen. Es ist kein Zufall, dass dem sozialen Aspekt innerhalb ESG ein eigener Buchstabe gewidmet wurde. Die Relevanz von sozialem Engagement rechtfertigt dies allemal.

Projekte außerhalb der eigenen vier Wände

Beim Thema Nachhaltigkeit ist es empfehlenswert, nicht nur die eigene Sichtweise in die Überlegungen einzubeziehen. Deshalb ist Schmalz Mitglied in verschiedenen Netzwerken. Schmalz hat sich als eines der ersten Unternehmen zu den ambitionierten Klimaschutzzielen des Klimaschutzbündnisses Baden-Württemberg bekannt. Die Absicht klimaneutral zu werden, den Gesamtenergieverbrauch zu reduzieren und Produkte möglichst frei von Kohlenstoffdioxid herzustellen, steht im Vordergrund. Als Erstunterzeichner sind wir hier von Anfang an dabei.

Zudem sind wir Gründungsmitglied der Klimaschutz-Unternehmen, die vom Bundesumweltministerium, dem Bundeswirtschaftsministerium und dem Deutschen Industrie- und Handelskammertag initiiert wurden. Schmalz gehört außerdem, ebenfalls als Gründungsmitglied, zur Wirtschaftsinitiative WIN des Landes Baden-Württemberg. Die WIN-Charta ist eine freiwillige Selbstverpflichtung, sich an zwölf Leitsätze für nachhaltiges Wirtschaften zu halten.

Diese und weitere Netzwerke wie der B. A. U. M. e.V. oder der wvib Schwarzwald sind für uns eine gute Gelegenheit zum Netzwerken. Innerhalb dieser Vereinigungen finden regelmäßige Erfahrungsaustausch-Veranstaltungen statt, die den eigenen Blick erweitern und die Möglichkeit bieten, sich von den Best-Practice-Beispielen anderer Unternehmen inspirieren zu lassen.

Neben Netzwerken beteiligt sich Schmalz unter anderem am Forschungsprojekt »ReduCO_2« des Campus Schwarzwald in Freudenstadt. Ziel ist ein nachhaltiger und wirtschaftlicher Aufbau eines Wasserstofftechnologiezentrums im und für den ländlichen Raum. Das Teilprojekt ReduCO_2 soll Simulationstools zur Bestimmung der individuellen Rahmenbedingungen verschiedener Stakeholder erstellen und damit die Potenziale zur wirtschaftlichen Nachhaltigkeit in der produzierenden Industrie und Mobilität erarbeiten. In diesem Projekt wird ein digitaler Zwilling des gesamten Unternehmens entwickelt. Dieser digitale Zwilling bildet alle Energieströme ab, sowohl die verbrauchte Energie als auch die erzeugte, bzw. eingespeiste Energie lässt sich dadurch nachvollziehen. Am Ende entsteht daraus eine Software, die flexible, situationsbedingte Energiemodelle darstellt. Dadurch wird einer ganzen Region ermöglicht, Entscheidungen zur Erreichung der CO_2-Neutralität in der Vernetzung aller relevanten Systeme (Mobilität, Produktion, Logistik und Wohnen) zu treffen und optimal umzusetzen. Für uns lassen sich damit Lieferketten im Sinne ihres CO_2-Fußabdrucks modellieren und bewerten. Das unterstützt die Entscheidungsfindung und das klassische Nachhaltigkeitsmanagement im Unternehmen. Ein großer Mehrwert für unsere Nachhaltigkeitsbemühungen.

Die internationale Perspektive

Natürlich ergeben sich durch die nachhaltige Unternehmensführung auch Herausforderungen. Schließlich ist Schmalz ja immer noch ein Wirtschaftsunternehmen, das sich im globalen Wettbewerb befindet. Investitionen in Nachhaltigkeit dürfen deshalb nicht die Wettbewerbsfähigkeit mindern, indem die Produkte dadurch teurer werden und auf vielen Märkten der Welt nicht mehr mit den günstigen Konkurrenzangeboten mithalten können.

Dies ist insbesondere in China ein großes Problem. Der chinesische Markt erlebt einen massiven Preiskampf. Bei regionalen Herstellern spielt Nachhaltigkeit in der Produktion nahezu keine Rolle. Auch

Themen wie Arbeitssicherheit haben in vielen anderen Ländern einen geringeren Stellenwert als in Deutschland. Die Investitionen in die Gesundheit der Mitarbeitenden und die Nachhaltigkeit der Produkte sind geringer. Deshalb können chinesische Firmen mit Kampfpreisen am Markt agieren, die europäische Unternehmen mit hohen Qualitätsstandards vor Herausforderungen stellt.

Schmalz ist insgesamt an 30 Standorten vertreten, unter anderem mit unseren »big four« Auslandsgesellschaften in China, den USA, Indien und Japan. In all den genannten Ländern herrscht eine individuelle Sicht auf das Thema Nachhaltigkeit. Wenngleich wir von unseren Tochtergesellschaften nachhaltiges Denken erwarten, ist dies auf den amerikanischen und asiatischen Märkten längst nicht so selbstverständlich wie in Europa. In den USA ist, verallgemeinernd gesagt, die Leistung eines Produkts entscheidender als sein Energieverbrauch. In Asien ist vor allem der günstigste Preis der entscheidende Faktor für die Kaufentscheidung. Das macht es für deutsche Unternehmen schwer, sich auf diesen Märkten zu behaupten, die von ihren lokalen Firmen geringere regulatorische Standards einfordern.

Abb. 4: Das Schmalz China Headquarter in Taicang bei Shanghai

Damit sich das Prinzip der nachhaltigen Unternehmensführung weltweit durchsetzen kann, ist es unumgänglich, dass die Rahmenbedingungen global wenigstens angenähert werden, wenn eine Angleichung schon nicht realistisch ist. So lange auf vielen Märkten der Erde Investitionen in Nachhaltigkeit zwar eine Kostensteigerung, aber keinen, oder nur einen überschaubaren Mehrwert am Markt bringen, fehlen die schlagenden Argumente. Dies erfordert ein politisches Umdenken in vielen Ländern der Erde, bevor es zu spät ist.

ESG als Wettbewerbsvorteil

In Deutschland und Europa sind wir insgesamt auf einem guten Weg. Vor allem hierzulande vertrete ich die Auffassung, dass nachhaltiges Wirtschaften und die Orientierung an ESG kein Hemmnis ist, sondern sogar ein Wettbewerbsvorteil. Dies mache ich an fünf Hauptaspekten fest:

1. **Wirtschaftlichkeit.**
   Nachhaltigkeit bietet Wettbewerbsvorteile durch Wirtschaftlichkeit. Kunden legen zunehmend Wert auf nachhaltige Produkte aufgrund gesetzlicher Vorgaben und dem Druck, klimaneutrale Lieferketten zu gestalten. Energieeffiziente Produkte ermöglichen eine bessere CO_2-Bilanz und reduzieren den Energieverbrauch, was für Kunden doppelt attraktiv ist. Unternehmen, die innovative und energiesparende Lösungen anbieten, haben einen klaren Vorteil am Markt, da die Nachfrage nach ökologischen Produkten steigt.

2. **Resilienz.**
   Eine eigene Energieerzeugung schafft Unabhängigkeit und bietet Unternehmen (auch ökonomisch) vielfältige Vorteile: Kostenersparnis, Versorgungssicherheit in Krisenzeiten wie Energieknappheit, Resilienz gegen Preisschwankungen, Refinanzierungsmöglichkeiten durch Energieverkauf, verbesserte CO_2-Bilanz und geringere Kompensationszahlungen.

3. **Netzwerke.**
Wie bereits erwähnt, erhalten nachhaltige Unternehmen Zugang zu Netzwerken. Teil eines nachhaltigen Unternehmensnetzwerks zu sein, ermöglicht Zugang zu exklusiven Kontakten und politischen Entscheidungsträgern. Der regelmäßige Austausch über ökologische Lösungen fördert den Wissenstransfer. Zudem eröffnet die Vernetzung direkte Kontakte zu potenziellen Kunden mit Interesse an Nachhaltigkeit. Klimaschutz schafft somit nicht nur ökologische Vorteile, sondern auch wertvolle Zugänge zu nachhaltigen Netzwerken, was Unternehmen einen bedeutsamen Wettbewerbsvorteil verschafft.

4. **Arbeitgebermarke.**
ESG bietet Unternehmen einen bedeutenden Wettbewerbsvorteil im Bereich der Arbeitgebermarke. Das nachhaltige Profil eines Unternehmens spielt eine entscheidende Rolle im Kampf um die besten Arbeitskräfte. Besonders für junge Menschen ist die Nachhaltigkeit eines potenziellen Arbeitgebers ein wichtiger Faktor bei der Wahl ihres Berufs. Als nachhaltiges Unternehmen erhöht sich die Attraktivität als Arbeitgeber deutlich. Das bezieht sich nicht nur auf Klimaschutz, sondern auch auf die anderen Inhalte von ESG. Soziales Engagement und eine nachhaltige Unternehmensführung verleihen einen klaren Wettbewerbsvorteil, da sie die Arbeitgebermarke positiv beeinflussen. Die erhöhte Attraktivität als Arbeitgeber durch das Engagement im Klimaschutz zieht talentierte Fachkräfte an und ermöglicht es dem Unternehmen, ein hochqualifiziertes Team aufzubauen. Somit geht der Klimaschutz über die ökologischen Aspekte hinaus und wird zu einem wichtigen Erfolgsfaktor für Unternehmen im Wettbewerb um die besten Arbeitskräfte.

5. **Beständigkeit und Verlässlichkeit.**
Governance, auf die man sich verlassen kann, gibt Sicherheit in alle Richtungen. Lieferanten und Kunden arbeiten lieber mit einem Partner zusammen, bei dem sie wissen, dass dieser ein

zuverlässiger und langfristiger Fixpunkt ist. Auch soziales Engagement trägt zu Beständigkeit und Verlässlichkeit da. Ein Unternehmen signalisiert damit, dass es Verantwortung übernimmt – sei es nach innen, in Form von besonderen Sozialleistungen für seine Mitarbeitende, oder nach außen, in Form von einem Mehrwert für die Gesellschaft. Das wiederum schafft Identifikation mit den Mitarbeitenden und der Region und erhöht die Attraktivität als Arbeitgeber. Als Familienunternehmen in dritter Generation sind wir ganz besonders gut darin, langfristig sichere Arbeitsplätze und ein stabiles Umfeld zu schaffen.

Fazit

Nachhaltigkeit ist tief in der DNA unseres Unternehmens verankert und hat sich über Generationen hinweg fortgesetzt. Als Vorreiter und Leuchtturm in Sachen Nachhaltigkeit verfolgen wir bei Schmalz das Ziel, ständig neue Entwicklungen und kreative Ansätze zu finden, um den wachsenden Herausforderungen der heutigen Zeit gerecht zu werden. Dabei haben wir Nachhaltigkeit als Querschnittsstrategie in unsere Unternehmensstrategie integriert und in verschiedenen Handlungsfeldern sowie in der Organisation fest verankert.

Unser eigenes Ecosystem ermöglicht es uns, unsere Nachhaltigkeitsziele zu erreichen, sei es durch die Umstellung auf erneuerbare Energien, die Entwicklung neuer Produkte und Vertriebskanäle oder die Teilnahme an Netzwerken. Dabei sehen wir ESG nicht nur als ökologischen oder sozialen Beitrag, sondern auch als Wettbewerbsvorteil. Nachhaltigkeit führt zu Wirtschaftlichkeit, schafft Resilienz gegenüber Krisen und eröffnet Zugang zu wertvollen Netzwerken. Zudem stärkt sie unsere Position als attraktiver Arbeitgeber, der talentierte Fachkräfte anzieht.

Allerdings stehen wir auch vor Herausforderungen, vor allem auf internationalen Märkten, wo nachhaltiges Wirtschaften noch nicht überall selbstverständlich ist. Dennoch sind wir überzeugt, dass nachhaltiges Handeln zum globalen Standard werden muss, um die 17 SDGs zu erreichen. Es erfordert ein Umdenken und politisches Handeln auf internationaler Ebene, um die Rahmenbedingungen für nachhaltiges Wirtschaften weltweit zu verbessern. Als Unternehmen sind wir bestrebt, unseren Beitrag dazu zu leisten und auch weiterhin innovative Lösungen für eine nachhaltige Zukunft zu entwickeln. Denn nur gemeinsam können wir die Herausforderungen bewältigen und eine nachhaltige Zukunft gestalten.

SchwörerHaus

- Sitz: Hohenstein-Oberstetten
- Gründung: 1950
- Rechtsform: KG
- Leitung: Johannes Schwörer
- Umsatz: 350 Mio. Euro
- Mitarbeitende: 1850
- Zahlen aus Geschäftsjahr: 2022

SchwörerHaus baut jährlich 800 bis 1000 Häuser in Deutschland und den europäischen Nachbarländern. Die Produktpalette umfasst u. a. energiesparende Holz-Fertighäuser, FlyingSpace-Wohnmodule und mehrgeschossige Wohnbauten in Holz-Hybridbauweise. Von der Planung über die Montage bis hin zu passgenauen Möbeln aus der eigenen Schreinerei erhalten die Kunden alles aus einer Hand. Auch in Sachen Wohngesundheit bietet SchwörerHaus seinen Kunden Sicherheit, unter anderem weil ausschließlich geprüfte Materialien zum Einsatz kommen, die für eine schadstoffarme Innenraumluft sorgen.

Link: https://www.schwoererhaus.de/unternehmen/

Autoren

Felix Schwörer, Nachhaltigkeitsmanagement

»Nachhaltigkeit darf kein Imagethema sein, es muss in der Unternehmens-DNA verankert sein. Dafür benötigt es außerordentliche Anstrengungen, die sich aber auch bezahlt machen.«

Johannes Schwörer, Geschäftsführer

SchwörerHaus
So gelingt die Nachhaltigkeitstransformation

Von Felix Schwörer und Johannes Schwörer

Die Grenzen des Wachstums – Unternehmen in der Pflicht

Die Industrialisierung, der politische Wandel und die Lehren aus zwei Weltkriegen hat in den letzten 270 Jahren dafür gesorgt, dass es – insgesamt – der Bevölkerung in Europa, aber auch auf den anderen Kontinenten so gut geht wie nie zuvor. Die Weltbevölkerung ist auf 8,01 Mrd. Menschen angewachsen (um 1800 lag diese bei 1 Mrd. Menschen). Aber der durch die Industrialisierung erzeugte CO_2-Ausstoß und die wachsende Bevölkerung haben natürlich Auswirkungen auf unsere Welt. Rohstoffe, Boden, Wasser und Luft stehen nicht unbeschränkt zur Verfügung. Der Umwelt- und Klimaschutz muss unter diesen Aspekten eine zentrale Bedeutung in unserem Denken bekommen, sonst zerstören wir unsere eigene Lebensgrundlage.

Auch wenn bereits viel über diese Themen geredet und auch viele Verbesserungen vorgenommen wurden, so bedarf es doch für die Zukunft noch deutlich konsequentere Umsetzungen. Natürlich zählen auch die kleineren Schritte, aber ohne eine ganzheitliche Änderung werden unsere Bemühungen nicht ausreichen.

Also müssen wir alle nach Lösungsmöglichkeiten suchen, Wege finden – erfinden – und aufzeigen, dass Wohlstand und Umweltschutz sich nicht gegenseitig ausschließen, sondern sogar in Einklang zu bringen sind und gebracht werden müssen.

Hier sind neben der Politik auch die Unternehmen in der Pflicht, verantwortungsbewusst voranzugehen und vorzuleben, wie umweltbewusstes und generationengerechtes Wirtschaften ganzheitlich funktionieren kann. Wir bei SchwörerHaus sind schon einige Jahrzehnte auf diesem Weg und wir versuchen, durch eine nachhaltige Unternehmenskultur alle Mitarbeitenden in die Verantwortung zu nehmen.

Unsere Geschichte – wo kommen wir her

Unser Familienunternehmen, das heute rund 1800 Beschäftigte an bundesweit sieben Standorten hat, wurde 1950 als Baustoffhandel gegründet.

Zunächst waren wir reine Baustoffhändler, doch damals – nach dem Krieg – war Material schwer zu erhalten, weshalb wir schnell in die Produktion von Baustoffen (Steinabbau, Betonproduktion und schließlich Holzverarbeitung) eingestiegen sind. Später haben wir uns auch mit eigenen Wohnungslüftungsanlagen (wegen der Wärmerückgewinnung) und mit eigenen Computern und EDV-Programmen (Vorfertigung und Logistik) auseinandergesetzt.

Im Lauf unserer über 70-jährigen Firmengeschichte haben wir also zahlreiche Dinge angepackt und Innovationen vorangetrieben. Nicht immer war die Zeit dafür schon reif. Viele Patente und zahlreiche Auszeichnungen, letztlich aber der wirtschaftliche Erfolg belegen aber, dass die bearbeiteten Themen schon die richtigen waren. Gerade im Bereich Umweltschutz haben wir vor vielen Jahren festgestellt, dass dies nur mit einem echten Systemansatz funktioniert, und auch nur, wenn unsere Belegschaft dabei voll integriert ist. Deshalb haben wir vor 25 Jahren mit dem ersten EMAS-Audit am Firmensitz in Oberstetten auf der Schwäbischen Alb die Weichen gestellt – hin zu einer durchdachten Produktion und nachhaltigen Produkten. Seither konnte man kontinuierlich beobachten, wie Maßnahmen und Innovationen im Sinne der Nachhaltigkeit beschlossen und umgesetzt wurden. Zahlreiche Zertifizierungen begleiten seit Jahren die stetige Weiterentwicklung. Auszeichnungen, wie der Umweltpreis des Landes Baden-Württemberg 2020, sind Belohnung und Motivationsschub zugleich.

In Kreisläufen denken

Wichtig bei allen Entwicklungen ist eine hohe Fertigungstiefe und die Bereitschaft, Dinge, die am Markt nicht angeboten werden, im Zweifelsfall selbst zu machen.

So hilft es uns, dass alle Häuser vom Keller bis zum Dach aus eigener Produktion stammen. Als Hauptbaumaterial setzen wir auf den nachwachsenden Rohstoff Holz, der überwiegend aus PEFC-zertifizierter, nachhaltiger Forstwirtschaft aus Wäldern im Umkreis von etwa 60 Kilometern um den schwäbischen Firmensitz stammt. Das garantiert sehr kurze Transportwege, eine geringe Umweltbelastung und stärkt die Wirtschaftskraft der Region. Im firmeneigenen Holzwerk wird das heimische Holz ohne chemischen Holzschutz zu qualitativ hochwertigen Bau- und Werkstoffen veredelt. Zwischen 40 und 60 % des veredelten Holzes findet beim Bau der Schwörer-Häuser Verwendung, der andere Teil der Holzprodukte geht unter der Marke SchwörerHolz in den Fachhandel. Auf automatisierten Fertigungsanlagen entstehen aus den Holzprodukten die Bauteile für energieeffiziente und ökologische Holzfertighäuser – unter strengen Qualitätsvorgaben.

Entsprechend dieser Logik sind die anfallenden Holzreste keinesfalls Abfall, sondern wertvoller Rohstoff für die ökologische Energieversorgung des Werkes in Hohenstein-Oberstetten. Alle im Betrieb anfallenden Resthölzer werden in einer Kaskadennutzung entweder der stofflichen Verwertung zugeführt (hauptsächlich Papier- und Pelletsindustrie) oder im unternehmenseigenen Biomasseheizkraftwerk zur Energieerzeugung genutzt. Kommunen und Bürger aus den umliegenden Gemeinden liefern pro Jahr bis zu 100 Tonnen Grüngut an, die ebenfalls im Zuge einer ökologischen Kreislaufwirtschaft genutzt werden. Das Kraftwerk läuft rund um die Uhr mit 9,2 Megawatt installierter elektrischer Leistung und 39,75 Megawatt thermischer Leistung. Das Ergebnis ist eine CO_2-neutrale Energieversorgung, die den Produktionswärme- und Heizbedarf des Werks in Hohenstein-Oberstetten deckt. Für dieses Konzept zur Abwärmenutzung am Firmensitz wurde Schwörer 2021 als einer der 100 Betriebe für Ressourceneffizienz ausgezeichnet. Darüber hinaus wird Ökostrom aus dem Biomasse-Kraftwerk und mehreren Photovoltaikanlagen auf den Dächern der Produktionshallen ins Stromnetz eingespeist. Dieser Aspekt ist Teil der Schwörer-Strategie, die Umweltbelastungen durch ein nachhaltiges Produktionskonzept über den gesamten Produktlebenszyklus vom Baumstamm bis zum fertigen Haus so gering wie möglich zu halten.

End-of-Life Management

Auch über die Produktion hinaus gilt immer die Prämisse, endliche Rohstoffe zu schützen. Deshalb müssen die Baulösungen von morgen langlebig und kreislauffähig designt und produziert sein. Hier setzen wir bei SchwörerHaus auf ein erprobtes Konzept. In den ersten fünf Jahren ist der Kundendienst für die Betreuung verantwortlich. Anschließend steht der eigene Modernisierungsservice ein Leben lang als Ansprechpartner zur Verfügung. Durch optimal abgestimmte Modernisierungsmaßnahmen kann so die Nutzungsphase verlängert werden.

Die Holztafelbauweise und andere technische Konstruktionslösungen wie der Einsatz von Schraubverbindungen machen einen möglichen Rückbau und anschließenden Wiederaufbau an einem anderen Ort einfach. Kommt es irgendwann zum endgültigen Rückbau, können die Bauteile größtenteils in ihre Bestandteile zerlegt werden. Hierbei wird versucht, die Baustoffe wieder zurück in den Kreislauf führen zu können. Denn grundsätzlich gilt es, Abfallmengen zu reduzieren (reduce). Entweder finden wir Wege, die Baustoffe weiterzuverwenden, anstatt sie wegzuwerfen (reuse) – unsere Priorität –, oder wir geben den Baustoffen, die wir nicht mehr brauchen, einen neuen Sinn (recycle). Wie wir diesen Kreislauf bei Rückbau und Recycling von Häusern in Holzfertigbauweise weiter optimieren können, prüfen wir mit der Hochschule München im Projekt »Rural Mining«. Hier steckt der Teufel im Detail, denn es sind viele Zulieferanten mit den jeweiligen Materialien genau zu prüfen und zu katalogisieren. Wir sind uns sicher, dass der Weg zu bewältigen ist. Dafür liegt in den nächsten Jahren aber noch viel Detailarbeit vor uns.

Nachhaltigkeit fängt bei den Menschen an

Nachhaltigkeit fängt bei den Menschen an. Sie sind letztlich entscheidend dafür, ob die Transformation gelingt oder nicht. An ihnen liegt es, ob der nachhaltige Gedanke in der Unternehmenskultur verankert werden kann oder nicht. Damit soll aber keinesfalls die Verantwortung auf die Mitarbeitenden abgeschoben werden. Vielmehr soll verdeutlicht werden, wie wichtig es ist, die eigene Belegschaft mit an die Hand zu nehmen.

Abb. 1: Der Schwörer-Produktkreislauf

Bereits unser Firmengründer Hans Schwörer hat jede Entscheidung unter der Prämisse getroffen: Gut für die Mitarbeiter, gut für die Region, gut für das Unternehmen. An diesen Werten wird seither konsequent festgehalten. Die Ausrichtung wird zwar Top-down von der Geschäftsführung vorgegeben, Verantwortlichkeiten sind jedoch auf alle Mitarbeiterebenen verteilt. So werden die installierten Umweltschutzsysteme von allen Mitarbeitern mitgetragen und kontinuierlich verbessert. Zur Umsetzung haben sich aus den einzelnen Abteilungen freiwillige Mitarbeiter und Mitarbeiterinnen sowie Mitglieder des Betriebsrates für das Engagement in der sogenannten »Nachhaltigkeitsgruppe« gemeldet. Sie wollen vor Ort gezielt ihre Kollegen unterstützen. Ziel ist es, in jeder Abteilung kontinuierlich aktiven Umweltschutz und Gesundheitsschutz zu betreiben. Über die Jahre wurde so in dem Bereich Nachhaltigkeit ein großes Know-how aufgebaut.

Besonders wichtig: Auch die jungen Menschen im Unternehmen mit ins Boot zu nehmen! Deshalb sind wir zahlreiche Schulkooperationen eingegangen. Und klar, als großer Arbeitgeber in der Region bilden wir pro Jahr etwa 80 Jugendliche in 18 Berufen aus. Dabei findet vor allem das abwechslungsreiche Ausbildungskonzept hohen Anklang. Seit 2012 arbeiten die Auszubildenden in bunt gemischten Projektgruppen an den verschiedensten nachhaltigen Projekten, den sog. GreenCard-Projekten. Ziel war es von Anfang an, die Projektorientierung mit der nachhaltigen Firmenausrichtung zu koppeln und Projekte zu finden, die das aufgreifen. Zudem sollen alle Auszubildenden, unabhängig davon, welchen der 18 Berufe sie erlernen, an den Projekten mitwirken können.

Ein Projekt der ersten Stunde ist beispielsweise der Schwörer-Azubiwald – ein 1,6 ha großes Waldstück, in dem die Azubis für die Pflege zuständig sind. In dem naturbelassenen Mischwald erleben sie die Besonderheiten des Lebensraums Wald über die verschiedenen Jahreszeiten hinweg, denn zahlreiche große und kleine Waldtiere, Vögel und Insekten leben dort. In verschiedenen Aktionen für die Schulklassen unserer zehn Kooperationsschulen bringen sie den Schülern Flora und Fauna des typischen schwäbischen Naturwaldes nahe. 2014 nahm man am Projekt »Unternehmen und Biologische Vielfalt im Biosphärengebiet Schwäbische Alb« und der Potentialanalyse für eine naturverträgliche Gestaltung des Firmengeländes teil. Daraus entstand noch im selben Jahr das GreenCard-Projekt »Bienen«. Die Gruppe baute einen Schaubienenkasten, mehrere Bienenkästen und einen Bienenlehrpfad mit Barfußpfad auf dem Werksgelände. Seitdem werden jedes Jahr Kindergärten und Grundschulen dorthin eingeladen. Mitarbeiter genießen in der Vorweihnachtszeit den selbst kreierten Honigpunsch und können den Schwörer-Honig erwerben.

Mithilfe der GreenCard-Projekte gelingt es, bereits die Jüngsten für den Umweltschutz zu sensibilisieren. Nur so ist es möglich, Nachhaltigkeit langfristig in der Unternehmenskultur zu verankern.

Harte Fakten statt blumiger Worte – unsere Zertifizierungen

In den vergangenen Jahren haben sich immer mehr Unternehmen das Siegel der Nachhaltigkeit auf die Fahne geschrieben und sich (scheinbar) den ESG-Kriterien verpflichtet. Dies kommt nicht überraschend, schließlich werden die Verbraucher in Bezug auf ihren Konsum immer sensibler. In ihre Konsumentscheidung beziehen inzwischen viele das

Kriterium der Nachhaltigkeit mit ein. Doch wie erkenne ich ein nachhaltiges, klimafreundliches Unternehmen? Gehen wir nach der Werbung vieler Unternehmen, scheint diese Frage überflüssig. Dabei ist die Nachhaltigkeitskommunikation in Wahrheit oft sehr oberflächlich und nicht überprüfbar.

Wir bei SchwörerHaus setzen deshalb seit vielen Jahren auf harte und validierbare Fakten. Mit harten Fakten meinen wir dabei Kennzahlen, Eigenvalidierungen und Fremdzertifizierungen. Das schafft Transparenz und untermauert blumige Worte mit überprüfbaren Fakten. Alles andere führt nicht zu einer nachhaltigen Weiterentwicklung.

- **EMAS**
  Seit 1997 führt SchwörerHaus erfolgreich ein validiertes Umweltmanagementsystem gemäß EMAS (früher EG-Öko-Audit). EMAS ist ein Instrument für Unternehmen, die ihre Umweltleistung kontinuierlich verbessern wollen, und das über die gesetzlichen Anforderungen hinaus. Im Rahmen der EMAS-Validierung wird jährlich eine Umwelterklärung veröffentlicht. Darin werden die aktuellen Kennzahlen zu wichtigen Kernindikatoren vorgestellt.

- **Klimaschutzunternehmen**
  SchwörerHaus ist seit 2011 Mitglied im Verband der Klimaschutzunternehmen, einem Zusammenschluss von Unternehmen, die sich mit ihren ambitionierten Zielen dem Klimaschutz verpflichten. Als Mitglied im Verband bekennt man sich zu den klimapolitischen Zielen Deutschlands und unterstützt die Politik aktiv bei dem Erreichen dieser Ziele.

- **WIN-Charta**
  Im Jahr 2017 unterzeichnete SchwörerHaus die WIN-Charta der Wirtschaftsinitiative Nachhaltigkeit (WIN). Mit der Unterzeichnung der WIN-Charta geben die WIN-Charta-Unternehmen ein klares Bekenntnis zu ihrer ökonomischen, ökologischen und sozialen Verantwortung ab. Sie versprechen, die

zwölf Leitsätze der WIN-Charta einzuhalten und ihre Nachhaltigkeit weiter zu steigern. Alle zwei Jahre muss dem Umweltministerium ein ausführlicher Bericht über die aktuelle Lage und die zukünftigen Ziele in Bezug auf die drei Säulen der Nachhaltigkeit vorgelegt werden.

- **Klimabündnis Baden-Württemberg**
  Ende 2020 wurde SchwörerHaus in das Klimabündnis BW aufgenommen. Durch den Beitritt zum Klimabündnis setzt man sich ehrgeizige Ziele und bekennt sich öffentlich zu der Absicht, klimaneutral zu werden, den Gesamtenergieverbrauch zu reduzieren und alle Produkte möglichst frei von Kohlenstoffdioxid herzustellen.

- **Klimaschutz Holzindustrie**
  SchwörerHaus trat 2021 als erstes Unternehmen der Initiative Klimaschutz Holzindustrie bei. Wer der Klimaschutz-Initiative des HDH beitritt, bekennt sich zu den festgelegten Leitlinien für eine nachhaltige und klimafreundliche Entwicklung. Die Unternehmen verpflichten sich weiter, ihre CO_2-Emissionen regelmäßig überprüfen zu lassen und nach Möglichkeit zu reduzieren.

- **Sentinel Haus und TÜV Rheinland**
  2015 startete die Zusammenarbeit mit dem Sentinel Haus Institut und dem TÜV Rheinland zur Überprüfung der Schwörer-Häuser auf deren Raumluftqualität. Mit diesem Engagement war man in der Branche auch das erste zertifizierte Fachunternehmen für gesünderes Bauen und Sanieren. Gesünderes Bauen wurde dafür in die kompletten Planungs- und Bauprozesse der Häuser integriert.

- **PEFC**
  Die Waldzertifizierung nach den Standards von PEFC basiert auf den sehr strengen Richtlinien für die nachhaltige Bewirtschaf-

tung von Wäldern. Trägt ein Produkt aus Holz das PEFC-Siegel, dann heißt das: Die gesamte Produktherstellung – vom Rohstoff bis zum gebrauchsfertigen Endprodukt – stammt aus nachhaltiger Waldbewirtschaftung! Bei SchwörerHaus sind dementsprechend alle Produkte der Holzindustrie (KVH, BSH, 3-Schichtplatten, Schnittholz und Nebenprodukte) PEFC-zertifiziert.

Keine Zeit, um auszuruhen – der Weg zu Net-Zero

Das langjährige nachhaltige Engagement von SchwörerHaus in Bezug auf den Umwelt- und Klimaschutz hat Anfang 2021 seinen vorzeitigen Höhepunkt erreicht. Als eines von wenigen Unternehmen in der Baubranche konnte man durch die Kompensation der nicht vermeidbaren Emissionen die Klimaneutralität ausweisen. Die in oben erwähnten zahlreichen Zertifizierungen im Bereich der Nachhaltigkeit haben diesen Weg geebnet.

Mit der branchenunabhängigen Nachhaltigkeitsberatungsgesellschaft Focus Zukunft wurde aufgrund der Initiative des Hauptverbandes der Deutschen Holz- und Kunststoffindustrie (HDH e.V.) Ende 2020 erstmals eine CO_2-Bilanz für den Firmensitz in Oberstetten, gemäß dem Greenhouse Gas Protocol (GHG), erstellt. Nach Angaben von Focus Zukunft liegt Schwörer als mittelständisches Unternehmen im ländlichen Raum im Vergleich mit anderen Unternehmen in dieser Größe und Branche bereits im »sehr guten Bereich«.

Den Grundstein für die tolle CO_2-Bilanz am Firmensitz in Hohenstein-Oberstetten legte der geschlossene ökologische Produktionskreislauf. Durch ein nachhaltiges Produktionskonzept kann über den gesamten Produktlebenszyklus, vom Baumstamm bis zum fertigen Haus, die Umweltbelastung so gering wie möglich gehalten werden. Dabei sind vor allem das eigene Sägewerk mit der Verarbeitung des Hauptbaumaterials Holz sowie das eigene Biomasse-Heizkraftwerk als wertvoller Energie- und Wärmelieferant Voraussetzung für das gute Ergebnis. Letztendlich ist es die außergewöhnlich hohe Fertigungstiefe, die unseren Firmensitz auszeichnet und so die gute Basis schafft.

Bei der Bilanzierung wurde neben den durch Eigenerzeugung und den Bezug von Energie anfallenden Emissionen in Produktion und Verwaltung auch der Kraftstoffverbrauch des eigenen Fuhrparks (Scope 1 und 2) berücksichtigt. Ebenso wurden die Emissionen für die in der Wertschöpfungskette vorgelagerten Tätigkeiten Geschäftsreisen, Arbeitswege, Abfallaufkommen etc. ermittelt (Scope 3). Der Scope 3 ist somit nicht vollständig erfasst. Uns war bewusst, dass die vollständige Erfassung unserer Lieferkette und des End-of-Life Managements nicht sofort möglich sein wird. Und trotzdem war es uns wichtig, alle Daten zu erfassen und zu veröffentlichen, die wir ohne größere Vorlaufszeit ermitteln konnten, um unseren Status quo zu kennen. Diese Bilanz ist keinesfalls beschönigend, solange man als Unternehmen klar kommuniziert, dass es sich um eine vereinfachte CO_2-Bilanz handelt, die über die kommenden Jahre laufend erweitert und vervollständigt wird. Von Jahr zu Jahr lernen wir im Unternehmen dazu und passen unsere Bilanz entsprechend an. Es ist schlicht und einfach nicht möglich, sofort eine allumfassende Bilanz veröffentlichen zu können – deshalb wartet nicht bis ihr die scheinbar perfekte Bilanz vor euch liegen habt. Aus unserer Sicht ist es wichtiger, ins Handeln zu kommen und den Worten auch Taten folgen zu lassen.

Die erstmalige Bilanzierung unserer Emissionen war der Anfang eines neuen Kapitels. Die Hintergründe sind uns allen bekannt. Bis zum Jahr 2045 möchte Deutschland gemäß dem Klimaschutzgesetz mit allen seinen Sektoren klimaneutral sein. Der Weg dorthin wird alles andere als einfach und lässt keine Zeit, sich auf vergangenen Erfolgen auszuruhen.

Mit der Fragestellung, wie der Weg zu Net-Zero funktionieren kann, beschäftigen wir uns seit einigen Monaten sehr intensiv. Es gibt eine Fülle an Möglichkeiten, die aktuell genauestens unter die Lupe genommen werden. Denn neben dem ökologischen Nutzen müssen die Maßnahmen auch ökonomisch und sozial Sinn ergeben. Ob sich eine Maßnahme eignet, lässt sich dabei nur durch das Ausprobieren herausfinden – auch hier gilt es, ins Tun zu kommen. Das Wichtigste dabei: Geduldig bleiben und handeln!

Auch für diesen Punkt haben wir ein Praxisbeispiel. Eine eigene Wasserstoffproduktion mit Nutzung im eigenen Schwerlast-Fuhrpark steht aus ökologischen Gesichtspunkten aktuell hoch im Kurs. Da diese Variante jedoch momentan aus ökonomischer Sicht noch nicht sinnvoll erscheint, suchen wir in landes- und bundesweiten Initiativen gemeinsam mit weiteren Unternehmen nach Lösungen. So waren wir beispielsweise Gründungsmitglied des IHK-Netzwerks »Wasserstoff« im Jahr 2021. Wir beteiligen uns auch aktiv an dem »HyLand – Wasserstoffregionen in Deutschland«-Projekt der Bundesregierung. Mit dem Wettbewerb HyLand bietet das Bundesministerium für Digitales und Verkehr Regionen in Deutschland die Möglichkeit, ganzheitliche Konzepte zu entwerfen und damit den Aufbau von Wasserstoff- und Brennstoffzellentechnologie vor Ort zu erreichen. Eine dieser Regionen ist der Landkreis Reutlingen mit ausgewählten Unternehmen wie Bosch, ElringKlinger und SchwörerHaus. Die HyLand-Unternehmen bilden mit Politik und Gesellschaft eine sog. Akteurslandschaft und entwickeln erste Konzeptideen zu den Themen Wasserstoff und Brennstoffzellen in den Bereichen Verkehr, Wärme, Strom und Speicher.

Unsere Learnings – kurz und knapp

- **Keine Transformation ohne Status quo**
  Eine Transformation geht einher mit Zielen, die man sich als Unternehmen setzt, beispielsweise »Wir möchten bis zum Jahr 2045 klimaneutral sein«. Diese Ziele sollten jedoch unbedingt realistisch und validierbar sein, andernfalls droht man zu scheitern. Um sich realistische und validierbare Ziele setzen können, muss man jedoch zunächst seinen Status quo kennen. Es eignet sich, einen Key Performance Indicator (KPI) zu definieren, anhand dessen sich die Zielerreichung verfolgen und überprüfen lässt. Hat man den Ausgangswert des KPIs ermittelt, gelingt die Zielsetzung und die anschließende Validierung. Ziele, die nicht an einem KPI ausgerichtet sind, fallen einem früher oder später auf die Füße.

- **In jeder Krise steckt auch eine Chance**
Das Wort »Krise« wird oft mit etwas Negativem assoziiert. In jeder Krise steckt jedoch auch eine Chance, die es zu ergreifen gilt! Sehe die Krise deshalb als positive Herausforderung auf dem Weg zum langfristigen Erfolg. Schließlich sind oftmals ganze Branchen dieser Krise ausgesetzt. Die Unternehmen, die diese Herausforderung besser meistern, gehen als Gewinner hervor.

- **Starte, bevor Du gezwungen wirst**
Wir erachten es für essentiell, ins Tun zu kommen. Damit sollte nicht gewartet werden, bis man als Unternehmen durch Gesetze, Verordnungen oder Richtlinien dazu gezwungen wird. Dadurch fehlt einem die Möglichkeit, für die Umsetzung ausreichendes Know-how intern aufzubauen, weshalb die Umsetzung dann nur noch mit externen Beratern gelingt. Diese mangelnde Kompetenz sorgt für eine Abhängigkeit, die sich in den darauffolgenden Jahren nur noch schwer abbauen lässt. Aktuelle Beispiele sind hier die CSRD oder das LKSG. Als KMU ist man von diesen Verordnungen vielleicht erst in 2–3 Jahren betroffen, doch eine frühere Umsetzung lässt Fehler noch ungestraft zu, sodass man als Unternehmen daraus lernen und so wertvolles Know-how aufbauen kann.

- **Stakeholder mit an Bord nehmen**
Wichtige Impulse gibt der direkte und persönliche Austausch mit unseren verschiedenen Anspruchsgruppen. Zu unseren wesentlichen Stakeholdergruppen zählen Lieferanten, Kundinnen und Kunden, weitere Geschäftspartner, Politik, Behörden, Wissenschaft und Nichtregierungsorganisationen (NGOs), aber auch die eigenen Mitarbeiter/innen, Führungskräfte und die Vertriebsmannschaft. Um die Erwartungen und Anforderungen unserer wesentlichen Stakeholder zu identifizieren, werden regelmäßig Befragungen und Interviews durchgeführt und ausgewertet. Wir sind offen für Gespräche, den

transparenten Austausch von Sichtweisen und Erfahrungen und die Auseinandersetzung mit kritischen Themen. All dies sind für uns wichtige Voraussetzungen für eine stetige Weiterentwicklung.

- **Abschauen ist nicht verboten – der Wert von Netzwerken**
  Die Nachhaltigkeitstransformation wird geprägt sein von zahlreichen größeren und kleineren Herausforderungen. Vor diesen Herausforderungen stehen jedoch tausende von weiteren Unternehmen. Einige bewältigen diese Hindernisse und sind anschließend bereit, ihr Wissen zu teilen. Diese Wissensvermittlung passiert dabei oft in Netzwerken – regional und überregional. Netzwerke sind jedoch nicht nur dafür da, um Wissen »abzugreifen«. Im besten Fall tauscht man sich gemeinsam über aufkommende Herausforderungen aus und findet Wege, wie diese angegangen werden können. Netzwerke beruhen auf dem Prinzip des Nehmens und Gebens – dadurch ist die Mitgliedschaft oft auch mit keinen großen Gebühren verbunden. Das beste Beispiel sind hier wohl die IHK-Netzwerke!

SICK

- Sitz: Waldkirch
- Gründung: 1946
- Rechtsform: AG
- Leitung: Dr. Mats Gökstorp
- Umsatz: 2,19 Mrd. Euro
- Mitarbeitende: 11 909
- Zahlen aus Geschäftsjahr: 2022

SICK ist einer der weltweit führenden Lösungsanbieter für sensorbasierte Applikationen für industrielle Anwendungen. Der SICK-Konzern konzentriert sich gemäß seinem Markenclaim »Sensor Intelligence.« auf die Entwicklung, Produktion und Vermarktung von Sensoren, Systemen und Dienstleistungen für Automatisierungstechnik.
Link: https://www.sick.com/de/de/ueber-sick/nachhaltigkeit-bei-sick/w/sustainability/

Autorinnen

Nicole Kurek, Vorständin für People & Culture
Frau Kurek verantwortet und engagiert sich für Nachhaltigkeit mit einem holistischen Ansatz im Unternehmen. Sie führt die drei Teilbereiche Environmental, Social und Governance zusammen und stellt sicher, dass die ganzheitliche Nachhaltigkeitsstrategie zielführend in der Unternehmensstrategie integriert ist. Seit dem 1. Juli 2022 ist Nicole Kurek Mitglied des Vorstands der SICK AG. Zuvor sammelte sie langjährige Erfahrung in der Automobilbranche.

Kerstin Kohler, Leitung Umwelt & Nachhaltigkeit
Frau Kohler verantwortet die Umsetzung der ganzheitlichen Nachhaltigkeitsstrategie im Unternehmen. Frau Kohler ist seit 2005 bei SICK und hat den Aufbau des Umwelt- und Energiemanagements von Anfang an begleitet. Sie blickt auf langjährige Erfahrung im Bereich Umwelt und Nachhaltigkeit zurück.

SICK
Transformation durch Innovation

Von Nicole Kurek und Kerstin Kohler

Gelebte unternehmerische Verantwortung

Als weltweit aktives Technologie-Unternehmen tragen wir eine unternehmerische Verantwortung: für die Menschen, die bei uns arbeiten, die Projekte unserer Kunden und das Leben auf diesem Planeten. Um dieser Verantwortung gerecht zu werden, muss nach unserer Überzeugung die nachhaltige Perspektive in jeder Entscheidung eine Rolle spielen. Unser Ziel ist es, die Belastung, die durch unser Handeln für die Umwelt entsteht, so gering wie möglich zu halten. Dabei verfolgen wir den Anspruch, ganzheitlich nachhaltig zu denken, um langfristig erfolgreich und profitabel wirtschaften zu können.

Im Folgenden wollen wir basierend auf unserer Gesamtstrategie einen Einblick geben, welchen Beitrag wir zur nachhaltigen Transformation der Wirtschaft bereits leisten und in Zukunft noch leisten wollen. Dabei konzentrieren wir uns auf die Anforderungen an nachhaltiges Wirtschaften in unserem eigenen Unternehmen sowie auf den Beitrag, den unsere innovativen Lösungen leisten, damit auch unsere Kunden noch nachhaltiger wirtschaften können: Wir unterstützen Kunden dabei, Anlagen sicher zu betreiben, die Produktivität zu erhöhen, die Energieeffizienz zu steigern und Ressourcen einzusparen.

Technologie für das Gute

Die Haltung, Technologie für das Gute zu entwickeln und einzusetzen, ist seit der Firmengründung fest verankert und hat heute mehr Relevanz denn je. Sie ist ein wichtiger Bestandteil unserer Unternehmens- und Nachhaltigkeitsstrategie. Wir bekennen uns zur Technologie für das Gute, um Menschen zu schützen und zu entlasten sowie unseren Planeten zu bewahren. Wir leisten einen Beitrag für eine nachhaltige Zukunft, indem wir gemeinsam mit unseren Kunden intelligente Lösungen entwickeln, die die Transformation hin zu einer nachhaltigen Wirtschaft unterstützen. Dazu gehören Innovationen, aber auch die stetige Verbesserung von vorhandenen Produkten und die Entwicklung von Übergangstechnologien.

Aufgrund dieser Überzeugung nehmen die Weiterentwicklung unserer bestehenden Produkte sowie die Neuentwicklung von technologischen Innovationen einen großen Raum in unserer Nachhaltigkeitsstrategie ein. Als einer der Weltmarktführer für Sensortechnologie stellen wir sicher, dass intelligente Sensoren von SICK einen wesentlichen Beitrag für eine nachhaltige Zukunft leisten. Das bedeutet für uns zum Beispiel die Unterstützung unserer Kunden bei deren Umsetzung von nachhaltigen Projekten in Bereichen wie der Digitalisierung, Automatisierung und Smart Manufacturing. Dabei spielt unter anderem die Leistungsfähigkeit von künstlicher Intelligenz in unseren Sensoren, unserem Edge-System und unseren Cloudlösungen eine große Rolle.

Auf diesen unternehmerischen Gedanken, Lösungen für und gemeinsam mit den Kunden zu entwickeln, wurde SICK 1946 gegründet. Im Jahr 1952 erfolgte der wirtschaftliche Durchbruch durch die Präsentation des ersten serienreifen Unfallschutz-Lichtvorhangs von Gründer Dr.-Ing. e.h. Erwin Sick. Mit weiteren Innovationen, wie dem ersten Rauchgasdichte-Messgerät, wurde eine messbare Basis zur Reduktion von Abgasen geschaffen. Erwin Sicks Pioniergeist prägt auch heute noch unser Engagement für das Wohl von Mensch und Umwelt. Seine Töchter tragen sein Erbe weiter, indem sie außerordentliches Engagement zeigen. Renate Sick-Glaser ist es ein großes Anliegen, Aus- und Weiterbildungsthemen zu unterstützen und zu fördern. Zudem ist es ihr wichtig, die Firmenhistorie und Kultur zu achten und zu bewahren. Sie legt großen Wert darauf, dass der Mensch im Mittelpunkt steht, und setzt sich dafür ein, dass Mitarbeitende ihre Fähigkeiten und Potenziale bestmöglich entfalten können. Für ihre Schwester Dorothea Sick-Thies sind ökologische Nachhaltigkeitsthemen eine Herzensangelegenheit, weshalb sie sich sowohl innerhalb als auch außerhalb des Unternehmens für den Umwelt- und Klimaschutz starkmacht. Hierbei treibt sie auch bei SICK diverse Projekte für eine lebenswerte Zukunft voran. Beide Töchter haben eigene Stiftungen gegründet, um ihre Anliegen unabhängig vom Unternehmen voranzutreiben. Ihre Passionen geben sie auch an die nächsten Generationen der Gründerfamilie weiter.

Nachhaltigkeitsstrategie: Systematisches Vorgehen

Im Rahmen der Weiterentwicklung unser Nachhaltigkeitsstrategie im Jahr 2020 haben wir mithilfe einer Wesentlichkeitsanalyse die für uns zentralen Handlungsfelder identifiziert und priorisiert. Dabei haben wir alle relevanten Gesetze, Standards und Normen berücksichtigt. Anforderungen interner und externer Stakeholder, Umwelt- und Energieaspekte sowie Markt- und Technologietrends wurden auf ihre Relevanz für unsere Umwelt, Gesellschaft oder das Unternehmen analysiert und von unseren Expertinnen und Experten bewertet. Im Ergebnis haben wir uns für die Konzentration auf 15 Handlungsfelder im Bereich ökologische Nachhaltigkeit, drei im Bereich soziale Nachhaltigkeit und vier im Bereich Governance entschieden.

Abb. 1.: Die wesentlichen Handlungsfelder der SICK-Nachhaltigkeitsstrategie

Ökologisches Gesamtkonzept

Im Bereich der ökologischen Nachhaltigkeit haben wir mit den 15 definierten Handlungsfeldern ein ökologisches Gesamtkonzept entwickelt, das zunächst alle Produkte und Prozesse entlang der Wertschöpfungskette sowie die gesamte Infrastruktur wie Energieversorgung, Gebäude, IT, Verpflegung und Fuhrpark umfasst. Für jedes Handlungsfeld haben wir das ökologische Optimierungspotenzial geprüft und konkrete Ziele definiert.

Wie unsere Scope-3-Berechnungen zeigen, liegen die größten Hebel in der Wertschöpfungskette und bei unseren Produkten selbst. Mit den strategischen Handlungsfeldern »Green Sensor Solutions«, »Green Product Design«, »Green Materials« und »Green Supply Chain« haben wir großen Einfluss auf nachhaltige Kreisläufe und Innovationen im Sinne von nachhaltigem Handeln.

Mit dem Handlungsfeld »Green Sensors Solutions« unterstützen wir unsere Kunden durch die Bereitstellung von innovativen Sensorlösungen, Ressourcen effizienter zu nutzen und negative Auswirkungen auf die Umwelt zu reduzieren. Mitte 2023 präsentierten wir mit der Monitoring Box FTMg Premium einen neuen digitalen Service für das Druckluftmonitoring. Über die kontinuierliche Druckluftüberwachung hinaus ermöglicht es die App, Leckagen frühzeitig zu detektieren und per Alarm zu melden sowie Verbrauchsverluste durch Ineffizienzen in Maschinen oder Prozessen zu identifizieren.

Außerdem entwickeln wir in diesem Bereich Sensorlösungen, die die regenerative Energieerzeugung und Energiespeicherung hin zu einer CO_2-neutralen Welt unterstützen. So haben wir zum Beispiel einen intelligenten Wasserstoffsensor zur Mengen- und Qualitätsmessung entwickelt, der im Power-to-Gas-Prozess eingesetzt wird. In diesem Prozess wird überschüssiger Strom aus Wind- und Solaranlagen zur grünen Wasserstofferzeugung genutzt. Auch bei der effizienten Steuerung von großen Solarkraftwerken sind unsere Sensoren im Einsatz. Sie messen berührungslos die Neigung oder Drehbewegung der Reflektoren, damit diese durchgängig dem Stand der Sonne nachgeführt werden können.

Unser Ziel ist es, »Green Sensor Solutions« auch weiterhin im Bereich der regenerativen Energieerzeugung sowie in der Produktion und Logistik zur Steigerung der Effizienz und Überwachung der Emissionen auszubauen.

Mit den Handlungsfeldern »Green Product Design« und »Green Materials« haben wir uns das Ziel gesetzt, den CO_2-Fußabdruck unseres umfangreichen Produktportfolios zu ermitteln, ihn stetig zu verringern und potenziell schädliche Einflüsse unserer Produkte auf die Umwelt zu vermeiden. Dabei spielen Aspekte wie Reparierbarkeit, Langlebigkeit, aber auch der Einsatz von nachhaltigen Materialen eine große Rolle. Letzterem ist ein eigenes Handlungsfeld »Green Materials« gewidmet, das sich aktuell auf die Nutzung von recycelten Kunststoffen – sogenannten Rezyklaten – in unseren Produkten fokussiert. 2023 haben wir mit dem Aufbau einer Materialdatenbank begonnen, in der erste Kunststoff-Rezyklate für unsere Produkte qualifiziert werden.

Im Lebenszyklus eines Sensors oder Sensorsystems wird die Hauptumweltbelastung in der Lieferkette von unseren Zulieferern und Unterlieferanten erzeugt. Unser Ziel mit »Green Supply Chain« ist es, dass 80 % unserer Lieferanten (bezogen auf das Einkaufsvolumen) bis 2030 für Scope-1- und -2-Emissionen klimaneutral sind. Dazu erarbeiten wir bis Ende 2023 ein »Carbon Neutrality Agreement«, führen eine an Nachhaltigkeitskriterien orientierte Lieferantenbewertung durch und nehmen Nachhaltigkeitskriterien in die Vergabeentscheidung von Aufträgen auf.

Ein weiteres wichtiges Handlungsfeld der ökologischen Nachhaltigkeit ist »Fair Climate & Green Energy« für unsere interne Klima- und Energiestrategie. Da wir die Klimakrise als eine große Herausforderung für die Weltbevölkerung sehen, haben wir uns hier einer klaren Strategie verschrieben. Diese besteht aus drei Komponenten: 1. Wir vermeiden Energieverschwendung und steigern unsere Energieeffizienz. 2. Wir nutzen erneuerbare Energien, wo immer das möglich ist. 3. Wir kompensieren THG-Emissionen, die nicht vermieden werden können. Konkret bedeutet das: Bei der Steigerung der Energieeffizienz haben wir uns zum Ziel gesetzt, jedes Jahr Einsparmaßnahmen in Höhe von 0,5 % des Vorjahresverbrauchs umzusetzen. Die dazu notwendigen

Maßnahmen reichen von einer Optimierung der Steuerung der Heizung und Lüftung über eine verbesserte Drucklufterzeugung bis hin zu effizienten Fassaden und Dachdämmungen.

Hinsichtlich erneuerbarer Energien haben wir das Ziel, unsere vorhandenen Dachflächen bis 2025 maximal für Photovoltaik auszunutzen. Berechnungen zeigen eine maximal mögliche Abdeckung von 15 % des Stromverbrauches. Der extern zugekaufte Strom ist in Deutschland bereits seit 2013 zu 100 % Ökostrom. Weltweit wollen wir diese Quote bis 2025 für alle Produktionsstandorte erreichen.

Bezüglich THG-Emissionen haben wir uns zum Ziel gesetzt, diese weltweit für den Scope 1 und 2 sowie für ausgewählte Bereiche im Scope 3 auf netto null zu bringen. In Deutschland erfüllen wir dieses Ziel seit 2013. Die dazu erforderlichen Kompensationen erfolgen mittels Klimaschutzprojekten nach dem strengsten Standard (CDM Gold Standard) über die gemeinnützige Organisation *atmosfair*. Die Kompensation erfolgt nur für Bereiche, für die wir aktuell noch keine Alternative haben, zum Beispiel Flüge oder Wärmeerzeugung. Unser Ziel ist es, die Notwendigkeit der Kompensation durch den steigenden Einsatz regenerativer Energien und Effizienzsteigerung kontinuierlich zu reduzieren.

In den ökologischen Bereichen Biodiversity und nachhaltige Ernährung fokussieren wir uns intern auf die Bewusstseinsbildung und fördern nachhaltige Aktivitäten der eigenen Belegschaft. So haben wir durch die Einführung eines Zuzahlungskonzeptes für Fleisch in unserem Betriebsrestaurant in Waldkirch den Fleischkonsum um ca. 50 % reduzieren können. Im Jahr 2022 war die SICK AG Gewinnerin in der Kategorie »Unternehmen« des Landeswettbewerbs »bw blüht 2021«. Damit wurden unsere vorbildlichen Aktivitäten zur Stärkung der biologischen Vielfalt – wie beispielsweise Blühwiesen, Trockensteinmauern, Totholzstubben, Fledermaushabitat und die insektenfreundliche Beleuchtung – gewürdigt.

Gelebte soziale Verantwortung hat Tradition

Im Bereich der sozialen Nachhaltigkeit konzentrieren wir uns auf drei wesentliche Handlungsfelder: die Schaffung von qualitativ hochwertigen Arbeitsplätzen und Bildungsmöglichkeiten, die gelebte Chancengleichheit sowie die Förderung und den Erhalt von Gesundheit und Sicherheit für unsere fast 12 000 Mitarbeitenden weltweit. Diese Themen haben besonders hohe Priorität, da für uns als forschendes und produzierendes Technologieunternehmen qualifizierte, motivierte und auch loyale Mitarbeitende das wichtigste Gut sind.

Im Bereich Kompetenzentwicklung ist die SICK »Sensor Intelligence Academy« (SIA) eine moderne Akademie, die umfangreiche Trainings für Mitarbeitende, Kunden und Partner in den Themenbereichen Methoden- und Fachwissen, produktorientiertes Wissen, Branchen- und Applikationswissen sowie Unternehmensthemen anbietet. Zudem werden Innovationsideen für eine lebenswerte und nachhaltige Zukunft sowie Vernetzung und Co-Creation gefördert. Das Learning Management System »SIAonline« ermöglicht eine Vereinheitlichung und Standardisierung der Trainingsprozesse und -angebote sowie garantierte, weltweit einheitlich hohe Qualitätsstandards. Im Jahr 2022 wurden über 2700 Präsenzveranstaltungen durchgeführt und über 80 000 E-Learnings absolviert.

Die Ausbildungsabteilung ist essenziell für unsere Nachwuchsförderung. Immer noch interessieren sich zu wenige Mädchen und Frauen für technische Ausbildungsberufe und Studiengänge. Die Motivation dieser Zielgruppe steht für uns im Fokus. Wir haben sehr früh erkannt, dass wir das Engagement für die MINT-Bildung von jungen Menschen intensivieren müssen. Daher engagieren wir uns stark im Schülerforschungszentrum Region Freiburg. Dieses bietet kostenlose Angebote für Kinder und Jugendliche, die Interesse an Mathematik, Informatik, Naturwissenschaften und Technik haben.

Wir möchten als Unternehmen die Gesellschaft bestmöglich widerspiegeln. Wir sind überzeugt, dass Menschen mit unterschiedlichen Hintergründen und Erfahrungen einzigartige Perspektiven einbringen können, um die Herausforderungen unseres Marktes zu meistern. Die Förderung der Vielfalt innerhalb der Belegschaft verbessert unsere Fähigkeit, innovativ auf Kundenbedürfnisse einzugehen, neue Technologien zu entwickeln, Produktions- und Lieferfähigkeit zu verbessern und das Unternehmen kontinuierlich weiterzuentwickeln. Um diesen Grundwerten Ausdruck zu verleihen, haben wir im Jahr 2022 mit der Unterschrift zur Charta der Vielfalt ein Zeichen gesetzt und verschreiben uns dem Ziel, Vielfalt und Wertschätzung in allen Bereichen des Unternehmens zu fördern.

Arbeitssicherheit und Gesundheitsschutz sind ebenfalls Teil unserer sozialen Verantwortung und eine wichtige Voraussetzung für den unternehmerischen Erfolg. Dazu fördern wir das Wohlbefinden am Arbeitsplatz, befähigen die Menschen bei SICK, ihr Gesundheitspotenzial optimal zu entfalten, und sorgen dafür, dass die Arbeitsbedingungen sicher und gesundheitsförderlich gestaltet sind.

Aufgrund der Auswirkungen der Coronapandemie und der Entwicklung der Arbeitswelt haben wir 2022 unseren Fokus verstärkt auf das Thema psychische Gesundheit gelegt und das Projekt »MentalHealth@SICK« ins Leben gerufen. Ziel ist es dabei, psychische Gesundheit nachhaltig in den Berufsalltag zu implementieren und das Thema zu entstigmatisieren. Regelmäßige Befragungen unserer Belegschaft sind der wichtigste Input für die Angebote im Gesundheitsmanagement. Mittlerweile bestätigen 87 % der Mitarbeitenden, dass sie von SICK hilfreiche Maßnahmen zur Förderung ihrer Gesundheit erhalten. Unser Krankenstand liegt unter dem Branchendurchschnitt.

Governance ist unsere Verantwortung

Als Aktiengesellschaft verfügen wir über eine Governance-Struktur, die den Anforderungen einer verantwortungsvollen Unternehmensführung im Sinne von ESG erfüllt. Auf folgende Handlungsfelder aus diesem Bereich wollen wir in Zukunft ein besonderes Augenmerk legen: Effiziente unternehmensweite Steuerung unserer Unternehmens- und Nachhaltigkeitsstrategie, Weiterentwicklung unserer Governance-Struktur unter Einbeziehung aller relevanter Governance-Bereiche (wie Compliance, Risikomanagement und Interne Revision), Sicherstellung eines wirksamen Compliance-Managements sowie die Einhaltung der international anerkannten Menschenrechte und Umweltvorschriften, auch in unserer Lieferkette.

Unser Verhaltenskodex bildet das Kernstück des Compliance-Management-Systems von SICK und stellt den konzernweit gültigen Leitfaden für ein gesetzeskonformes und ethisches Verhalten dar.

Bereits im Jahr 2021 haben wir mit der »SICK Integrity Line« ein weltweites elektronisches Hinweisgebersystem eingeführt. Über dieses Tool können z. B. Mitarbeitende, Kunden und Lieferanten – auch anonym – Hinweise zu möglichen Verstößen gegen Gesetze oder die Regeln unseres Verhaltenskodex geben. Unsere Unternehmensleitung begrüßt es ausdrücklich, dass konkrete Anhaltspunkte zu Verstößen gegen Gesetze oder interne Vorschriften gemeldet werden. Das Compliance-Team prüft jeden eingehenden Hinweis auf Fehlverhalten. Falls erforderlich, werden Untersuchungen zur Prüfung des Hinweises durchgeführt.

Der Schutz eines jeden Menschen sowie der Umwelt haben für uns höchste Priorität. Über die SICK Integrity Line können auch menschenrechts- oder umweltbezogene Beschwerden im Hinblick auf unser Unternehmen und die Lieferkette des SICK-Konzerns gemeldet werden. Für solche Beschwerden wurde eine eigene, über die Webseite des Unternehmens transparente Verfahrensordnung entsprechend der Vorschriften des am 01.01.2023 in Kraft getretenen Lieferkettensorgfaltspflichtengesetzes etabliert. Das Beschwerdeverfahren ist insbesondere auch für alle Mitarbeitenden von mittelbaren und unmittelbaren Zulieferern des SICK-Konzerns zugänglich. Der Menschenrechtsbeauftragte der SICK AG geht allen Hinweisen auf Fehlverhalten in diesem Bereich objektiv, verlässlich und mit der notwendigen Sorgfalt nach.

Positive Erfahrungen mit Nachhaltigkeit

Die kontinuierliche Arbeit an der Weiterentwicklung und Umsetzung unserer Nachhaltigkeitsstrategie ist eine große Herausforderung und erfordert ein klares Bekenntnis. Insgesamt haben wir damit bisher durchweg positive Erfahrungen gemacht, was unter anderem an zwei Beispielen deutlich wird: So hat unser ökologisches Gesamtkonzept, das ausdrücklich unsere Produkte mit einbezieht, dazu beigetragen, dass wir uns attraktive und neue Wachstumsquellen in zukunftsorientierten Geschäftsfeldern mit zum Teil neuen Kunden erschlossen haben. Mit diesem Ausbau diversifizieren wir unser Produktportfolio weiter und bedienen ganz unterschiedliche Branchen, die jeweils ihre eigenen Zyklen und Herausforderungen haben. Diese breitere Aufstellung macht uns insgesamt resilienter und demnach wirtschaftlich nachhaltiger.

Die intensive Beschäftigung mit dem Thema Nachhaltigkeit hat bei uns gruppenweit ein spürbares »Green Mindset« geschaffen. Darunter verstehen wir, Nachhaltigkeitsaspekte auf allen Handlungsebenen zu berücksichtigen und ein Verständnis dafür zu schaffen, warum sie so einen hohen Stellenwert haben. Insbesondere die interdisziplinäre und über Hierarchieebenen hinweg intensivierte Zusammenarbeit im firmeninternen Nachhaltigkeitsnetzwerk hat einen maßgeblichen Beitrag dazu geleistet. Das gelebte »Green Mindset« stärkt unsere Kompetenzen rund um Technologie und Sensoren weiter. Das macht deutlich, dass das Thema Nachhaltigkeit für uns kein »add on«, sondern ein tatsächliches »built in« aus der Historie heraus im Geschäftsmodell und der Unternehmensstrategie darstellt.

Innovationen gestalten die Zukunft

Wir haben 2022 mit einem Umsatzwachstum von 11,5 % bei einer Ertragsstärke von 7,5 % und einer F&E-Quote von 11 % ein weiteres erfolgreiches Geschäftsjahr abgeschlossen. Dabei haben wir mit mehr als 50 neuen marktreifen Produkten und weiteren 122 Patentanmeldungen abermals unsere Innovationsstärke bewiesen. Diese Ergebnisse bestärkten uns in der Überzeugung, dass wir mit der Integration unserer Nachhaltigkeitsstrategie in die Gesamtstrategie auf dem richtigen Weg sind. Bei der Strategieumsetzung stehen insbesondere die Kunden im Fokus. Gleichzeitig ist unser Nachhaltigkeitsverständnis in Form von gelebter unternehmerischer Verantwortung für Mitarbeitende, die Umwelt, den wirtschaftlichen Erfolg und die Gesellschaft der zentrale Orientierungspunkt. Auch wenn wir bereits große Fortschritte erzielt haben, sehen wir noch viel Potenzial. Wir werden

Technologie weiterhin für das Gute einsetzen und mit »Sensor Intelligence« konsequent unserer unternehmerischen Verantwortung gerecht werden. So leisten wir mit innovativen Sensorlösungen unseren Beitrag zur notwendigen Transformation der Wirtschaft.

STIHL

- Sitz: Waiblingen
- Gründung: 1926
- Rechtsform: AG & Co. KG
- Leitung: Michael Traub
- Umsatz: 5,49 Mrd. Euro
- Mitarbeitende: 20 552
- Zahlen aus Geschäftsjahr: 2022

Die STIHL Gruppe entwickelt, fertigt und vertreibt weltweit motorbetriebene Geräte unter anderem für die Forst- und Landwirtschaft sowie für private Gartenbesitzerinnen und -besitzer. STIHL ist die meistverkaufte Motorsägenmarke weltweit und steht mit Innovationen in den Technologiefeldern Akku und Benzin mehr denn je für Spitzentechnologie, die dem Menschen die Arbeit mit und in der Natur erleichtert.

Link: https://corporate.stihl.de/de/nachhaltigkeit

Autoren

Dr. Michael Prochaska, Vorstand Personal und Recht

»Nachhaltigkeit ist kein Sprint, sondern ein Marathon. Wir dürfen uns nicht auf dem Erreichten ausruhen.«

Dr. Friedemann Stock, Nachhaltigkeitsbeauftragter der STIHL Gruppe

»Nachhaltig zu sein ist ein langfristiges Ziel. Die größte Herausforderung ist es, bei der Fülle der dringenden Aufgaben die Zeit für die wichtigen Punkte der Nachhaltigkeit aufzubringen.«

STIHL
Raum zum Wachsen

Von Dr. Michael Prochaska und Dr. Friedemann Stock

Im Bayerischen Wald ist es seit Kurzem ein bisschen ruhiger. Auch die ohnehin gute Waldluft ist noch sauberer. Der Grund sind die Motorsägen: 300 Stück davon haben die Bayerischen Staatsforsten 2022 bei STIHL gekauft – und zwar solche mit Akkubetrieb. Sie ersetzen die bisherigen Modelle mit Verbrennungsmotor. Aktuell werden sie zur Waldpflege und für leichtere Forstarbeiten eingesetzt. In ein paar Jahren könnte der technische Fortschritt auch reguläre Baumfällarbeiten mit Akkugeräten möglich machen. Und das mit deutlich weniger CO_2-Emissionen als heute.

Das Beispiel zeigt: Innovative Produkte tragen dazu bei, dass wir als Gesellschaft unseren Nachhaltigkeitszielen ein Stück näherkommen. Deshalb investieren wir bei STIHL stark in die Akku-Technologie und arbeiten gleichzeitig mit Hochdruck daran, unsere Verbrenner-Produkte noch umweltfreundlicher zu machen, zum Beispiel durch E-Fuels oder biogene Sonderkraftstoffe. Ob diese Produkte allerdings auch nachhaltig verwendet werden in dem Sinne, in dem der Begriff ursprünglich geprägt wurde, nämlich als forstwirtschaftliches Prinzip, nicht mehr Holz zu fällen, als jeweils nachwachsen kann? Ob ein Wald diese Zeit zum Wachsen bekommt, können wir als Hersteller nicht beeinflussen.

Was wir beeinflussen können, ist unser Wachstum als Unternehmen. Auch das muss nachhaltig sein – und zwar in allen drei Dimensionen des modernen Nachhaltigkeitskonzepts ESG (Environment, Social und Governance). Das bedeutet, dass unsere Produktion und unser Portfolio ein ganzes Bündel an Aspekten und Anforderungen erfüllen müssen. Aber welche Aspekte sind das? Und wie können wir sie in unser Tun implementieren?

Anders gefragt: Wie machen wir die Arbeit von weltweit mehr als 20 000 Beschäftigten nachhaltiger?

Der Boden: Die Grundlagen sind längst gelegt

Diesen Fragen sind wir bei STIHL in den vergangenen Jahren intensiv nachgegangen. Ein erstes Ergebnis war positiv: Wir müssen als Unternehmen in dieser Transformation nicht bei null anfangen. Bei STIHL fällt die Idee des nachhaltigen Handelns in allen drei ESG-Dimensionen bereits auf fruchtbaren Boden:

- **Environment**
  Das Umweltbewusstsein gehört zur DNA von STIHL. Als Unternehmen mit Wurzeln in der Forstwirtschaft sind wir traditionell eng mit der Natur verbunden – unsere Kundinnen und Kunden leben von und mit ihr. Die Themen Klima- und Umweltschutz sowie Energiemanagement treiben uns daher schon lange um. So haben wir uns zum Beispiel das Ziel gesetzt, langfristig rechnerisch klimakompensiert zu arbeiten, und seit langem werden unsere Produktionsprozesse nach der Umweltnorm ISO 14000 zertifiziert.

- **Social**
  Ebenso verankert ist die soziale Dimension des ESG-Konzepts. Ein Unternehmen kann langfristig nur erfolgreich sein, wenn es Beschäftigte und Zulieferer fair behandelt. Mit dem am 1. Januar 2023 in Kraft getretenen Lieferkettensorgfaltspflichtengesetz haben wir uns bei STIHL deshalb schon sehr früh auseinandergesetzt. Die Beschäftigung mit unserer Lieferkette war eine der Keimzellen unserer aktuellen Nachhaltigkeitsaktivitäten.

- **Governance**
  Nachhaltig agieren im Sinne einer guten Unternehmensführung – also langfristiges wirtschaftliches Denken und Handeln – zählt zu den Grundprinzipien des Unternehmens, seit es von Andreas Stihl im Jahr 1926 gegründet wurde. Wie ein kluger Forstverwalter in einem Wald nicht mehr Holz schla-

gen darf als nachwächst, so hatte STIHL nie den schnellen Gewinn im Blick. Ein Familienunternehmen mit knapp 100-jähriger Geschichte denkt nicht in Quartalen, sondern langfristig in Generationen.

Der Boden war also bereitet, Know-how und Prozesse an vielen Stellen im Unternehmen vorhanden. Was wir tun mussten, war daher: die losen Enden zusammenbringen und allem eine strategische Ausrichtung geben.

Die Wurzeln: Personelle und organisatorische Strukturen schaffen

Unsere nächste Überlegung war: Wenn das Thema Nachhaltigkeit im Unternehmen Wurzeln schlagen soll, braucht es einen festen Platz. Im April 2021 wurde deshalb die Leitungsstelle des Nachhaltigkeitsbeauftragten geschaffen, der direkt an den Vorstand Personal und Recht berichtet. Zudem wurde ein Steuerkreis Nachhaltigkeit eingerichtet, in dem jedes Vorstandsressort vertreten ist. Parallel dazu haben wir in einer Wesentlichkeitsanalyse systematisch die aktuelle Situation untersucht. Unser Zugang dazu war ein doppelter: Inside-out und Outside-in.

In der *Inside-out-Analyse* ging es vor allem um unsere Einflussmöglichkeiten als Unternehmen. Welche unserer Unternehmensaktivitäten sind mit ökologischen oder sozialen Themen verknüpft oder wirken auf sie ein? Wo kauft STIHL ein? Wie sieht es dort in Hinblick auf Menschenrechte und Biodiversität aus? An der umfangreichen Recherche haben interne und externe Experten gearbeitet.

Welche ökologischen und gesellschaftlichen Herausforderungen unser Geschäftsmodell von außen beeinflussen, haben wir mit umgekehrter Blickrichtung in einer *Outside-in-Analyse* untersucht. Sie bestand aus Kundenbefragungen in vier Ländern und einer detaillierten Chancen-Risiken-Analyse anhand der sechs Klima- und Umweltschutzziele der EU-Taxonomie. Flankierende Einblicke gab eine Benchmark-Analyse: Welche Wege gehen andere Unternehmen? Wo setzen sie Schwerpunkte? Die Ergebnisse von Interviews mit Stakeholdern, wie Verbände, NGOs und Lieferanten, haben wir für beide Blickrichtungen verwendet.

Der Stamm: Eine klare Strategie entwickeln

Die Ergebnisse unserer Wesentlichkeitsanalyse mündeten in die Entwicklung unserer Nachhaltigkeitsstrategie. Auch hier gab es Konzepte, auf denen wir aufsetzen konnten, denn STIHL verfolgt bereits seit 2016 eine konsequente Nachhaltigkeitspolitik. Als wir diese 2021 zu einer geschäftlich relevanten Strategie weiterentwickelt haben, legten wir dabei einen umfassenden Nachhaltigkeitsbegriff zugrunde. Nachhaltigkeit bezieht sich für STIHL auf alle Prozesse, Produkte und die gesamte Organisation. Wir wollen ›echte‹ Nachhaltigkeit, und das erreichen wir am besten, wenn wir nachhaltige Kriterien in allen Entscheidungsprozessen verankern.

Die für STIHL wichtigen Schwerpunktthemen lagen aus der Wesentlichkeitsanalyse vor. Jetzt ging es darum, daraus ein kommunizierbares, verständliches und stimmiges Paket zu machen. Wir wollten zwischen drei und fünf Überbegriffe finden, die die Einzelthemen gut zusammenfassen. Ergebnis waren die drei Fokusfelder Ökosysteme, Kreisläufe, Sorgfalt.

Ökosysteme und *Kreisläufe* bündeln bei STIHL die Themen aus dem Bereich »Environment«, also die Mehrzahl der für uns wesentlichen Nachhaltigkeitsthemen: Klimaschutz, Kreislaufwirtschaft und Materialmanagement, Vermeidung von Umweltverschmutzung sowie Schutz der Biodiversität. *Sorgfalt* fasst unsere Aktivitäten in den Dimensionen »Social« und »Governance« zusammen. Hierunter fallen die Themen Governance und Compliance sowie die sozialen Aspekte Gesundheit und Sicherheit, Nichtdiskriminierung und Menschen- und Arbeitnehmerrechte. Jedes Fokusfeld adressiert zudem jeweils zwei Sustainable Development Goals (SDGs) der UN.

Die drei strategischen Fokusfelder Ökosysteme, Kreisläufe und Sorgfalt bilden die Basis für das Nachhaltigkeitsengagement von STIHL.

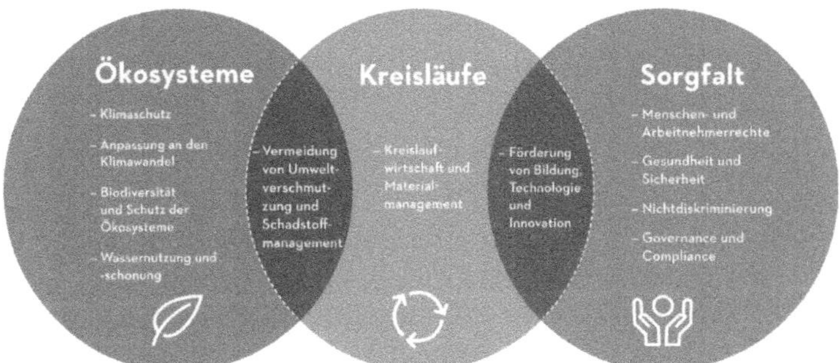

Abb. 1: Strategische Fokusfelder

Die Arbeit an unserer Nachhaltigkeitsstrategie war ein Sprint. Die Entwicklung hat drei Monate gedauert, ein Vierteljahr später war sie bereits von Vorstand und Beirat genehmigt. Wichtig war uns, dass mit der Nachhaltigkeit kein bunter Bereich neben dem »eigentlichen« Geschäft entsteht. Unser strategischer Ansatz ist das Gegenteil: Nachhaltigkeitsaspekte sollen – wenn sinnvoll – als zusätzliche Kriterien in wichtige Entscheidungsprozesse einfließen. Um Nachhaltigkeit fest in die Unternehmensstrategie einzubinden, haben wir uns daher nicht nur eng mit dem Vorstand, sondern auch mit dem Bereichsleiter Strategie und Unternehmensentwicklung abgestimmt und dazu entschieden, Nachhaltigkeitsziele in das Unternehmenszielsystem zu integrieren.

Die Äste: Nachhaltigkeit soll sich ins Unternehmen verzweigen

Wir wollen, dass Nachhaltigkeit Teil des Tagesgeschäfts wird. Der Weg dorthin ist unabhängig vom speziellen Thema grundsätzlich immer derselbe: Zuerst verschaffen wir uns einen Überblick über die Gesamtsituation, dann identifizieren wir für STIHL die sinnvollen Optionen. Schließlich bestimmen wir, was uns wichtig ist, und definieren dazu die richtigen Kennzahlen und Ziele. Dann suchen wir geeignete Maßnahmen und setzen sie schrittweise um.

Die Kennzahlen sind möglichst von Unternehmensebene auf einzelne Einheiten skalierbar. Dadurch können Einheiten oder Personen klar ihre Verantwortung in der Umsetzung der Nachhaltigkeitsstrategie erkennen. Nachhaltigkeit verästelt sich also in die Fachbereiche als Teil des normalen Tagesgeschäfts.

Dieses »Hineinwachsen« in die Fachbereiche voranzutreiben ist die Aufgabe des Nachhaltigkeitsbeauftragten. Er arbeitet dafür eng mit dem Steuerkreis Nachhaltigkeit zusammen, dem zentralen Gremium für das Thema. Es besteht aus den Vorständen Personal und Recht, Produktion und Materialwirtschaft sowie Entwicklung. Zudem ist jedes Vorstandsressort durch eine Führungskraft aus der zweiten Ebene vertreten. Hinzu kommen weitere Expertinnen und Experten. Gemeinsam werden Vorstandsentscheidungen vorbereitet und Empfehlungen abgegeben. Vier Mal im Jahr kommt der Steuerkreis zusammen, halbjährlich berichtet er an den Vorstand.

Die Strategien für Einzelthemen erarbeitet der Nachhaltigkeitsbeauftragte nicht alleine, sondern gemeinsam mit den Expertinnen und Experten aus den Fachbereichen. Oft geht es darum, erst einmal Wissen aufzubauen. Etwa beim Thema Biodiversität: Was bedeutet der Begriff für uns genau? Welche Optionen gibt es und was ist für STIHL hier besonders wichtig? Über Biodiversität tauschen wir uns zum Beispiel mit Forscherinnen und Forschern der Universität Oxford aus. Dabei geht es um technische Lösungen, die das Risiko von Mährobotern für Kleintiere, wie etwa Igel, reduzieren.

Ein anderes Beispiel sind unsere Aktivitäten im Bereich Forschung und Entwicklung. Hier konzentrieren wir uns einerseits auf die weitere Optimierung unserer Verbrennungsmaschinen durch CO_2-reduzierte Kraftstoffe, zum anderen bauen wir unser Know-how in der Akku-Entwicklung stetig aus. Die Entwicklung der STIHL MSA 300 etwa, die als derzeit leistungsstärkste Akku-Motorsäge auf dem Markt auch im Bayerischen Wald eingesetzt wird, bringt unsere Nachhaltigkeitsstrategie beim wesentlichen Thema Klimaschutz voran.

Entscheiden wir uns dazu, ein Projekt anzugehen, wird zunächst eine Person als »Hutträger« bestimmt. Einzelthemen überführen wir in separate Steuergremien, beispielsweise ins Make-or-buy-Gremium Einkauf und Technologie: Hier geht es um die Frage, ob ein bestimmtes Produkt einzukaufen oder selbst herzustellen ist. In dieser Entscheidung werden auch Nachhaltigkeitsaspekte berücksichtigt. Wichtig ist uns: Die STIHL Gruppe will beim Thema Nachhaltigkeit technologieoffen agieren. Die Ziele sind vorgegeben – der Weg dorthin nicht.

Die Früchte: Geerntet wird in allen STIHL Gesellschaften

Der Boden ist bereitet, der Baum gepflanzt, Äste sind gewachsen. Und die ersten Früchte konnten inzwischen geerntet werden. Zu unserer Ernte zählen weniger »nachhaltige« Produkte – auch wenn die Produktstrategie der doppelten Technologieführerschaft bei Akku- und Verbrenner-Geräten auf unser nachhaltiges Handeln einzahlt. Die Früchte unserer Nachhaltigkeitsbemühungen sind vielmehr die Maßnahmen oder Projekte, die überall im Unternehmen identifiziert und umgesetzt werden.

Ein Beispiel hierfür ist das Energiemanagement: Die STIHL Gruppe hat sich zum Ziel gesetzt, den Verbrauch von Erdgas und -öl sowie Kraftstoffen unternehmensweit bis 2030 um 40 % gegenüber 2019 zu reduzieren. Auf dem Weg dorthin haben wir Vorgaben an die Produktions- und Vertriebsunternehmen der Gruppe entwickelt und in Schulungsterminen erläutert, damit sie diese eigenständig umsetzen können. Jetzt fallen Entscheidungen, etwa für effizientere und sparsamere Maschinen und andere Technologien, die ohne fossile Energieträger auskommen.

Ein weiteres Beispiel für unsere Ernte ist unsere Teilnahme am Global Compact-Abkommen der Vereinten Nationen, mit der wir uns dazu verpflichten, unsere Unternehmensstrategie an den zehn Nachhaltigkeitsprinzipien zu Menschenrechten, Arbeitsnormen, Umweltschutz und Korruptionsbekämpfung auszurichten.

Im gesamten Prozess zeigt sich eine unserer zentralen Erfahrungen: Nachhaltigkeit ist kein Sprint, sondern ein Marathon. Auch wenn STIHL als Unternehmen bereits früh erkannt hat, wie wichtig nachhaltiges Wirtschaften und Handeln ist, ist das Unternehmen nun mit vielen regulativen und freiwillig gewählten Veränderungsnotwendigkeiten konfrontiert. Deswegen ist professionelles Change-Management erforderlich. Veränderungen müssen auf allen Ebenen, nach außen und nach innen, gut begründet, kommuniziert und begleitet werden. Vor allem das obere Management ist gefordert, denn hier müssen alle Zielkonflikte ausgetragen und die Vorbildrolle übernommen werden.

STIHL ist in der guten Situation, dass Nachhaltigkeit im forstwirtschaftlichen Sinn schon immer zum Kern des Familienunternehmens gehörte. Dass sich die Eigentümerfamilie zur Nachhaltigkeit in all ihren Dimensionen bekennt. Und dass Vorstand und Mitarbeitende gruppenweit aus intrinsischer Motivation mitziehen. Auch dies gehört zu den Früchten unserer Nachhaltigkeitsbemühungen. Unsere Entscheidung, Nachhaltigkeitsziele ins Tagesgeschäft einfließen zu lassen, war rückblickend betrachtet genau richtig. Aus unserer Sicht lassen sich nur so abstrakte Themen wie Klimaneutralität oder Biodiversität mit Leben füllen.

Im Mai 2023 ist der zweite STIHL Nachhaltigkeitsbericht erschienen. Im Berichtsjahr 2022 haben wir viele Initiativen gestartet, die in den kommenden Jahren weitergeführt werden. Woran wir in jedem Fokusfeld gerade arbeiten, welche Fortschritte wir bisher gemacht haben – all das kann man unter *nachhaltigkeitsbericht.stihl.de* nachlesen.

Wir wachsen weiter. Wir müssen auch künftig alles dafür tun, dass Boden, Wurzeln, Stamm und Äste gut versorgt sind. Dann kommt die nächste Ernte bestimmt.

TRUMPF

- Sitz: Ditzingen
- Gründung: 1923
- Rechtsform: SE + Co. KG
- Leitung: Dr. phil. Nicola Leibinger-Kammüller
- Umsatz: 4,2 Mrd. Euro
- Mitarbeitende: 16 500
- Zahlen aus Geschäftsjahr: 2021/22

Das Hochtechnologieunternehmen TRUMPF bietet Fertiglösungen in den Bereichen Werkzeugmaschinen und Lasertechnik. Im Bereich der Werkzeugmaschinen für die flexible Blechbearbeitung und bei industriellen Lasern ist das Familienunternehmen mit Sitz in Ditzingen Technologie- und Marktführer. Kunden von TRUMPF sind in allen industriellen Branchen zu finden, von Automobilität über Medizintechnik bis hin zu Elektronik oder Photovoltaik.

Link: https://www.trumpf.com/de_INT/nachhaltigkeit/

Autorin

Magdalena Blisch, Sustainability Manager

Frau Blisch kam ursprünglich aus der Werbebranche, bevor sie sich nach vielen Jahren des privaten Engagements rund um Nachhaltigkeit für den beruflichen Quereinstieg in den ESG-Bereich entschied.

Trumpf
Klimaschutz bei TRUMPF

Von Magdalena Blisch

TRUMPF ist ein Familienunternehmen mit einer 100-jährigen Geschichte. »Nachhaltigkeit als Bestandteil der unternehmerischen Verantwortung ist für TRUMPF ein Kernanliegen – und war es immer schon«, sagt CEO Nicola Leibinger-Kammüller. Dazu gehören neben sozialen Aspekten und einer verantwortungsvollen Unternehmensführung allen voran der Klimaschutz.

Als Hochtechnologieunternehmen und Hersteller von Werkzeugmaschinen, Lasern und Leistungselektronik sieht sich TRUMPF in der Verantwortung, einen Beitrag zum Klimaschutz zu leisten. Bereits im Jahr 2020 verabschiedete das Unternehmen eine umfassende und ambitionierte Klimastrategie. TRUMPF ging dabei in mehreren Schritten vor.

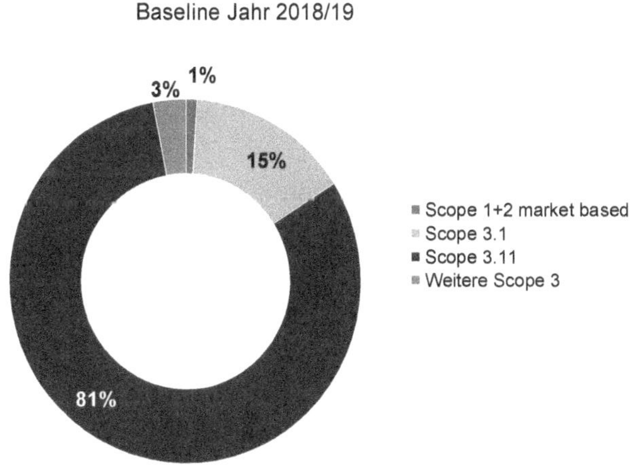

Abb. 1: Klimabilanz der TRUMPF Gruppe im Basisjahr 2018/19

Ausgangspunkt: Ermitteln der Treibhausgasbilanz

Im Jahr 2020 fiel bei TRUMPF der Startschuss für die Klimastrategie »Climate Action 2030«. Zunächst erstellte TRUMPF für das Geschäftsjahr 2018/19 eine Treibhausgasbilanz über alle drei Scopes. Dies war notwendig, um den Status quo festzuhalten und damit eine Bemessungsgrundlage für die Zielsetzung zu definieren. Die Emissionen aus Scope 1 und 2 bestimmte TRUMPF mithilfe von Energie-Abrechnungen und Zählerständen der weltweiten TRUMPF-Standorte. Im Scope 3 wählte TRUMPF die relevantesten der 15 Kategorien aus und berechnete die Emissionen mit Standards des GHG Protocols.

Diese Ziele verfolgt TRUMPF

Bestätigt durch die Science Based Targets Initiative (SBTi) verpflichtete sich TRUMPF im zweiten Schritt, seine Emissionen bis zum Jahr 2030 gemäß dem 1,5-Grad-Reduktionspfad des Pariser Klimaabkommens zu reduzieren. Dieser Pfad verlangte zum Zeitpunkt des Abschlusses für die Emissionen in Scope 1 und 2 eine absolute Reduktion um 46 %. Freiwillig verschärfte TRUMPF dieses Ziel auf 55 %. Die Emissionen in Scope 3 sollen bis 2030 um 14 % sinken.

Mit dieser Strategie will TRUMPF seine Ziele erreichen

Entsprechend des Anteils am gesamten CO_2-Fußabdruck von TRUMPF sowie entsprechend der direkten Verantwortung legte TRUMPF drei Handlungsfelder fest: Standorte, Produktnutzung und Materialien.

- **Standorte**
  Reduktion der Emissionen aus Scope 1 und 2 (Anteil ca. 1 % am Gesamt-Fußabdruck von TRUMPF)

- **Produktnutzung**
  Reduktion der Emissionen aus Scope 3.11 (Anteil ca. 80 % am Gesamt-Fußabdruck von TRUMPF)

- **Materialien**
  Reduktion der Emissionen aus Scope 3.1 (Anteil ca. 15 % am Gesamt-Fußabdruck von TRUMPF)

Die übrigen Kategorien des Scope 3 fallen anteilig so gering aus, dass TRUMPF sie nicht explizit in die Strategie aufgenommen hat, sondern sie im täglichen Geschäft mitbetrachtet.

Konkretisierung der Ziele

Für die drei Handlungsfelder definierte TRUMPF konkrete Schritte und Maßnahmen.

- Für Scope 1 und 2 setzt TRUMPF auf Energiesparmaßnahmen an Gebäuden, bezieht Grünstrom oder produziert ihn selbst und elektrifiziert die hauseigene Fahrzeugflotte. Für diese Bereiche formulierte TRUMPF zusätzliche Unterziele, die sich am Gesamtziel von 55 % CO_2-Einsparung ausrichten. So will TRUMPF jährlich 3 % Gas und 1,5 % Strom einsparen.

- Für die Emissionen von Scope 3.11 ermittelte TRUMPF für jeden Geschäftsbereich und unter Berücksichtigung des Unternehmenswachstums und der Entwicklung globaler Emissionsfaktoren die bis 2030 notwendigen Emissionseinsparungen in der Produktpalette. In Workshops identifizierten die Geschäftsbereiche potenzielle Maßnahmen für einen energiesparenderen Betrieb der TRUMPF-Produkte, sei es durch Verbesserungen an Produkten oder Peripheriegeräten oder durch neue intelligente Softwarelösungen.

- In Scope 3.1 identifizierte TRUMPF im ersten Schritt die emissionsstärksten Warengruppen, um im Anschluss mit den Lieferanten, von denen TRUMPF diese Waren bezieht, gezielt ins Gespräch zu gehen. Zudem spielten die Bereiche Entwicklung, Design und Konstruktion von Beginn an eine große Rolle, um bereits in der Produktentwicklung die Menge und Art der verwendeten Materialien günstig zu beeinflussen.

Wie TRUMPF die Strategie umsetzt

- **Handlungsfeld »Standorte«**
  An größeren Standorten der TRUMPF Gruppe gibt es bereits seit mehreren Jahren ein zertifiziertes Energiemanagementsystem und Energiemanagerinnen und Energiemanager. Diese planen Energieeffizienzmaßnahmen an den Gebäuden und setzen diese um. Auch für die Eigenerzeugung erneuerbarer Energien sind sie verantwortlich. Daher konnte TRUMPF mit diesem Handlungsfeld der Klimastrategie ohne Verzögerung in die Umsetzung gehen. Lediglich das Teilziel der Elektrifizierung der Fahrzeugflotte musste TRUMPF neu in der Organisation verankern.

- **Handlungsfeld »Produktnutzung«**
  Viele der in den Workshops identifizierten Maßnahmen, mit denen TRUMPF den Energieverbrauch der Produkte reduzieren kann, nahm der Bereich Forschung und Entwicklung direkt in Angriff oder plante diese für eine zukünftige Umsetzung ein. Zudem integrierte TRUMPF den Aspekt »Energieverbrauch« als Bewertungskriterium in allen Standard-Entwicklungsprozessen.

- **Handlungsfeld »Materialien«**
  Die Identifikation der relevanten Warengruppen sowie der wichtigsten Lieferanten ist abgeschlossen, und parallel wurde für einige Produkte die Berechnung von Product Carbon Footprints angestoßen.

Ausbau Photovoltaik-Aktivitäten

Overview self-generated electricity	Done	In Realization	Planning
System size [kWp]	6040	3860	7865
Annual production [kWh]	6248448	2850049	5870213

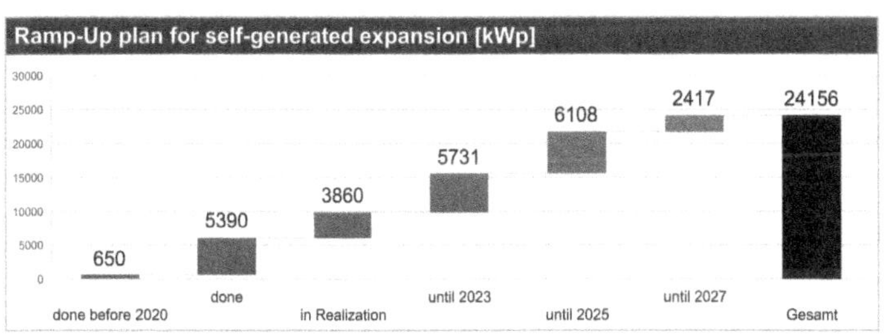

Quelle: Eigene Darstellung

Abb. 2: Ausbau Photovoltaik-Aktivitäten

Sichtbare Erfolge: an den eigenen Standorten schon jetzt auf Zielniveau

Im Handlungsfeld »Standorte« ist TRUMPF den gesetzten Zielen voraus. Bis heute, im vierten Jahr der Klimastrategie, übertrifft TRUMPF bei der Umsetzung von Energiesparprojekten oder beim Zubau von Photovoltaik-Anlagen regelmäßig die jährlich gesetzten Ziele. Dadurch bewegen sich die Emissionen der Standorte bereits heute – sieben Jahre früher als geplant – knapp über Zielniveau.

Auch in der Produktentwicklung hat TRUMPF erste Projekte verwirklicht. Ein Beispiel ist der Delta Drive, ein patentierter elektrischer Antrieb für Stanzmaschinen, der 20 % weniger Energie verbraucht als herkömmliche hydraulische Antriebe. Mit dem Energy Cockpit in Smart View hat TRUMPF auch eine Softwarelösung für das Echtzeit-Monitoring von Energieverbräuchen von Lasern auf den Markt gebracht. Diese zeigt transparent auf, welche Laser wann wie viel Energie verbrauchen, und schafft damit die Grundlage für energetische Optimierungen in den Produktionsabläufen.

Fallbeispiel 1: Energiesparen im TRUMPF-Werk in Hettingen, Baden-Württemberg

Dass in der Industrie noch eine Menge Energiesparpotenziale schlummern, bewies TRUMPF 2021 mit dem Neubau mehrerer Gebäude am Standort Hettingen (Deutschland). Als Teil des vom Bundes-Wirtschaftsministerium geförderten Projekts »ETA Transfer« der TU Darmstadt legte TRUMPF bereits in der Planung des neuen Zerspanungs-Kompetenzzentrums ein besonderes Augenmerk auf Energieeffizienz. So nutzt TRUMPF die Abwärme der Maschinen und Produktionsanlagen, um die Gebäude am Standort zu heizen. Den darüber hinaus gehenden Kühlbedarf erzeugt eine zentrale Kältemaschine statt einzelner Kühler, was besonders energieeffizient ist. Zusätzlich sorgt eine Freikühlung dafür, dass die Kühlung über die Außenluft erfolgt. Mit zum Gesamtpaket gehört auch ein umfassendes Messsystem für Druckluft, Wärme, Kälte und Stromverbrauch: Alle Hallen und Räume sind mit vernetzten Sensoren ausgestattet, die Verbrauchsdaten an das Gebäudemanagement senden. Dadurch kann TRUMPF die Energieverbräuche rund um die Uhr überwachen. Durch die Maßnahmen entstehen 45 % weniger CO_2 pro Jahr, als es mit einer Standard-Planung der Fall gewesen wäre.

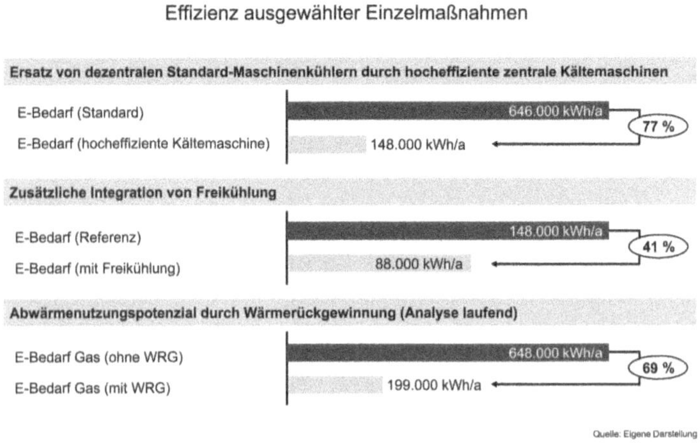

Effizienz ausgewählter Einzelmaßnahmen

Ersatz von dezentralen Standard-Maschinenkühlern durch hocheffiziente zentrale Kältemaschinen

E-Bedarf (Standard) 646.000 kWh/a
E-Bedarf (hocheffiziente Kältemaschine) 148.000 kWh/a
77 %

Zusätzliche Integration von Freikühlung

E-Bedarf (Referenz) 148.000 kWh/a
E-Bedarf (mit Freikühlung) 88.000 kWh/a
41 %

Abwärmenutzungspotenzial durch Wärmerückgewinnung (Analyse laufend)

E-Bedarf Gas (ohne WRG) 648.000 kWh/a
E-Bedarf Gas (mit WRG) 199.000 kWh/a
69 %

Quelle: Eigene Darstellung

Abb. 3: Effizienz ausgewählter Einzelmaßnahmen

Fallbeispiel 2: BrightLine Speed

Eine Lösung, um den Energieverbrauch unserer 3D-Laserschneid-Anlagen zu optimieren, ist die Option BrightLine Speed. Die Funktion beschleunigt das 3D-Laserschneiden um bis zu 60 %. Durch die verkürzte Bearbeitungszeit des Teils und den damit reduzierten Stromverbrauch spart der Kunde im Scope 2 und damit TRUMPF im Scope 3.11 Energie und Emissionen ein. Zusätzlich reduziert BrightLine Speed den Verbrauch von ebenfalls klimawirksamem Schneidgas um 50 %. Dies kommt dem Kunden für seine Scope-1-Emissionen zugute.

Was sind die Erfolgsfaktoren einer Klimastrategie?

- **Vorleben »von oben«**
  Die wichtigste Voraussetzung, um Klimaschutz im Unternehmen zu verankern, ist der eindeutige Wille der Geschäftsführung.

- **Wer ist wofür zuständig?**
  Fast genauso entscheidend sind klare Verantwortlichkeiten in den relevanten Unternehmensbereichen und gebündelt durch eine zentrale Stelle. Vorteil: Verantwortliche in den Fachbereichen können Veränderungsbedarfe und -potenziale schneller und besser identifizieren und in Angriff nehmen.

- **Nachhaltigkeit gehört in die Unternehmensstrategie**
  Klimaschutz in etablierte Steuerungsinstrumente des Unternehmens, wie Strategie- oder Zieleprozesse, zu integrieren, ermöglicht einen schnellen Start. So hat TRUMPF im Jahr 2022 die fünf Säulen der TRUMPF-Unternehmensstrategie um eine sechste Säule »Nachhaltigkeit« erweitert und die Klimastrategie als strategische Initiative daran geknüpft. Dies geht bei TRUMPF einher mit der Möglichkeit, den führenden Zielprozess im Unternehmen zu nutzen, bei dem gruppenweite Ziele an relevante Bereiche vergeben und deren Umsetzung überprüft werden.

- **Klimaschutz muss sich lohnen**
  Es ist hilfreich, die Wirtschaftlichkeit von Klimaschutzmaßnahmen aufzuzeigen, denn diese ist oft nur längerfristig und indirekt erkennbar. Sie lässt sich etwa über zu erwartende Kundenanforderungen und daran geknüpfte Umsätze berechnen, aber auch in Form von Einsparungen von künftig teurer werdenden Ressourcen wie Energie.

Was sind für TRUMPF die größten Herausforderungen?

- Die mangelnde Verfügbarkeit bzw. Durchgängigkeit aussagefähiger Daten über die Wertschöpfungskette ist eines der Hauptprobleme, insbesondere in der Emissionsbilanzierung der zugekauften Materialien in Scope 3.1.
- Interne Zielkonflikte können ebenfalls zum Hemmnis werden, z. B. Kostensparziele des Einkaufs oder auch der Produktentwicklung. Hier gilt es, über Wirtschaftlichkeits- oder Risikobetrachtungen oder auch über die gezielte Priorisierung von Zielen den Bereichen Orientierung und Handlungsspielräume zurückzugeben.
- Zuletzt stellen für TRUMPF auch die bereits verschärften SBTi-Zielsetzungen eine Herausforderung dar. Das Ambitionsniveau für wissenschaftsbasierte Klimaziele wurde von SBTi im Jahr 2022 aufgrund der globalen Emissionsentwicklung deutlich angehoben. TRUMPF wird die eigenen Ziele daher daran anpassen müssen und in den verbleibenden Jahren bis 2030, vor allem im Scope 3, nochmals höhere Anstrengungen erbringen müssen, als die TRUMPF-Klimastrategie derzeit abdeckt.

Exkurs: Emissionseinsparungen über die eigene Wertschöpfungskette hinaus

TRUMPF stellt Maschinen und Anlagen für die industrielle Produktion zur Bearbeitung vorwiegend von Metall her. Damit steht nicht nur der Energieverbrauch einer Maschine oder Anlage selbst im Fokus, sondern auch ihr Umgang mit diesem energieintensiven Material. Emissionen aus verbrauchtem Material fallen zwar gemäß der Systemgrenzen des Greenhouse Gas Protocol nicht in die Klimabilanz von TRUMPF, dennoch ist der Hebel für potenzielle Treibhausgas-Einsparungen hier um ein Vielfaches größer als beim Energieverbrauch der Maschinen. Nicht zuletzt beeinflusst der Materialverbrauch die Scope-3.1-Emissionen der Kunden.

Aus diesem Grund entwickelt TRUMPF seit Jahren verstärkt Lösungen, mit denen der Kunde Material sparen kann. Der wichtigste Baustein hierfür ist die seit vielen Jahrzehnten insgesamt hohe Bearbeitungsqualität unserer Produkte, womit weniger Ausschussteile anfallen.

TRUMPF bietet jedoch auch spezifische Optionen an, mit denen eine Werkzeugmaschine Material effizienter nutzen kann. Eine solche Lösung ist Nanojoint. Dank dieser können Kunden Bauteile enger schachteln und so bis zu 30 % Material sparen.

Auch der Laser als Werkzeug bietet diverse Vorteile für eine energie- und materialeffiziente Produktion. So macht es der Laser möglich, Metalle unterschiedlicher Dicken zu verschweißen, womit etwa bei einer Auto-Karosserie die Materialstärken bedarfsgerecht gewählt werden können, statt durchgängig das dickste notwendige Blech verwenden zu müssen. Diese und weitere Beispiele zeigen bei größerem Betrachtungshorizont exemplarisch, welche Rolle der Maschinen- und Anlagenbau für die Erreichung der Klimaziele in der Industrie spielt.

TRUMPF handelt verantwortlich – heute und morgen

In 2023, dem Erscheinungsjahr dieses Buches, feiert TRUMPF sein 100-jähriges Jubiläum. War eine solch erfolgreiche Unternehmensgeschichte schon bisher kaum ohne vorausschauendes, kluges und verantwortungsvolles Handeln möglich, so ist längst klar: Für die nächsten hundert Jahre wird Nachhaltigkeit noch weitaus wichtiger werden.

Witzenmann

- Sitz: Pforzheim
- Gründung: 1854
- Rechtsform: GmbH
- Leitung: Dr. Andreas Kämpfe
- Umsatz: 738 Mio. Euro
- Mitarbeitende: 4300
- Zahlen aus Geschäftsjahr: 2022

Witzenmann entwickelt und fertigt flexible metallische Elemente und Leitungen für die Bereiche der Fahrzeugtechnik, Industrie, technische Gebäudesicherung und Luft- und Raumfahrt. Das Produktportfolio umfasst u. a. Metallschläuche, Kompensatoren, Rohrhalterung, Fahrzeugteile und Aerospace-Komponenten. Somit gehört Witzenmann zu den Experten für das sichere Leiten von Medien und Energie für und Mobilität und Industrie.
Link: https://www.witzenmann.de/de/unternehmen/nachhaltigkeit/

Autoren

Dr. Andreas Kämpfe, CEO
»Es ist für uns sehr wichtig, dass wir uns regelmäßig mit den Stakeholdern innerhalb unseres Netzwerks von verschiedenen Verbänden und Initiativen austauschen. So können wir Trends und Entwicklungen frühzeitig erkennen, gemeinsam Lösungen für eine nachhaltigere Zukunft erarbeiten und die Weitergabe von Wissen ermöglichen.«

Christine Wüst, CHRO
»In der heutigen Welt ist Nachhaltigkeit entscheidend, um Resilienz aufzubauen und den langfristigen Erfolg zu sichern. Unsere Aufgabe ist dabei, auch in der Zukunft einer der attraktivsten Arbeitgeber im Mittelstand zu bleiben, Vielfalt zu ermöglichen und uns als traditionsreiches Familienunternehmen sowohl für unsere Mitarbeiter*innen als auch für das Wohlergehen der Menschen in unserem gesellschaftlichen Umfeld zu engagieren.«

Witzenmann
Beständig im Wandel: Vom Schmuck zum Wasserstoff

Von Dr. Andreas Kämpfe und Christine Wüst

Die einzige Konstante bei uns ist die Veränderung. Die letzten Jahre, geprägt durch die Pandemie und den Krieg in Osteuropa, haben viele Gewissheiten infrage gestellt. Hinzu kommen die angestrebte Dekarbonisierung und die notwendige weitere Digitalisierung unserer Wirtschaft. In diesem dynamischen Umfeld halten wir nicht nur Kurs auf unsere langfristigen Ziele, sondern widmen uns aus Überzeugung ganz besonders dem Thema Nachhaltigkeit.

Laufende Veränderungen, Innovationen und Transformation sind für uns Teil unserer Witzenmann-DNA: Gründer Heinrich Witzenmann war 30 Jahre als erfolgreicher Schmuckhersteller aktiv, als er gemeinsam mit einem Geschäftspartner den Metallschlauch erfand. Nachfolgende Generationen entwickelten diese Innovation weiter und schufen eine völlig neue Industriebranche der flexiblen, metallischen Elementen.

Jetzt sehen wir uns mit neuen Rahmenbedingungen und Umständen rund um das Thema Nachhaltigkeit konfrontiert, die viele unternehmerische Chancen und Herausforderungen bietet. Philip Paschen begann als Mitglied der Familie und Gesellschafter früh, sich mit dem Thema Nachhaltigkeit bei Witzenmann auseinanderzusetzen. Die Vorarbeit leistete er in einer Zeit, in der ein leidenschaftlicher Zugang zu dem Thema noch die einzige Motivation war, das Thema Nachhaltigkeit in einem Unternehmen anzugehen. Wie oft in der Geschichte unseres Familienunternehmens legte auch hier ein Familienmitglied die Basis für die Entwicklung und Umsetzung einer umfassenden und wesentlichen strategischen Weiterentwicklung, dieses Mal in Richtung Nachhaltigkeit.

Auf den kommenden Seiten möchten wir einen Einblick in die Entwicklung unserer Nachhaltigkeitsstrategie (NHS25) sowie deren

Umsetzung und erste Erfolge geben. Wir möchten dabei nicht nur unsere über die Jahre gemachten Erfahrungen teilen, sondern auch Mut zur unausweichlichen Transformation machen.

Purpose bestimmt Nachhaltigkeitsstrategie

Seit 2011 sind wir Mitglied im UN Global Compact und veröffentlichen jährlich einen Nachhaltigkeitsbericht. In diesem sind viele unserer bereits umgesetzten Aktivitäten über die Jahre umfangreich dargestellt und dokumentiert. Dazu zählen z. B. unsere Umweltmanagementsysteme, die Steigerung der Effizienz bei der Ressourcennutzung und unser soziales Engagement. Nun hat sich der Themenkomplex Nachhaltigkeit in den letzten Jahren dynamisch weiterentwickelt und die Anforderungen der unterschiedlichen Stakeholder wie z. B. der Kunden und des Gesetzgebers sind spürbar gestiegen.

Auch als Antwort auf diese Entwicklungen haben wir unsere »Nachhaltigkeitsstrategie 2025« (NHS25) entworfen. Diese ist fester Bestandteil unserer Unternehmensstrategie und orientiert sich inhaltlich wie alle anderen strategischen Überlegungen an unserem Purpose: »Wir helfen, die Welt sauberer und verlässlicher zu machen«. Damit gibt uns der Purpose in Zeiten einer umfassenden Transformation Richtung und Orientierung in der Unternehmensentwicklung vor.

Komplexe und globale Herausforderung

Dass der Unternehmenszweck bei Witzenmann auch für die Nachhaltigkeitsstrategie relevant ist, ist kein Zufall. Der Purpose dokumentiert im gemeinsam erarbeiteten Leitbild unseren Anspruch, unsere Motivation und die Bedeutung unseres Handelns. Dies gilt auch für unsere Nachhaltigkeitsstrategie. Da der Purpose von den Mitarbeitern der gesamten Gruppe miterarbeitet wurde, unterstützt er uns dabei, die Identifikation der Mitarbeiter*innen mit dem Unternehmen, mit unseren Zielen und Aktivitäten der NHS25 zu stärken. Das Leitbild gewinnt aber vor allem in der bereits begonnenen Transformation für uns eine bedeutende Rolle, da es eine gruppenweite und einheitliche Orientierung innerhalb der Witzenmann-Gruppe vermittelt. Zusammen mit den anderen Elementen des Leitbildes, unserer Mission, unserer Vision, den Werten sowie den Leitsätzen, entsteht so ein klarer Rahmen für unser zukünftiges unternehmerisches Handeln.

Struktur und Prioritäten

Um Struktur in das mächtige Thema Nachhaltigkeit zu bringen und notwendige Prioritäten zu setzen, erarbeiteten wir auf Grundlage einer Wesentlichkeitsanalyse ein umfangreiches Zielkonzept. Hier haben wir noch den GRI-Standard als methodische Orientierungshilfe herangezogen, werden aber bereits im kommenden Jahr eine Aktualisierung nach dem neuen ESRS-Standard vornehmen.

Bei der Strategieentwicklung haben wir den Blick stets auf unsere gesamte Wertschöpfungskette gerichtet. Gleichzeitig stellten wir sicher, dass unsere Ziele mit den Sustainable Development Goals der Vereinten Nationen übereinstimmen.

Für die drei Dimensionen der Nachhaltigkeit Environmental, Social und Governance (ESG) haben wir jeweils konkrete Handlungsfelder definiert, in denen wir spezifische Maßnahmen und Ziele entwickelten. Damit haben wir unsere auf die Besonderheiten von Witzenmann und unser Geschäftsmodell individuell abgestimmte Nachhaltigkeitsstrategie (NHS25) entwickelt, die sich auf die für uns relevanten Themen fokussiert.

Bei der Zielsetzung wurde zwischen Management- und Performancezielen unterschieden. Während die Managementziele indirekt die Nachhaltigkeitsperformance, z. B. durch die Einführung eines Energiemanagementsystems nach ISO 50001, beeinflussen, richten sich die Performanceziele auf eine konkrete und messbare Verbesserung, z. B. die Reduktion des Energieverbrauchs.

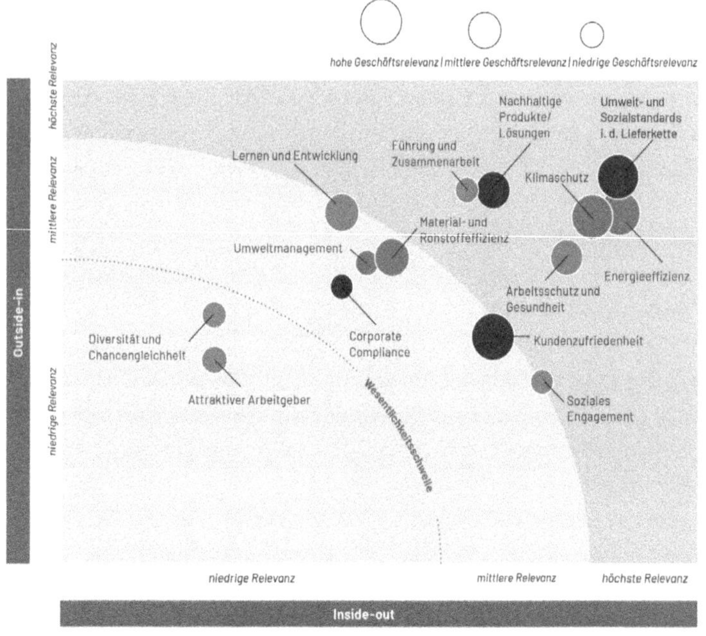

Abb. 1: Wesentlichkeitsanalyse Witzenmann

Spürbare Erfolge erzielt

Die Umsetzung der NHS25 hat in unserem Stammhaus in Pforzheim zunächst mit der Kommunikation unserer Strategie an alle Führungskräfte und Mitarbeiter*innen begonnen, um diese auf den eingeschlagenen Weg zu mehr Nachhaltigkeit mitzunehmen und sie für die Ziele zu begeistern. Dem folgte dann die Umsetzung konkreter Projekte mit messbaren Ergebnissen.

So haben wir z. B. bereits spürbare Energieeinsparungen durch die Einführung eines Energiemanagementsystems bei der Witzenmann GmbH und unserer tschechischen Tochter erreicht. Durch gezielte Energieeffizienzmaßnahmen sparen wir mittlerweile jährlich weit über 250.000 Euro ein. Unser langfristiges Ziel ist es, mind. 90 % der eingesetzten Energie in der Witzenmann-Gruppe zentral zu verwalten und zu steuern und somit weiter die Energieeffizienz zu steigern und den Verbrauch zu reduzieren.

Auch im Bereich Klimaschutz haben wir in 2022 spürbare Fortschritte erzielt. Seit über zehn Jahren berechnen wir nach den Vorgaben des Greenhouse Gas (GHG) Protocol unsere Emissionen und weisen diese für alle drei GHG-Scopes aus. Mittlerweile verfügen wir für 85 % der Witzenmann-Gruppe über detaillierte CO_2-Emssionsdaten für die drei Scopes. Bis Ende 2023 wollen wir das für die gesamte Gruppe messen können. Auf der bisherigen Datengrundlage setzten wir uns bereits konkrete, ambitionierte Ziele für das Jahr 2023 bezogen auf jeden Scope. So wollen wir bis 2030 in der Gruppe unseren CO_2-Fußabdruck in Scope 1 und 2 um 42 % gegenüber 2021 reduzieren und in der GmbH bis 2030 komplette CO_2-Neutralität erreichen.

In den Bereichen Social und Governance haben wir in den letzten Jahren ebenfalls beträchtliche Fortschritte bei unseren Projekten erzielt. So konnten wir im Bereich Social z. B. die Anzahl der Arbeitsunfälle in der Witzemann-Gruppe weiter deutlich reduzieren, unsere Aus- und Weiterbildungsangebote spürbar ausbauen, mit der Weiterentwicklung unserer Arbeitsumgebungen und -bedingungen unsere Attraktivität als Arbeitgeber steigern und unser soziales Engagement in der Gesellschaft spürbar erweitern. Im Bereich Governance regelt der Witzenman »Supplier Code of Conduct« den Anspruch an unsere Lieferanten. Damit erfüllen wir zudem die Anforderungen des Lieferkettensorgfaltspflichtengesetzes. Und schließlich haben wir ein Compliance Management System aufgebaut und führen zur Erfüllung der Anforderungen aus dem System heraus regelmäßige Risikoanalysen bei allen Unternehmen der Witzenmann-Gruppe durch. In Abhängigkeit des Tätigkeitsfeldes und des sich hieraus ergebenden Risikoprofils haben wir die Reihenfolge der Risikoanalyse priorisiert und wollen 2026 100 % abgedeckt haben.

Bei all den beschriebenen Aktivitäten haben wir unseren Fokus Schritt für Schritt auf unsere weltweiten Standorte erweitert. Das ist auf der einen Seite eine große Herausforderung, auf der anderen Seite aber notwendig, um in der Witzenmann-Gruppe die gesetzten Ziele auch erreichen zu können.

Klare Organisation und Netzwerk

Für die erfolgreiche Umsetzung unserer Strategie ist auch eine klare organisatorische Aufstellung rund um das Thema Nachhaltigkeit erforderlich. Hier haben wir die Nachhaltigkeitsfunktion zu einem eigenen Unternehmensbereich mit einer direkten Berichtslinie zur Geschäftsführung erhoben. Diese direkte Einbindung der Geschäftsführung hat das Thema Nachhaltigkeit aufgewertet und im Unternehmen sichtbarer gemacht. Entsprechend unseres Ziels, nachhaltigen Wandel zu fördern und das Unternehmen zukunftsfähig auszurichten, führten wir die einzelnen Teilbereiche Umwelt- und Arbeitsschutz zusammen.

Auf diese Weise gewährleisten wir die Umsetzung höchster Standards, minimieren den Ressourcenverbrauch und leisten unseren Beitrag zur sozialen Verantwortung für die ganze Witzenmann-Gruppe. Das ehemalige Referat »Nachhaltigkeit und Energie Management« (nh) wird künftig als Abteilung die Bezeichnung »Nachhaltigkeit, Umwelt- & Arbeitsschutz« führen. Dr. Philipp Schäfer leitet in seiner neuen Funktion als Head of Sustainability, Environment & Safety die Abteilung und berichtet weiterhin an die CHRO, Frau Christine Wüst.

Schließlich haben wir viele gute Impulse durch unsere Mitgliedschaften in Verbänden und Initiativen bekommen. Neben der oben bereits erwähnten Mitgliedschaft im UN Global Compact sind wir in den letzten Jahren Initiativen wie dem Klimabündnis für Baden-Württemberg, der WIN-Charta Baden-Württemberg oder auch der Charta der Vielfalt beigetreten. Ferner sind wir u. a. Mitglied in der Stiftung Familienunternehmen, im Wirtschaftsverband Industrieller Unternehmen Baden sowie der Allianz Wasserstoff Motor. Dieses so gewachsenen Netzwerk ermöglicht uns durch intensiven Austausch, Trends frühzeitig zu erkennen und gemeinsam an Lösungen zu arbeiten.

Unsere Kompetenz gestaltet Zukunftsmärkte

Neben den positiven Fortschritten bei den bisher beschriebenen und eher intern ausgerichteten Aktivitäten in den Bereichen Environmental, Social und Governance sehen wir bei Witzenmann aber auch erhebliche unternehmerische Chancen, die sich aus den externen Marktveränderungen aufgrund des nachhaltigen Umbaus der gesamten Gesellschaft und Wirtschaft ergeben.

Witzenmann erwirtschaftet einen Großteil seines Umsatzes mit Bauteilen für Fahrzeuge mit Verbrennungsmotoren. Ein Geschäft, das in Europa im Zuge der Dekarbonisierungsmaßnahmen schrittweise deutlich zurückgehen wird. Dieser Umstand erforderte daher für unser Geschäft ein frühes Umdenken hinsichtlich zukunftsfähiger Produkte und Technologien. Unserer Mission folgend verstehen wir uns als »Experten für das sichere Leiten von Medien und Energie für Mobilität und Industrie«. Unser Produktportfolio umfasst eine Vielzahl von Lösungen, die unsere Kunden für nachhaltige Produkte und Anwendungen einsetzen.

Schon heute kommen unsere weiterentwickelten Produkte zunehmend bei der Erzeugung erneuerbarer Energien im Bereich von Solarthermiekraftwerken, Windkraft- oder auch Biogasanlagen zum Einsatz. Sie sorgen für einen sicheren und optimalen Betrieb dieser teilweisen sehr komplexen Einheiten. Auch im Bereich der Mobilität gestalten wir als Entwicklungspartner den begonnenen Wandel. So bieten wir Akkuentgasungsleitungen für Fahrzeugbatterien, Schlauchleitungen für Wasserstoffanwendungen in Fahrzeugen oder auch komplett integrierte Kühlrohrlösungen für Batteriepacks an.

Auch jenseits des Antriebskonzeptes helfen unsere Produkte, die Energie- und Ressourceneffizienz von Fahrzeugen zu verbessern. So steht z. B. der Druckspeicher von Witzenmann für eine neue Generation von Stoßdämpfern für die von Haus aus schwereren Elektrofahrzeuge. Außerdem ist er wartungsfrei und hat eine lange Lebensdauer.

Besondere Chancen sehen wir für Witzenmann beim Thema Wasserstoff. Wasserstoff gilt als Energieträger der Zukunft und als Schlüsseltechnologie für die Dekarbonisierung. Von der Gewinnung per Elektrolyse über die Speicherung und den Transport im flüssigen oder gasförmigen Zustand bis hin zur Nutzung in der Industrie und im Mobilitätssektor bieten wir hier Lösungen an. Unsere langjährige Erfahrung im Umgang mit Wasserstoff kommt uns hier zugute. Den Anteil der Produkte und Lösungen, die unseren Kunden dabei helfen, noch nachhaltigere Produkte anzubieten, wollen wir konsequent weiter ausbauen. Das ist ein weiterer zentraler Baustein unserer Nachhaltigkeitsstrategie und dient der Erfüllung unseres Purpose.

Unserer Vision ein Zuhause geben

Unsere in Grundzügen dargestellte NHS25 umfasst zahlreiche Maßnahmen für die drei definierte Felder: Umwelt/Ressourcen, Mitarbeiter*innen/Gesellschaft, Governance/Nachhaltiges Wirtschaften, die wir im Sinne unserer Vision umsetzen.

Mit dem Neubau-Projekt einer neuen klimaneutralen Unternehmenszentrale am angestammten Standort Pforzheim geben wir unserer Vision nun wortwörtlich ein Zuhause. Neben ambitionierten Zielen in Richtung Energieautarkie eröffnet uns die neue Heimat auch vielfältige Möglichkeiten mit Blick auf ein nachhaltiges und gesundes Arbeitsumfeld sowie zukunftsfähige Arbeitsmethoden. Dies ist uns wichtig, da neben all den regulatorischen und wirtschaftlichen Aspekten der Nachhaltigkeit unsere NHS25 auch eine Verantwortung gegenüber der Gesellschaft und der Belegschaft beinhaltet. Unsere Mitarbeiter*innen sind für uns als produzierendes Unternehmen der Schlüssel zum Erfolg. Ihr Beitrag ist maßgeblich für unser Wachstum und unseren Erfolg, vor allem auch im Bereich der Nachhaltigkeit. Wir investieren deshalb kontinuierlich in die Aus- und Weiterbildung unserer Mitarbeiter*innen sowie in den Erhalt und die gemeinsame Weiterentwicklung unserer Unternehmenskultur. Denn wir sind uns sehr bewusst, dass nur ein zukunftsfähiges Unternehmen im heutigen »War for Talents« attraktiv für qualifizierte und neue Mitarbeiter*innen ist. Diese lesen als Vorbereitung auf ein Vorstellungsgespräch häufig auch unseren Nachhaltigkeitsbericht und erwarten von uns eine überzeugende Strategie, wie Witzenmann in der Zukunft nachhaltig erfolgreich sein will. Aus einem ursprünglich eher weichen Thema Nachhaltigkeit wird so ein belastbarer Faktor im Wettbewerb um die besten Mitarbeiter*innen von morgen. Unser neues Stammhaus soll ein sichtbares Symbol dafür sein, dass wir uns diesem Wettbewerb stellen und etwas zu bieten haben.

Wir übernehmen Verantwortung

Wir kommen gut voran bei der Umsetzung unserer Nachhaltigkeitsstrategie. Allerdings beobachten wir auch, dass die regulatorischen und bürokratischen Anforderungen an die Unternehmen in den letzten Jahren stark angestiegen sind. Dies verfolgen wir aufmerksam, da insbesondere kleinere Betriebe aus Mangel an finanziellen Ressourcen und Kapazitäten mit der Einhaltung überfordert werden könnten. Das erfüllt uns mit Sorge, da ein Großteil unserer Zulieferer und unserer Kunden diesem Segment zuzuordnen ist. Aus diesem Grund sind wir in einen intensiven Dialog mit unseren Geschäftspartnern eingetreten, um diese entsprechend zu unterstützen.

Auch wenn die Regulatorik aus unserer Sicht manchmal spürbar über das Ziel hinausgeht – wie z. B. bei der für uns wichtigen Gefahrstoffverordnung –, sind wir der Überzeugung, dass Nachhaltigkeit eine notwendige Investition in die Zukunftsfähigkeit unserer Unternehmensgruppe ist und sich langfristig auszahlen wird. Wir bekennen uns zum ständigen Wandel und zu unserer besonderen unternehmerischen Verantwortung als Familienunternehmen beim Thema Nachhaltigkeit.

Wir haben einen Gestaltungsanspruch für die Zukunft, sowohl mit unseren bestehenden Lösungen als auch mit neuen Ideen. Diesen verfolgen wir engagiert gemeinsam mit unseren Mitarbeitern, Lieferanten und Kunden, um langfristig wirtschaftlich erfolgreich und ökologisch verantwortungsvoll handeln zu können.

V.
Erfolgsmuster bei der Entwicklung und Umsetzung erfolgreicher ESG-Strategien bei Familienunternehmen

Die Beiträge der Unternehmen in Kapitel IV zeigen auf beeindruckende Art und Weise, mit welchem Engagement und Erfolg sie sich auf den Weg gemacht haben, das Thema Nachhaltigkeit im Rahmen von ESG anzugehen. Dabei wählt jedes Unternehmen u. a. aufgrund der eigenen Historie und der Besonderheiten des Geschäftsmodells sowie der relevanten Märkte einen individuellen Ansatz. Dennoch sind verbindende Erfolgsmuster zu erkennen, die im Folgenden dargestellt werden.

A. Eigentümer initiieren und treiben Nachhaltigkeit

Es ist nicht überraschend, dass bei Familienunternehmen die Gründer und Gesellschafter einen großen Einfluss auf die Strategieentwicklung haben. Aber insbesondere beim Thema Nachhaltigkeit sind oft die Familiengesellschafter sehr engagiert und treiben das Thema.

Häufig ist entweder bereits die ursprüngliche Gründungsidee oder die erfolgte Weiterentwicklung des eigenen Produktes oder Geschäftsmodells eng mit dem Thema Nachhaltigkeit verbunden. An den entscheidenden Wegmarken sind in der Regel einzelne Gesellschafter die unternehmerischen Initiatoren und auch Treiber der Entwicklung. Ihre Erfindungen und Entscheidungen sind maßgeblich für die erfolgreiche Weiterentwicklung des Unternehmens. Nicht selten wird erst später die visionäre Bedeutung der ursprünglichen Weichenstellung für die positive Entwicklung des Unternehmens festgestellt und dokumentiert. Da diese Entscheidungen meist eng mit einer Person verbunden sind, unterstreicht das die Glaubwürdigkeit und Authentizität. Hier ist es von Vorteil, dass die Eigentümer eines Familienunternehmens nah am Geschäft sind, die Gestaltungsmöglichkeit zu maßgeblichen Veränderungen haben und als Personen mit dem Unternehmen verbunden und sichtbar sind.

Ein weiterer Grund für die vergleichsweise hohe Eigeninitiative der Eigentümer von Familienunternehmen liegt darin, dass das Thema Nachhaltigkeit stark mit der gelebten unternehmerischen Verantwortung, der Langfristorientierung und dem gelebten sozialen Engagement von Familienunternehmen verbunden ist. Insofern »passt« das Thema auf natürliche Art und Weise zur DNA von Familienunternehmen. Ob über die Gesellschafterversammlung, den Beirat oder auch die Geschäftsführung fordern Gesellschafter die aktive und bewusste Beschäftigung mit dem Thema Nachhaltigkeit ein.

Da jetzt mit ESG ein Rahmen besteht, ist die Forderung leichter zu adressieren bzw. gezielter zu kommunizieren und sie steht nicht mehr unter dem »Verdacht« eines vorübergehenden Einzelthemas, welches nicht zu den langfristigen strategischen Prioritäten des Unternehmens gehört. Bereits bestehende Ansätze und Aktivitäten zum Thema Nachhaltigkeit werden so weiterentwickelt und in die Gesamtstrategie des Unternehmens integriert. Es ist zu beobachten, dass die aktuelle Diskussion über die steigende Bedeutung von Nachhaltigkeit und ein Generationswechsel in den Gesellschafterkreisen der Unternehmen diesen Prozess bei Familienunternehmen stark beschleunigt.

B. Nachhaltigkeit ist Chefsache

Aufgrund der erkannten strategischen Bedeutung des Themas Nachhaltigkeit ist die Verantwortung dafür in der Regel direkt in der Geschäftsführung und dort meist beim Vorsitz angesiedelt. Ein Grund dafür ist sicherlich, dass nur so die teilweise massiven Transformationen und Veränderungen in den Unternehmen auch entsprechend umgesetzt werden können. Denn dazu bedarf es der Initiative und Unterstützung der obersten Führungsebene, da viele bisherige Paradigmen infrage gestellt werden. Außerdem haben die Unternehmensführer erkannt, dass Nachhaltigkeit nicht eine reine Berichtspflicht, sondern ein positives und außerordentlich wichtiges Thema ist, mit dem man sich als Unternehmen und auch als Person im Wettbewerb noch differenzieren und entsprechend auch positionieren kann. Deshalb bekennen sich die Chefs der berichtenden Unternehmen ausnahmslos sehr explizit zu der Bedeutung dieses Themas.

Mit der steigenden Bedeutung des Themas Nachhaltigkeit gehen Umorganisationen im Unternehmen einher, die von der Geschäftsleitung initiiert werden. Auch wenn hier unterschiedliche Wege gegangen werden, ist doch zu erkennen, dass das Thema auch organisatorisch zunehmend fest in der Firma verankert wird. Dabei besteht die Herausforderung, dem Querschnittscharakter dieser Aufgabe gerecht zu werden.

So siedeln einzelne Unternehmen das Thema im Bereich Strategie an, während andere z. B. mit bereichsübergreifenden Steuerungskreisen arbeiten, die sich aus Vertretern der jeweils betroffenen Abteilungen zusammensetzen. Und schließlich gibt es die Variante, dass die einzelnen ESG-Handlungsfelder den jeweils verantwortlichen Fachabteilungen zugeordnet werden und die Führung des Gesamtthemas dann über die Geschäftsführung erfolgt. In jedem Falle ist aber zu beobachten, dass die letztendliche Verantwortung für Nachhaltigkeit aufgrund der umfassenden Bedeutung für das gesamte Unternehmen auf der obersten Führungsebene angesiedelt wird.

C. Klare und integrierte Nachhaltigkeitsstrategie

Die beim Thema Nachhaltigkeit erfolgreichen Familienunternehmen verfügen über eine klare und in die Gesamtstrategie integrierte Nachhaltigkeitsstrategie. Diese basiert auf einer durchgeführten Wesentlichkeitsanalyse mit unternehmensindividuellen Ergebnissen. Bei der Integration in die Gesamtstrategie ist in vielen Fällen bereits der Purpose der Firma eng mit dem Thema Nachhaltigkeit verbunden. Dabei ist der direkte und indirekte Beitrag zum Umwelt- und Klimaschutz das Thema, welches am häufigsten herausgestellt wird. Insbesondere die Unternehmen, die mit ihren Produkten und Dienstleistungen direkt helfen, nachhaltiger zu wirtschaften bzw. zu leben, stellen dies als ihren wesentlichen Unternehmenszweck heraus.

Neben dem Purpose wird in der Regel auch im Unternehmensleitbild das Thema Nachhaltigkeit aufgenommen. So werden sowohl in der Vision als auch in der Mission greifbare und marktnahe Nachhaltigkeitsziele integriert. In diesem Zusammenhang werden häufig auch die besonderen Werte und die eigenständige Kultur des Unternehmens als ein wesentlicher Differenzierungsfaktor und Garant für die Erreichung der Ziele herausgestellt. Diese sind häufig ebenfalls eng mit den Grundsätzen nachhaltigen Wirtschaftens verbunden.

In der Summe positionieren sich damit die erfolgreichen Unternehmen als verantwortungsvolle und bewusst nachhaltig wirtschaftende Unternehmen, die mit ihren Produkt- und Dienstleistungsangeboten einen substanziellen Beitrag dazu leisten, dass ihre Kunden nachhaltiger wirtschaften und handeln können.

D. Innovationen mit nachhaltiger Substanz

Allen Unternehmen ist gemein, dass sie bereits heute marktführende Positionen einnehmen und aus der Situation der Stärke heraus handeln. Sie alle haben die Bedeutung des Themas Nachhaltigkeit früh erkannt und sind es rechtzeitig angegangen. Neben der Weiterentwicklung der bestehenden Produkte setzen sie sehr stark auf die Kraft der Innovation. Dabei steht die Produktinnovation im Vordergrund. Basierend auf der jeweiligen Kernkompetenz des Unternehmens werden neue Produkte entwickelt, die den Kunden ermöglichen, nachhaltiger zu wirtschaften und zu handeln. Diese Innovationen haben Substanz und ihr Beitrag zu mehr Nachhaltigkeit ist messbar. Sie adressieren die unmittelbaren, relevanten und zukünftigen Bedürfnisse der Kundschaft. Nicht selten werden diese Produkte sogar zusammen mit den

Kunden entwickelt. Hier kommt die gelebte und tatsächliche Kundennähe den Unternehmen sehr zugute.

Die Nutzung der eigenen Kernkompetenzen bei der Weiterentwicklung der bestehenden Produkte und der Entwicklung von Innovation führten dazu, dass sich das Geschäftsmodell der Unternehmen eher evolutionär und nur in Einzelfällen tatsächlich revolutionär entwickelt. Das gilt auch für die Optimierung der eigenen Wertschöpfungskette. Hier haben die Unternehmen bereits in der Vergangenheit z. T. massiv investiert und können somit auf einer gesunden Basis aufsetzen. Aufgrund der Nutzung der eigenen Stärken und Kernkompetenzen wird das jeweils eingegangene Risiko kalkulierbar.

E. Kompetenz und Mandat der Mitarbeiter

Um die Weiterentwicklung und ggf. Transformation des Unternehmens in Richtung Nachhaltigkeit voranzutreiben, bedarf es entsprechender Kapazitäten, einer ausreichenden Kompetenz und eines klaren Mandats. Bei den Kapazitäten ist zu beobachten, dass durch die Erfüllung neuer Vorschriften und zusätzlicher Berichtspflichten ein tatsächlicher Mehraufwand entsteht, der meist auch mit einem Kapazitätsaufbau einhergeht.

Interessant ist, dass Familienunternehmen bei der Entwicklung ihrer Nachhaltigkeitsstrategie und deren Umsetzung insbesondere auf ihre bestehenden und erfahrenen Mitarbeiter und Führungskräfte zurückgreifen. Diese verfügen aufgrund ihrer Nähe zu Produkt und Kunden in der Regel über die entsprechende Kompetenz, auch die neuen Anforderungen zu erfüllen. Sie genießen das Vertrauen der Unternehmensführung, sind gut vernetzt und haben Zugang zu den wesentlichen Entscheidungsträgern im Unternehmen. Wenn diese dann noch mit einem klaren Mandat ausgestattet werden, steigen die Erfolgschancen erheblich. Beim notwendigen Kompetenzaufbau ist zu beobachten, dass die Unternehmen eher die internen Mitarbeiter aus- und weiterbilden als das Know-how durch Neueinstellungen einzukaufen.

Zusätzliche Einstellungen erfolgen in der Regel nur dann, wenn damit eine vollständig neue Kompetenz, Erfahrung und Zeit gewonnen werden kann. Zusätzliche Kapazitäten müssen ebenso wie die bestehende Belegschaft zur Wertschöpfung des Unternehmens beitragen und sich somit rechnen.

F. Mitarbeiter einbinden

In den berichtenden Unternehmen übernehmen die Mitarbeiter eine zentrale Rolle beim Thema Nachhaltigkeit. Sie sind meist an der Strategieentwicklung beteiligt und liefern mit ihren Erfahrungen und Ideen wesentliche Inhalte. Sie werden rechtzeitig eingebunden und können somit auch die getroffenen Entscheidungen und Ideen mittragen. Das erhöht das Momentum bei der gemeinsamen Um- und Durchsetzung der Nachhaltigkeitsstrategie erheblich.

Die Herausforderung, das Thema Nachhaltigkeit in das Tagesgeschäft zu integrieren, wird meist durch eine umfangreiche Kommunikation von der Geschäftsleitung über Ziele, Maßnahmen und erzielte Fortschritte sowie einer klaren Verantwortungszuteilung über die gesamte Wertschöpfungskette angegangen. Dadurch entsteht für die Mitarbeiter eine vergleichsweise hohe Transparenz. Bei den berichtenden Unternehmen ist das Thema Nachhaltigkeit bereits fester und integrierter Bestandteil des operativen Geschäftes und nicht nur eine strategische Vision.

G. Netzwerken

Familienunternehmen sind häufiger verschlossen und gegenüber externen Beratern eher reserviert. Sie tauschen sich lieber unter ihresgleichen aus und teilen mit ihnen gemachte Erfahrungen. Sie sind in der Regel in den für sie relevanten Fachbereichen sehr gut vernetzt. Auch beim Thema Nachhaltigkeit nutzen erfolgreiche Familienunternehmen bestehende und auch neue Netzwerke. Dies können Unternehmens-, Industrie- oder auch Branchenverbände genauso wie Plattformen zu Spezialthemen wie Kreislaufwirtschaft, Energieeffizienz oder auch Risiko- und Compliance-Management sein. Sie alle bieten mittlerweile auch für das Thema Nachhaltigkeit spezialisierte Foren an. Hier wird die gleiche Sprache gesprochen, man vertraut einander und man ist deshalb im Rahmen eines »Nehmen und Geben« offen für einen wertstiftenden Austausch. Nicht nur für den Einstieg in das Thema und zum Aufbau der internen Kompetenz ist die Nutzung dieser Netzwerke und Erfahrungsgruppen sehr hilfreich, sondern auch zur Verfolgung der aktuellen und sich fast täglich neu ergebenden Entwicklungen in diesem sehr dynamischen Umfeld.

H. Umbau braucht Zeit und Investitionen

Die Transformation in Richtung Nachhaltigkeit ist kein Sprint, sondern ein Marathon. Die berichtenden Unternehmen beschäftigen sich überwiegend schon sehr lange mit dem Thema. Da das Thema nahezu alle Bereiche des Unternehmens betrifft, werden die entsprechenden Strategien und Maßnahmen sehr sorgfältig erarbeitet. Um Geschwindigkeit bei der Umsetzung zu gewinnen, konzentrieren sich die Unternehmen auf das Wesentliche und reduzieren damit bewusst die Komplexität. Dennoch dauert die Umsetzung meist länger als erwartet, da es sich nicht um einen einmaligen chirurgischen Eingriff handelt, sondern die gesamte DNA des Unternehmens weiterentwickelt werden muss. Hier zeigen die Unternehmen, dass ein schrittweises Vorgehen auf der Reise der Transformation erfolgreicher ist als die Aufsetzung eines einmaligen Projektes. Aus heutiger Sicht gibt es keinen idealen Endzustand der Transformation. Vielmehr ist damit zu rechnen, dass sich die Rahmenbedingungen und Anforderungen auch in Zukunft kontinuierlich ändern werden, was eine regelmäßige Anpassung der Nachhaltigkeitsstrategie erforderlich macht.

Die berichtenden Unternehmen eint, dass sie bereits erhebliche Investitionen im Zusammenhang mit der Umsetzung ihrer Nachhaltigkeitsstrategie getätigt haben. Dabei wird vor allem in neue Technologien und Maßnahmen zur Reduktion von CO_2-Emissionen, der Steigerung der effizienten Energie- und Ressourcennutzung und die Entwicklung von Innovationen investiert. All diese Investitionen haben mittel- bis langfristig einen positiven Einfluss auf das Wachstum und die Kostenstruktur und sichern damit die Wettbewerbs- und Zukunftsfähigkeit der Unternehmen.

I. Nachhaltigkeit wird als Wettbewerbsvorteil kommuniziert

Während Familienunternehmen sonst eher zurückhaltend sind bei der öffentlichen Darstellung ihrer Strategien und entsprechender Kennzahlen, wird bei dem Thema Nachhaltigkeit sowohl in den Nachhaltigkeits- und Geschäftsberichten als auch im Internet und den Sozialen Medien sehr ausführlich über die Strategie, die entsprechenden Maßnahmen und die erzielten Erfolge berichtet. Dabei werden die Fortschritte bei der Optimierung der gesamten Wertschöpfungskette, die Leistungsfähigkeit der Mannschaft und die nachhaltigen Vorteile der angebotenen Produkte und Dienstleistungen herausgestellt. Nachhaltigkeit wird hier zunehmend als Wettbewerbsvorteil dargestellt und auch entsprechend aktiv vermarktet. Dies hilft nicht nur bei der Geschäftsentwicklung, sondern auch bei der Gewinnung von Talenten – vom Lehrling bis zum Geschäftsführer.

Im Ergebnis kann festgehalten werden, dass die berichtenden Familienunternehmen bei der Entwicklung und Umsetzung ihrer Nachhaltigkeitsstrategien ihre bisherigen Kernkompetenzen und Stärken nutzen und aus einer Situation der Stärke heraus das Thema Nachhaltigkeit unternehmerisch angehen und die sich ergebenden Chancen sehr erfolgreich wahrnehmen.

Schlusswort – ESG nicht als lästige Pflicht, sondern als Chance

Schon zur Jahrtausendwende war klar, dass das Thema Nachhaltigkeit aufgrund des stark ansteigenden internationalen Handels einen massiven Einfluss auf die Stabilität unserer weltweiten Wirtschafts- und Gesellschaftsordnung hat. Aufgrund der sehr unbefriedigenden Fortschritte in nahezu allen Handlungsfeldern und der wenigen verbleibenden Zeit hat die Politik reagiert und klare Ziele sowie einen regulatorischen Rahmen definiert, der den notwendigen Umbau der Wirtschaft zu mehr Nachhaltigkeit beschleunigen soll.

Dieser Rahmen ist teilweise ordnungspolitisch diskussionswürdig und hat ohne zusätzliches Wachstum negative Auswirkung auf den Wohlstand. Jedoch ist er mittlerweile sehr konkret und fest in den relevanten Regelwerken und Gesetzen verankert. Damit haben sich die Rahmenbedingungen wirtschaftlichen Handelns konstitutionell und spürbar verändert.

Neben neuen Risiken für die Unternehmen ergeben sich daraus aber auch erhebliche unternehmerische Wachstumschancen. Familienunternehmen haben aufgrund ihrer besonderen Stärken beste Voraussetzungen, diese Chancen zu nutzen und damit ihre eigene Zukunft und die der kommenden Generationen zu sichern. ESG ist kein Berichtsthema, sondern zuallererst ein unternehmerisches Thema. Nur wer über eine klare und auf sein oder ihr Unternehmen zugeschnittene ESG-Strategie verfügt, wird sich auf Dauer im Wettbewerb behaupten und profitables Wachstum erzielen können. Nachhaltigkeit wird damit zu einem entscheidenden Wettbewerbsvorteil für Unternehmen. Die in diesem Buch vorkommenden Beispiele von zehn marktführenden Familienunternehmen sind ein eindrucksvoller Beleg dafür. Sie stärken aktiv den Standort Deutschland und zeigen als Erfolgsgeschichten praxisnahe Wege auf, wie das Thema Nachhaltigkeit als unternehmerische Chance genutzt werden kann. Wenn möglichst viele Unternehmen sich jetzt auf den gleichen Weg machen, dann könnte ESG zu einem Qualitätsmerkmal für den deutschen Standort werden mit dem Siegel »ESG – Made in Germany«.

Literaturverzeichnis

Annan, Kofi, »Wir, die Völker: Die Rolle der Vereinten Nationen im 21. Jahrhundert«, New York, 27.3.2000.

Annan, Kofi, Address to World Economic Forum in Davos, 1.2.1999, Kofi Annan's address to World Economic Forum in Davos | United Nations Secretary-General (abgerufen am 15.5.2023).

Brundtland Bericht, Unsere gemeinsame Zukunft, 1987.

Bundesamt für Naturschutz, Strategischer Plan der CBD, Strategischer Plan der CBD | BFN (abgerufen am 14.6.2023).

Bundesfinanzministerium, Bundesfinanzministerium – Gesetz zur Stärkung von Wachstumschancen, Investitionen und Innovation sowie Steuervereinfachung und Steuerfairness (Wachstumschancengesetz).

Bundesinformationszentrum Landwirtschaft: Boden in Gefahr: Erosion in der Landwirtschaft (abgerufen am 16.6.2023).

Bundesministerium für Arbeit und Soziales, Fachkräftestrategie der Bundesregierung, Berlin, Oktober 2022.

Bundesministerium für Bildung und Forschung (BMBF), Zukunftsstrategie Forschung und Innovation, Berlin, Februar 2023.

Bundesministerium für Bildung und Forschung, Forschung für Nachhaltigkeit – Eine Strategie des Bundesministeriums für Bildung und Forschung, Bonn, November 2020.

Bundesministerium für Bildung und Forschung: Bundesbericht Forschung und Innovation 2022, Berlin, Juni 2022.

Bundesministerium für Umwelt (BMU), Klimaschutzprogramm 2030 der Bundesregierung zur Umsetzung des Klimaschutzplans 2050, Berlin, 8.10.2023.

Bundesministerium für Umwelt, Naturschutz und nukleare Sicherheit, https://www.bmuv.de/themen/nachhaltigkeit-digitalisierung/wirtschaft/umwelttechnologien/umwelttechnologie-atlas-fuer-deutschland.

Bundesministerium für Umwelt, Naturschutz, Bau und Reaktorsicherheit, Klimaschutzplan 2050 – Klimaschutzpolitische Grundsätze und Ziele der Bundesregierung, November 2016.

Bundesministerium für Wirtschaft und Energie, Industriestrategie 2030. Leitlinien für eine deutsche und europäische Industriepolitik, Berlin, November 2019.

Bundesministerium für Wirtschaft und Klimaschutz, Klimaschutzbericht 2022 der Bundesregierung nach § 10 Absatz 1 des Bundes – Klimaschutzgesetze, Berlin, 31.8.2022.

Bundesregierung, Bericht über die Umsetzung der Agenda 2030 für nachhaltige Entwicklung – Freiwilliger Staatenbericht Deutschlands zum HLPF 2021.

Bundesregierung, Deutsche Nachhaltigkeitsstrategie – Neuauflage 2016, Berlin, April 2017.

Bundesregierung, Deutsche Nachhaltigkeitsstrategie – Weiterentwicklung 2021, Berlin, Dezember 2020.

Bundesregierung, Deutsche Sustainable Finance-Strategie, Berlin, Mai 2021.

Bundesregierung, Entwurf eines Gesetzes zur Steigerung der Energieeffizienz und zur Änderung des Energiedienstleistungsgesetzes vom 19.4.2023, § 4: Energieeffizienzziele.

Bundesregierung, https://www.bundesregierung.de/breg-de/aktuelles/klimaschutzgesetz-2197410.

Bundesregierung, Mehr Klimaschutz bei Gebäuden und Verkehr | Bundesregierung (abgerufen am 20.7.2023).

Carlowitz von, Hans Carl, Sylvicultura Oeconomica, Leipzig, 1713.

Civicus, Home – Civicus Monitor (abgerufen am 16.6.2023).

Deloitte, Crisis as Catalyst – Accelerating transformation, 2021.

Deutscher Nachhaltigkeitsrat, Factsheet: Die Corporate Sustainability Due Diligence Directive (deutscher-nachhaltigkeitskodex.de) (abgerufen am 28.5.2023).

Deutsches Global Compact Netzwerk (DGCN), Umsetzung des Rahmens der Vereinten Nationen »Schutz, Achtung und Abhilfe«, Juni 2014.

DGB Bildungswerk, Gewerkschaftsrechte weltweit – Warum wir jetzt für soziale Gerechtigkeit und Demokratie kämpfen müssen, Düsseldorf, 2019.

Die Bezeichnung »globaler Süden« bezeichnet eine Gruppe von Entwicklungs- und Schwellenländern. In der UNO sind sie in der Gruppe G 77 organsiert. Hingegen bezeichnet der »globale Norden« die reichen Industrieländer auf der Welt.

Die erste nationale Nachhaltigkeitsstrategie hat die Bundesregierung bereits im Jahr 2002 zur UN-Konferenz in Johannesburg vorgelegt.

Earth Overshoot Day home – #MoveTheDate (abgerufen am 20.7.2023).

Eucken, Walter, Grundsätze der Wirtschaftspolitik, 6. durchges. Auflage, Tübingen, 1990.

EU-Kommission, Folgen des Klimawandels (europa.eu) (abgerufen am 13.6.2023).

Eurofound and International Labour Organization (ILO), Working conditions in a global perspective, Publications Office of the European Union, Luxembourg, and International Labour Organization, Geneva, 2019.

Europäische Kommission, COMMUNICATION FROM THE COMMISSION TO THE EUROPEAN PARLIAMENT, THE EUROPEAN COUNCIL, THE COUNCIL, THE EUROPEAN ECONOMIC AND SOCIAL COMMITTEE AND THE COMMITTEE OF THE REGIONS A Green Deal Industrial Plan for the Net-Zero Age, Brüssel, 1.2.2023.

Europäische Kommission, Europäischer Grüner Deal (europa.eu).

Europäische Kommission, European sustainability reporting standards – first set (europa.eu) (abgerufen am 28.6.2023).

Europäische Kommission, GERECHTE UND NACHHALTIGE WIRTSCHAFT: UNTERNEHMEN SOLLEN ACHTUNG DER MENSCHENRECHTE UND DER UMWELT IN GLOBALEN WERTSCHÖPFUNGSKETTEN GEWÄHRLEISTEN, Februar 2022.

Europäische Kommission, MITTEILUNG DER KOMMISSION AN DAS EUROPÄISCHE PARLAMENT, DEN RAT, DEN EUROPÄISCHEN WIRTSCHAFTS- UND SOZIALAUSSCHUSS UND DEN AUSSCHUSS DER REGIONEN Investitionsplan für ein zukunftsfähiges Europa Investitionsplan für den europäischen Grünen Deal, Brüssel, 14.1.2020.

Europäische Kommission, MITTEILUNG DER KOMMISSION AN DAS EUROPÄISCHE PARLAMENT, DEN EUROPÄISCHEN RAT, DEN RAT, DEN EUROPÄISCHEN WIRTSCHAFTS- UND SOZIALAUSSCHUSS UND DEN AUSSCHUSS DER REGIONEN Ein Industrieplan zum Grünen Deal für das klimaneutrale Zeitalter, Brüssel, Mai 2023.

Europäische Umweltagentur: »Auf dem Boden der Tatsachen – Bodendegradation und nachhaltige Entwicklung in Europa – Eine Herausforderung für das 21. Jahrhundert«, Kopenhagen, 2002.

Europäische Union, RICHTLINIE 2014/95/EU DES EUROPÄISCHEN PARLAMENTS UND DES RATES vom 22.10.2014 zur Änderung der Richtlinie 2013/34/EU im Hinblick auf die Angabe nichtfinanzieller und die Diversität betreffender Informationen durch bestimmte große Unternehmen und Gruppen, Brüssel, 2014.

Europäische Zentralbank, 2022 climate risk stress test, Juli 2022.

Europäische Zentralbank, Leitfaden zu Klima- und Umweltrisiken (europa.eu) (abgerufen am 20.7.2023).

Europäisches Parlament, RICHTLINIE (EU) 2022/2464 DES EUROPÄISCHEN PARLAMENTS UND DES RATES vom 14.12.2022 zur Änderung der Verordnung (EU) Nr. 537/2014 und der Richtlinien 2004/109/EG, 2006/43/EG und 2013/34/EU hinsichtlich der Nachhaltigkeitsberichterstattung von Unternehmen.

Europäisches Parlament, VERORDNUNG (EU) 2019/2088 DES EUROPÄISCHEN PARLAMENTS UND DES RATES vom 27.11.2019 über nachhaltigkeitsbezogene Offenlegungspflichten im Finanzdienstleistungssektor.

Europäisches Parlament, VERORDNUNG (EU) 2020/852 DES EUROPÄISCHEN PARLAMENTS UND DES RATES vom 18. Juni 2020 über die Einrichtung eines Rahmens zur Erleichterung nachhaltiger Investitionen und zur Änderung der Verordnung (EU) 2019/2088, Vgl. Artikel 1.

FAO and UNEP, Global assessment of soil pollution, Rome, 2021, Global Assessment of Soil Pollution | UNEP – UN Environment Programme (abgerufen am 20.7.2023).

Forum Biodiversität Schweiz, Ökosystemleistungen – Forschung und Praxis im Dialog, Informationen des Forum Biodiversität Schweiz, Bern, Oktober 2014.

Gesetz über das Inverkehrbringen, die Rücknahme und die hochwertige Verwertung von Verpackungen (Verpackungsgesetz – VerpackG).

Gesetz zur Förderung der Kreislaufwirtschaft und Sicherung der umweltverträglichen Bewirtschaftung von Abfällen (Kreislaufwirtschaftsgesetz – KrWG).

Guterres, António, COP27, 7.11.2022.

Human Rights Watch: World Report 2021 – Events of 2020, New York, 2021.

IGB, Die zehn schlimmsten Länder der Welt für erwerbstätige Menschen, Brüssel, 2022.

ILO, Child Labour – Global Estimates 2020, Trends and the Road forward, New York, 2021.

ILO, Forced labour, modern slavery and human trafficking (Forced labour, modern slavery and human trafficking) (ilo.org) (abgerufen am 17.6.2023).

IPPCF, Full-Report Climate Change 2022.

Kirchdörfer, Rainer; Heidbreder, Stefan, Familienunternehmen denken langfristig und handeln nachhaltig, in: Der Hauptstadtbrief, 8.6.2016.

KonTraG (1998), TransPuG (2002), VorstOG (2005), ARUG I (2009), VorstAG (2009), ARUG II (2019).

KPMG, 2022 EMA ESG Due Diligence Study – How leading M&A teams are managing ESG DD, November 2022.

Kreditanstalt für Wiederaufbau, Wo steht Deutschland bei Innovation und Digitalisierung im internationalen Vergleich?, KFW Research Nr. 412, 4.1.2023.

Langenscheidt, Florian; Venor, Bernd, Lexikon der deutschen Weltmarktführer, 2. Auflage, Offenbach, 2015.

LBBW, Warum nachhaltige Unternehmen erfolgreicher sind, Stuttgart, 2018.

Northoff, Erwin, Vier Gründe, warum die Welt unter schweren Wasserproblemen leidet, in: Welternährung – Das Fachjournal der Welthungerhilfe, April 2022.

Pollmann, Elizabeth, The Making and Meaning of ESG, Law Working Paper N° 659/2022, University of Pennsylvania, October 2022.

PWC, Family Business Survey, Ergebnisse der PwC-Studie Family Business Survey 2021 – PwC (abgerufen am 23.6.2023).

Regierungskommission, Deutscher Corporate Governance Kodex, Berlin, 28.4.2022.

Rügg-Stürm, Johannes, Grand, Simon, Das St. Galler Management-Modell, 2. Auflage, St. Gallen, 2020.

Schmidtchen, Dieter; Kirstein, Roland, Wettbewerb als Entdeckungsverfahren, Januar 2003.

SDSN, Sustainable Development Solutions Network: SUSTAINABLE DEVELOPMENT REPORT 2022.

Secretariat of the Convention on Biological Diversity, Global Biodiversity Outlook 5 SUMMARY FOR POLICYMAKERS, Montreal, 2020.

Sieben Gründe, warum Familienunternehmen der Gesellschaft nützen | Stiftung Familienunternehmen, (abgerufen am 11.7.2023).

Sinek, Simon, Start with Why, London, 2011.

Statistisches Bundesamt, Treibhausgase: G20 verursachen 81 % der globalen CO_2-Emissionen – Statistisches Bundesamt (destatis.de) (abgerufen am 12.7.2023).

Statistisches Bundesamt, Welthandel 2021: Deutschland drittstärkste Handelsnation – Statistisches Bundesamt (destatis.de).

Stiftung Familienunternehmen, Die volkswirtschaftliche Bedeutung von Familienunternehmen, 5. Auflage, München, 2019.

Stiftung Familienunternehmen, Familienunternehmen trotzen Krisen besser, München, 4.1.2023.

Stiftung Familienunternehmen, Herausforderung Klimaschutz – Jahresmonitor der Stiftung Familienunternehmen, München, 2021.

The Global Compact: Who cares wins – Connecting Financial Markets to a Changing World, Recommendations by the financial industry to better integrate environmental, social and governance issues in analysis, asset management and securities brokerage, New York, 2000.

Transparency International, CPI 2022: Tabellarische Rangliste | Transparency International Deutschland e. V. (abgerufen am 27.6.2023).

Umweltbundesamt, Bodenversiegelung | Umweltbundesamt (abgerufen am 16.6.2023).

Umweltbundesamt, Der Europäische Emissionshandel | Umweltbundesamt (abgerufen am 28.6.2023).

Umweltbundesamt, Die Nutzung natürlicher Ressourcen – Ressourcenbericht für Deutschland 2022, Bonn, Dezember 2022.

UN, Allgemeine Erklärung der Menschenrechte, New York, 10.12.1948.

UN, JUST TRANSITION FOR CLIMATE ADAPTATION: A BUSINESS BRIEF, Mai 2023.

UN, The Sustainable Development Goals Report 2022.

UN, UN Global Compact Netzwerk Deutschland: Homepage (abgerufen Mai 2023).

UNDP, Gender Inequality Index | Human Development Reports (undp.org) (abgerufen am 16.6.2023).

UNESCO, Weltwasserbericht der Vereinten Nationen 2020 – Wasser und Klimawandel, Perugia, 2020.

United Nations Climate Change, Nationally determined contributions under the Paris Agreement, Synthesis report by the secretariat, Sharm el-Sheikh, 6.–18.11.2022.

Vertrag von Lissabon vom 13.12.2007.

Wittener Institut für Familienunternehmen (WIFU), Nachhaltigkeit in Familienunternehmen – Kostenfaktor, Innovationstreiber oder unternehmerische Verantwortung? Witten, Oktober 2020.

WWF: UN-Klimakonferenz COP27 in Sharm el-Sheikh | WWF (abgerufen am 9.5.2023).

Anmerkungen

I. Warum jetzt gehandelt werden muss: Veränderte Rahmenbedingungen wirtschaftlichen Handelns

1 Vgl. von Carlowitz, Hans Carl, Sylvicultura Oeconomica, Leipzig, 1713.

2 Vgl. Brundtland Bericht, Unsere gemeinsame Zukunft, 1987.

3 Vgl. Annan, Kofi, »Wir, die Völker: Die Rolle der Vereinten Nationen im 21. Jahrhundert«, New York, 27.3.2000.

4 Vgl. ebd.

5 Vgl. Annan, Kofi, Address to World Economic Forum in Davos, 1.2.1999, Kofi Annan's address to World Economic Forum in Davos | United Nations Secretary-General (abgerufen am 15.5.2023).

6 Vgl. Pollmann, Elizabeth, The Making and Meaning of ESG, Law Working Paper N° 659/2022, University of Pennsylvania, October 2022.

7 Vgl. The Global Compact: Who cares wins – Connecting Financial Markets to a Changing World, Recommendations by the financial industry to better integrate environmental, social and governance issues in analysis, asset management and securities brokerage, New York, 2000.

8 Vgl. Statistisches Bundesamt, Treibhausgase: G20 verursachen 81 % der globalen CO2-Emissionen – Statistisches Bundesamt (destatis.de) (abgerufen am 12.7.2023).

9 Vgl. EU-Kommission, Folgen des Klimawandels (europa.eu) (abgerufen am 13.6.2023).

10 Vgl. Earth Overshoot Day home – #MoveTheDate (abgerufen am 20.7.2023).

11 Vgl. Umweltbundesamt, Die Nutzung natürlicher Ressourcen – Ressourcenbericht für Deutschland 2022, Bonn, Dezember 2022.

12 Vgl. UNESCO, Weltwasserbericht der Vereinten Nationen 2020 – Wasser und Klimawandel, Perugia, 2020.

13 Vgl. Northoff, Erwin, Vier Gründe, warum die Welt unter schweren Wasserproblemen leidet, in: Welternährung – Das Fachjournal der Welthungerhilfe, April 2022.

14 Vgl. UNESCO, Weltwasserbericht der Vereinten Nationen 2020 – Wasser und Klimawandel, Perugia, 2020.

15 Vgl. FAO and UNEP, Global assessment of soil pollution, Rome, 2021, Global Assessment of Soil Pollution | UNEP – UN Environment Programme (abgerufen am 20.7.2023).

16 Vgl. Umweltbundesamt, Bodenversiegelung | Umweltbundesamt (abgerufen am 16.6.2023).

17 Vgl. Bundesinformationszentrum Landwirtschaft: Boden in Gefahr: Erosion in der Landwirtschaft (abgerufen am 16.6.2023).

18 Vgl. zum Thema Bodenerosion: »Europäische Umweltagentur: Auf dem Boden der Tatsachen – Bodendegradation und nachhaltige Entwicklung in Europa – Eine Herausforderung für das 21. Jahrhundert«, Kopenhagen, 2002.

19 Vgl. Forum Biodiversität Schweiz, Ökosystemleistungen – Forschung und Praxis im Dialog, Informationen des Forum Biodiversität Schweiz, Bern, Oktober 2014, S. 6 ff.

20 Vgl. IPPCF, Full-Report Climate Change 2022, S. 72.

21 Vgl. Bundesamt für Naturschutz, Strategischer Plan der CBD, Strategischer Plan der CBD | BFN (abgerufen am 14.6.2023).

22 Vgl. Secretariat of the Convention on Biological Diversity, Global Biodiversity Outlook 5 SUMMARY FOR POLICYMAKERS, Montreal, 2020.

23 Vgl. ebd., S. 12.

24 Vgl. UN, Allgemeine Erklärung der Menschenrechte, New York, 10.12.1948.

25 Vgl. Human Rights Watch: World Report 2021 – Events of 2020, New York, 2021.

26 Vgl. Civicus, Home – Civicus Monitor (abgerufen am 16.6.2023).

27 Vgl. UNDP, Gender Inequality Index | Human Development Reports (undp.org) (abgerufen am 16.6.2023).

28 Vgl. Eurofound and International Labour Organization (ILO), Working conditions in a global perspective, Publications Office of the European Union, Luxembourg, and International Labour Organization, Geneva, 2019.

29 Vgl. DGB Bildungswerk, Gewerkschaftsrechte weltweit – Warum wir jetzt für soziale Gerechtigkeit und Demokratie kämpfen müssen, Düsseldorf, 2019.

30 Die Bezeichnung »globaler Süden« bezeichnet eine Gruppe von Entwicklungs- und Schwellenländern. In der UNO sind sie in der Gruppe G 77 organisiert. Hingegen bezeichnet der »globale Norden« die reichen Industrieländer auf der Welt.

31 Vg. IGB, Die zehn schlimmsten Länder der Welt für erwerbstätige Menschen, Brüssel, 2022.

32 Vgl. ILO, Forced labour, modern slavery and human trafficking (Forced labour, modern slavery and human trafficking) (ilo.org) (abgerufen am 17.6.2023).

33 Vgl. ILO, Child Labour – Global Estimates 2020, Trends and the Road forward, New York, 2021.

34 Vgl. Eurofound and International Labour Organization (ILO), Working conditions in a global perspective, Publications Office of the European Union, Luxembourg, and International Labour Organization, Geneva, 2019.

35 Vgl. ebd.

36 Vgl. ebd.

37 Vgl. Transparency International, CPI 2022: Tabellarische Rangliste | Transparency International Deutschland e. V. (abgerufen am 27.6.2023).

38 Vgl. ebd.

39 Vgl. KonTraG (1998), TransPuG (2002), VorstOG (2005), ARUG I (2009), VorstAG (2009), ARUG II (2019).

40 Vgl. Europäische Union, RICHTLINIE 2014/95/EU DES EUROPÄISCHEN PARLAMENTS UND DES RATES vom 22.10.2014 zur Änderung der Richtlinie 2013/34/EU im Hinblick auf die Angabe nichtfinanzieller und die Diversität betreffender Informationen durch bestimmte große Unternehmen und Gruppen, Brüssel, 2014.

41 Vgl. Regierungskommission, Deutscher Corporate Governance Kodex, Berlin, 28.4.2022.

II. Der regulatorische Rahmen für die nachhaltige Transformation wird konkret: Der lange Weg der Entscheidungen und deren Ergebnis

1 Vgl. United Nations Climate Change, Nationally determined contributions under the Paris Agreement, Synthesis report by the secretariat, Sharm el-Sheikh, 6.–18.11.2022.

2 Guterres, António, COP27, 7.11.2022.

3 WWF: UN-Klimakonferenz COP27 in Sharm el-Sheikh | WWF (abgerufen am 9.5.2023).

4 Vgl. UN, The Sustainable Development Goals Report 2022.

5 Vgl. SDSN, Sustainable Development Solutions Network: SUSTAINABLE DEVELOPMENT REPORT 2022.

6 Vgl. UN, UN Global Compact Netzwerk Deutschland: Homepage (abgerufen Mai 2023).

7 Vgl. UN, JUST TRANSITION FOR CLIMATE ADAPTATION: A BUSINESS BRIEF, Mai 2023.

8 Vgl. Europäische Kommission, Europäischer Grüner Deal (europa.eu).

9 Vgl. ebd.

10 Vgl. Europäisches Parlament, VERORDNUNG (EU) 2020/852 DES EUROPÄISCHEN PARLAMENTS UND DES RATES vom 18. Juni 2020 über die Einrichtung eines Rahmens zur Erleichterung nachhaltiger Investitionen und zur Änderung der Verordnung (EU) 2019/2088, Vgl. Artikel 1.

11 ebd., Artikel 9.

12 ebd., Artikel 10–15.

13 ebd., Artikel 17.

14 ebd., Artikel 18.

15 Vgl. Europäisches Parlament, VERORDNUNG (EU) 2019/2088 DES EUROPÄISCHEN PARLAMENTS UND DES RATES vom 27.11.2019 über nachhaltigkeitsbezogene Offenlegungspflichten im Finanzdienstleistungssektor.

16 Vgl. Europäische Zentralbank, Leitfaden zu Klima- und Umweltrisiken (europa.eu) (abgerufen am 20.7.2023).

17 Vgl. Europäische Zentralbank, 2022 climate risk stress test, Juli 2022.

18 Vgl. ebd., S. 22.

19 Vgl. ebd., S. 27.

20 Vgl. Europäisches Parlament, RICHTLINIE (EU) 2022/2464 DES EUROPÄISCHEN PARLAMENTS UND DES RATES vom 14.12.2022 zur Änderung der Verordnung (EU) Nr. 537/2014 und der Richtlinien 2004/109/EG, 2006/43/EG und 2013/34/EU hinsichtlich der Nachhaltigkeitsberichterstattung von Unternehmen.

21 Vgl. ebd., Art. 19a (1).

22 Vgl. ebd., Art. 19a (2), a) iii).

23 Vgl. ebd., Art. 29b, (2).

24 Vgl. Europäische Kommission, European sustainability reporting standards – first set (europa.eu) (abgerufen am 28.6.2023).

25 Vgl. Europäische Kommission, GERECHTE UND NACHHALTIGE WIRTSCHAFT: UNTERNEHMEN SOLLEN ACHTUNG DER MENSCHENRECHTE UND DER UMWELT IN GLOBALEN WERTSCHÖPFUNGSKETTEN GEWÄHRLEISTEN, Februar 2022.

26 Vgl. Deutscher Nachhaltigkeitsrat, Factsheet: Die Corporate Sustainability Due Diligence Directive (deutscher-nachhaltigkeitskodex.de) (abgerufen am 28.5.2023).

27 Vgl. Umweltbundesamt, Der Europäische Emissionshandel | Umweltbundesamt (abgerufen am 28.6.2023).

28 Vgl. Bundesregierung, Mehr Klimaschutz bei Gebäuden und Verkehr | Bundesregierung (abgerufen am 20.7.2023).

29 Vgl. Umweltbundesamt, Der Europäische Emissionshandel | Umweltbundesamt (abgerufen am 28.6.2023).

30 Vgl. Europäische Kommission, MITTEILUNG DER KOMMISSION AN DAS EUROPÄISCHE PARLAMENT, DEN RAT, DEN EUROPÄISCHEN WIRTSCHAFTS- UND SOZIALAUSSCHUSS UND DEN AUSSCHUSS DER REGIONEN Investitionsplan für ein zukunftsfähiges Europa Investitionsplan für den europäischen Grünen Deal, Brüssel, 14.1.2020.

31 Vgl. Europäische Kommission, MITTEILUNG DER KOMMISSION AN DAS EUROPÄISCHE PARLAMENT, DEN EUROPÄISCHEN RAT, DEN RAT, DEN EUROPÄISCHEN WIRTSCHAFTS- UND SOZIALAUSSCHUSS UND DEN AUSSCHUSS DER REGIONEN Ein Industrieplan zum Grünen Deal für das klimaneutrale Zeitalter, Brüssel, Mai 2023.

32 Vgl. Bundesregierung, Deutsche Nachhaltigkeitsstrategie – Neuauflage 2016, Berlin, April 2017.

33 Die erste nationale Nachhaltigkeitsstrategie hat die Bundesregierung bereits im Jahr 2002 zur UN-Konferenz in Johannesburg vorgelegt.

34 Vgl. Bundesregierung, Deutsche Nachhaltigkeitsstrategie – Neuauflage 2016, Berlin, April 2017, S. 12.

35 Vgl. Bundesregierung, Deutsche Nachhaltigkeitsstrategie – Weiterentwicklung 2021, Berlin, Dezember 2020.

36 Vgl. Bundesregierung, Bericht über die Umsetzung der Agenda 2030 für nachhaltige Entwicklung – Freiwilliger Staatenbericht Deutschlands zum HLPF 2021.

37 Vgl. ebd., S. 124.

38 Vgl. Bundesregierung, Deutsche Sustainable Finance-Strategie, Berlin, Mai 2021.

39 Vgl. Bundesministerium für Umwelt, Naturschutz, Bau und Reaktorsicherheit, Klimaschutzplan 2050 –Klimaschutzpolitische Grundsätze und Ziele der Bundesregierung, November 2016.

40 Bundesministerium für Umwelt (BMU), Klimaschutzprogramm 2030 der Bundesregierung zur Umsetzung des Klimaschutzplans 2050, Berlin, 8.10.2023. Zu den Maßnahmen im Sektor Industrie vgl. S. 86 ff.

41 Bundesministerium für Wirtschaft und Klimaschutz, Klimaschutzbericht 2022 der Bundesregierung nach § 10 Absatz 1 des Bundes – Klimaschutzgesetze, Berlin, 31.8.2022.

42 Vgl. ebd., S. 8 ff.

43 Vgl. Bundesregierung, Entwurf eines Gesetzes zur Steigerung der Energieeffizienz und zur Änderung des Energiedienstleistungsgesetzes vom 19.4.2023, § 4: Energieeffizienzziele.

44 Vgl. ebd., § 16: Vermeidung und Verwendung von Abwärme

45 Vgl. ebd.

46 Vgl. Gesetz zur Förderung der Kreislaufwirtschaft und Sicherung der umweltverträglichen Bewirtschaftung von Abfällen (Kreislaufwirtschaftsgesetz – KrWG).

47 Vgl. Gesetz über das Inverkehrbringen, die Rücknahme und die hochwertige Verwertung von Verpackungen (Verpackungsgesetz – VerpackG).

48 Vgl. Deutsches Global Compact Netzwerk (DGCN), Umsetzung des Rahmens der Vereinten Nationen »Schutz, Achtung und Abhilfe«, Juni 2014.

49 Vgl. Lieferkettensorgfaltspflichtengesetz, § 2.

50 Vgl. Lieferkettensorgfaltspflichtengesetz, § 3.

51 Vgl. Bundesministerium für Wirtschaft und Energie, Industriestrategie 2030. Leitlinien für eine deutsche und europäische Industriepolitik, Berlin, November 2019.

52 Vgl. ebd., S. 4.

53 Vgl. ebd., S. 27 ff.

54 Vgl. ebd., S. 59 ff.

55 Vgl. Bundesministerium für Arbeit und Soziales, Fachkräftestrategie der Bundesregierung, Berlin, Oktober 2022.

56 Vgl. Kreditanstalt für Wiederaufbau, Wo steht Deutschland bei Innovation und Digitalisierung im internationalen Vergleich?, KFW Research Nr. 412, 4.1.2023.

57 Vgl. Bundesministerium für Bildung und Forschung, Forschung für Nachhaltigkeit – Eine Strategie des Bundesministeriums für Bildung und Forschung, Bonn, November 2020, S. 4.

58 Vgl. Bundesministerium für Bildung und Forschung: Bundesbericht Forschung und Innovation 2022, Berlin, Juni 2022.

59 Vgl. Bundesfinanzministerium, Bundesfinanzministerium – Gesetz zur Stärkung von Wachstumschancen, Investitionen und Innovation sowie Steuervereinfachung und Steuerfairness (Wachstumschancengesetz).

60 Vgl. Eucken, Walter, Grundsätze der Wirtschaftspolitik, 6. durchges. Auflage, Tübingen, 1990, S. 254 ff.

61 Vgl. ebd, S. 254 ff.

62 Vgl. Vertrag von Lissabon vom 13.12.2007.

63 Vgl. Bundesregierung, https://www.bundesregierung.de/breg-de/aktuelles/klimaschutzgesetz-2197410.

64 Vgl. Schmidtchen, Dieter; Kirstein, Roland, Wettbewerb als Entdeckungsverfahren, Januar 2003.

65 Vgl. Bundesministerium für Bildung und Forschung (BMBF), Zukunftsstrategie Forschung und Innovation, Berlin, Februar 2023.

66 Vgl. Europäische Kommission, COMMUNICATION FROM THE COMMISSION TO THE EUROPEAN PARLIAMENT, THE EUROPEAN COUNCIL, THE COUNCIL, THE EUROPEAN ECONOMIC AND SOCIAL COMMITTEE AND THE COMMITTEE OF THE REGIONS A Green Deal Industrial Plan for the Net-Zero Age, Brüssel, 1.2.2023.

67 Vgl. Statistisches Bundesamt, Welthandel 2021: Deutschland drittstärkste Handelsnation – Statistisches Bundesamt (destatis.de).

III. Wie Familienunternehmen die veränderten Rahmenbedingungen unternehmerisch nutzen können

1 Vgl. Bundesministerium für Umwelt, Naturschutz und nukleare Sicherheit, https://www.bmuv.de/themen/nachhaltigkeit-digitalisierung/wirtschaft/umwelttechnologien/umwelttechnologie-atlas-fuer-deutschland.

2 Vgl. ebd., S. 8.

3 Vgl. LBBW, Warum nachhaltige Unternehmen erfolgreicher sind, Stuttgart, 2018.

4 Vgl. KPMG, 2022 EMA ESG Due Diligence Study – How leading M&A teams are managing ESG DD, November 2022, S. 6.

5 Vgl. Stiftung Familienunternehmen, Die volkswirtschaftliche Bedeutung von Familienunternehmen, 5. Auflage, München, 2019.

6 Vgl. Kirchdörfer, Rainer; Heidbreder, Stefan, Familienunternehmen denken langfristig und handeln nachhaltig, in: Der Hauptstadtbrief, 8.6.2016.

7 Vgl. Stiftung Familienunternehmen, Familienunternehmen trotzen Krisen besser, München, 4.1.2023.

8 Vgl. Deloitte, Crisis as Catalyst – Accelerating transformation, 2021.

9 Vgl. Sieben Gründe, warum Familienunternehmen der Gesellschaft nützen | Stiftung Familienunternehmen, (abgerufen am 11.7.2023).

10 Vgl. ebd.

11 Vgl. Langenscheidt, Florian; Venor, Bernd, Lexikon der deutschen Weltmarktführer, 2. Auflage, Offenbach, 2015.

12 Vgl. Wittener Institut für Familienunternehmen (WIFU), Nachhaltigkeit in Familienunternehmen – Kostenfaktor, Innovationstreiber oder unternehmerische Verantwortung? Witten, Oktober 2020.

13 Vgl. Stiftung Familienunternehmen, Herausforderung Klimaschutz – Jahresmonitor der Stiftung Familienunternehmen, München, 2021.

14 Vgl. PWC, Family Business Survey, Ergebnisse der PwC-Studie Family Business Survey 2021 – PwC (abgerufen am 23.6.2023).

15 Vgl. Global Reporting Initiative, GRI 3, Anleitung zur Bestimmung der wesentlichen Themen, 2021, S. 3.

16 Vgl. Rügg-Stürm, Johannes; Grand, Simon, Das St. Galler Management-Modell, 2. Auflage, St. Gallen, 2020.

17 Vgl. Sinek, Simon, Start with Why, London, 2011.

Über Felix A. Zimmermann

Dr. Felix A. Zimmermann war über 20 Jahre als CFO und CEO in börsennotierten Unternehmen tätig, die mehrheitlich im Familienbesitz waren. Seit 2021 ist Zimmermann selbstständiger Berater von Familienunternehmen mit Fokus auf ESG. An der Universität Freiburg gibt er sein Wissen zu Themen wie »nachhaltige Unternehmensführung« im Rahmen eines Lehrauftrags weiter. Außerdem ist er als Bei- und Stiftungsrat aktiv.